NEW GERMAN SELF TAUGHT

Language Series titles available in
Barnes & Noble paperback editions

New French Self Taught
New German Self Taught
New Italian Self Taught
New Spanish Self Taught

THE QUICK, PRACTICAL WAY TO

READING • WRITING • SPEAKING • UNDERSTANDING

NEW GERMAN
SELF TAUGHT

Revised by

ERICH W. BERGER, late of *Queens College*,
School of General Studies

and

DOROTHEA BERGER, *New York University*

BARNES & NOBLE BOOKS
A DIVISION OF HARPER & ROW, PUBLISHERS
New York, Cambridge,
Philadelphia, San Francisco, London,
Mexico City, São Paulo, Sydney

This work was originally published by Funk & Wagnalls Company.

First BARNES & NOBLE BOOKS edition published 1982.

ISBN: 0-06-463615-1

87 88 89 90   10 9 8 7

CONTENTS

FOREWORD

In the present revision, corrections and changes have been made throughout, and outmoded expressions have been brought up to date. A completely new introduction to German pronunciation makes use of the International Phonetic Alphabet (see inside front and back covers) which is also found in modern German-English dictionaries. These phonetic symbols are used throughout the new edition to indicate the pronunciation of many words and expressions. This system of transcription will serve to impart the authentic sounds of German as spoken by native speakers of this language.

Erich W. Berger
Dorothea Berger

The Method Explained

Every man and woman of intelligence realizes the imperative need of having command of a foreign language. The realization becomes more acute day by day as the fact is borne in on us that what once were known, in the old-fashioned phrase, as the "ends of the earth" are now, so to speak, practically our front lawn. Traveling by airplane we reach the remotest regions in flashes of time. By radio we know hour by hour what farthest distant peoples have on their minds and on their tongues. So it becomes increasingly necessary that we be able to tell them in their own language what we think and what we want to do.

Whether in professional, diplomatic, social, or commercial life, a sound and sure knowledge of our fellow man's language is the great essential of understanding among men and nations of the world.

The method used in this book is not new and has been successfully followed by thousands of students. By experiment and research, it was discovered many years ago that a thorough and workable command of a foreign language is not learned by long and arduous memorization of the grammatical rules of a language. Modern educational science now follows the far more efficient method that is presented in these pages. It is the most rational and simple method ever devised for learning a foreign language.

THE PRACTICAL MASTERY OF FOREIGN LANGUAGES

To think in a language not your mother tongue means that you will express yourself with sympathetic understanding of the people who speak that language. It means that you can converse easily and naturally as a good neighbor and a good friend. It is the great achievement of the method in this book that it enables its users easily and speedily to speak a foreign language just as fluently as their own. In doing this the student becomes accustomed to thinking in that language as well.

LANGUAGE AND GRAMMAR

are in no sense synonymous, although some school methods might lead us to suppose so.

Grammar is the science of language and, while necessary and desirable, is not so important as the ability to speak the language itself. Can anyone doubt this? Consider the majority of people you meet. Listen to their speech and examine it. Do they know the rules of English grammar? Do not even the very young children of educated persons express themselves correctly without ever having studied a single line of grammatical definitions? Yet,

THE STUDY OF GRAMMAR IS MADE EASY

"but it must be taught," as was said long ago by the great Erasmus, "at the proper time and kept within proper limits."

Colloquial mastery must precede it. Grammar will not then confuse, but will assist the pupil. It will cease to be a drudgery and will become a plain and simple explanation of forms and idioms already learned. It will no longer be an uncertain foundation, but will cap the edifice that has been reared by practical linguistic exercises. This is the true purpose of grammar, and in this sense it is taught throughout this book. A celebrated explorer and the master of many languages once wrote: "The only correct and scientific method by which a foreign language can be learned is to adopt

NATURE'S OWN WAY

by which all persons, whether children or adults, educated or otherwise, rapidly and correctly acquire the language which they constantly hear and which they are instinctively impelled to imitate when living in a foreign country."

It has often been observed that foreigners in the United States learn English seemingly with ease and surely with rapidity. Many of them know nothing of the principles of grammar. Some of them may be too young or may lack sufficient education to be able to read or write their native language. Despite such handicaps they master English sufficiently well within a few months to be able to make themselves understood. The quality of the English they acquire depends greatly on the kind of people they associate with. Judging by the facility with which foreigners in this country acquire English, it becomes obvious that when Americans live in a foreign country they must find some system which will enable them to obtain command of the language of that country in this same manner.

WHAT IS THE SYSTEM WHICH WE INSTINCTIVELY FOLLOW WHEN LIVING IN A FOREIGN COUNTRY?

At first the mind is confused by the multiplicity of foreign sounds heard. We try to grasp the ideas expressed in the strange tongue, and failing to do so we naturally are bewildered.

This state of mental confusion generally passes in about three or four weeks. The ear has become accustomed to some of these sounds and instinctively we begin to imitate the PHRASES we have heard most frequently pronounced by the persons surrounding us, and which, at the same time, are most necessary to our wants.

Now, what is our greatest necessity? Which of the needs of humanity is of paramount importance to young and old alike? It is nourishment—eating and drinking.

Consequently, the first sentences usually mastered are such as these: *"Please give me something to eat,"* or *"Please bring me the menu,"* or *"Please let me have a steak and some potatoes."*

Such sentences are necessary to everyone; and it may be remarked that nature, through the mastery of these first simple sentences, points out

THE TRUE AND ONLY WAY

in which languages can be learned.

It is THROUGH SENTENCES, *and never through single, isolated words.* The verbs are the soul and backbone of all speech, and it is only by and through the proper study of verbs that mastery of a language can be attained.

To return to the sentence: *"Please bring me the menu."* Not knowing any other expression, you cling to these words and use them again and again for your various needs.

For instance, when you want matches, or an umbrella, or some towels, instead of saying to the attendant: *"Please bring me the menu,"* you will point to the object and say to him: *"Please bring me ——— ."*

Consider here the simplicity of this mode of teaching. By mastering this first little phrase, you have been furnished with a "sentence-mold" by the use of which hundreds of correct sentences may be composed.

The attendant, understanding your abbreviated phrase and gesture, "*Please bring me* —— ," will give you the words "*matches,*" "*umbrella,*" or "*some towels*" in the language of the country in which you are living. You repeat these new words over and over again until they come quite naturally to you. In this way you go on from day to day, in fact from hour to hour, until after a few months you are able to express yourself readily and fluently. This is the process by which sounds become language. This is the mode in which any foreign language is learned when we live in a foreign country.

For those studying a foreign language here at home, it is necessary to use a text book containing practical idiomatic speech.

AN INDISPENSABLE VADE-MECUM

Language is divided into the Language of Literature and the Language of Every-day Life.

What part of English is used by the majority of people? The language of literature or the expressions of common life? What do our children speak when they enter school and receive their first lessons in spelling and reading? *The language of every-day life.* They understand and MUST be able to understand and follow their teachers before they can proceed to the study of English grammar. They MUST know common, every-day English before they can comprehend and appreciate the beauties of Shakespeare, Milton, and Tennyson.

Throughout this book the aim has been to give nothing but practical phrases and sentences which are used in the ordinary transactions of life. The proper selection of the vocabulary of practical life is the first distinguishing feature of the method according to which the lessons that follow have been prepared. Highly important as this part of the method is, it is a mere detail of the whole plan. The student must not overlook the fact that

DISCONNECTED, ISOLATED WORDS ARE NOT LANGUAGE

A person might learn a whole dictionary by heart and yet not be able to converse. As long as a child can use single words only, he cannot carry on a conversation. This book is based on the well tested theory that instead of beginning studies with little bits of baby sentences that no adult was ever known to use, the start should be made with connected, rational sentences, such as are employed in every-day language. Also, instead of learning phrases—the construction of which is the same as that of our native tongue—the student, from the beginning, should learn idiomatic sentences, the formation of which is utterly different from our mode of speaking. We must learn

TO THINK IN THE FOREIGN LANGUAGE ITSELF

No one can speak a foreign tongue properly who does not think in it. This is so old a maxim no one can doubt it. Yet the difficulty of learning to think in a foreign language seems at first insurmountable.

Is it possible to learn to think in a foreign language without actually living in the country of that language? Of course when we live in a foreign country and hear nothing but the foreign vernacular, it is easy to understand how we acquire the power of thinking in that foreign language.

But how can we hope to obtain the same results here in the United States where we cannot always associate with foreigners, where we speak nothing but English and think in English only, where the cares and duties of the day continually crowd in upon us, and where the little of a foreign language we learn today is almost forgotten by tomorrow? With all these drawbacks and disadvantages how can we learn to think in a foreign tongue?

No adult can learn as a child learns. In mastering its own tongue, the child reaches not only the power of expression but also the ability to think. From the perception of external facts he proceeds to mental conceptions. Each new word is a discovery to him. Each sound reveals to him a new world. Language is the basis of the child's whole mental development and underlies the acquisition of all his knowledge.

The adult, on the other hand, has passed beyond these preliminary stages. His intellect has been developed and trained. His memory is not nearly so fresh and retentive as that of an untutored child. He can already express his thoughts in one language, and in studying other tongues he aims solely at the acquirement of a new vehicle of sounds which will enable him to convey to natives of other countries the thoughts he expresses at home.

What is the meaning of the phrase, "to learn a foreign language"? It means to translate our thoughts into words and to express them in the foreign tongue. It must be accomplished by a sort of mental reconstruction. Life's scenes have to be represented anew in strange sounds which, constantly repeated, will become second nature to us. Again and again we have to *hear* and *repeat* these sounds. Again and again we must apply them until at last they are as familiar to us as the sounds of our native speech. The learner can, of course, *repeat* aloud over and over again and gain a great deal in this way. It is a valuable adjunct to this book to have also the International Phonetic Alphabet charts inside the front and back covers for ready reference.

Then there will no longer be talk of translation from one language into another. The words will have become so deeply impressed upon our memory that we shall utter them as unconsciously as we speak our mother tongue.

Language appeals, at first at least, chiefly to the *ear*, *tongue*, and *memory*, but though our intellect superintends the whole initiatory process, it cannot come into real action until the foreign sounds come just as unconsciously to us as the sounds of our mother tongue.

Remember also—the ear is the natural organ of language. If you desire to speak in a foreign language, listen to foreign speech and imitate what you have heard until the habit becomes second nature to you. This is The Method of Nature and this is

THE SECRET OF MASTERING A LANGUAGE

Thousands of persons have been successfully instructed by this method. Pupils as well as teachers of languages have testified to the splendid results that have been achieved by following this system. In the first place, all sentences are practical phrases based on the actual occurrences of every-day life.

After a few preliminary exercises, an advance is made with phrases that refer to speaking and understanding a language. Thereafter, as an introduction to life in a foreign land, the student continues his studies by entering a store to make some purchases. The next lesson takes him to the railway station. He buys railway tickets, checks his baggage, boards the train, arrives at his destination, takes a taxicab, drives to his hotel, engages a room, goes to the dining-room, gives his order to the waiter, eats his meal, and at the end of the day retires to his room.

Surely these are actual scenes in every-day life and occurrences with which every adult is familiar.

When such lessons have been thoroughly mastered, the next advance is to conversational exercises. English is now discarded and the foreign language alone is used. No new words are introduced and

EVERY SENTENCE IS BASED ON EXERCISES PREVIOUSLY LEARNED

By a conscientious use of this book the person who works with it will gain a mastery of foreign words, phrases, and sentences. Each phrase gradually presents conceptions and facts as clearly to the student as the English equivalents. Translation becomes unnecessary. The student's life is thus lived over again in the foreign language. His individuality is reconstructed and in this way the foreign language becomes in reality a "tongue" to the learner.

The study of it is no longer a laborious translation. The words cease to be meaningless printed signs and are immediately associated with living facts. The student no longer doubts and hesitates, but expresses his ideas as readily in the foreign language as in his own. He has acquired a new instrument of thought and action in his career. He is looking down a new vista of progress and achievement.

DIRECTIONS FOR PRIVATE STUDY

It has been made clear in the preceding pages that this book places its principal emphasis on the language of practical, every-day life. The words which the beginner is about to learn are therefore divided into the *necessary* and the *less necessary* ones. This is a simple, common-sense division. The necessary words, the expressions all men use and understand, must be mastered first.

How the necessary words were chosen can easily be illustrated. Consider, for instance, the three words, *money*, *fan*, and *chisel*. How do they compare with each other?

The word *money* is so important that no one can get on without the use of it—and, we might add, the substance of it. Everybody has to employ it and everyone must consequently know it. It is plainly a necessary word.

Fan belongs to a different class of expressions. Though no doubt necessary, the word, as well as the object itself, is by no means so imperatively necessary as *money;* it therefore belongs to another class, namely, the class of words which, though they ought to be learned, may be learned later.

Finally, there is the word *chisel.* One might live for twenty years in a foreign country without having any use for this word which to a carpenter is an absolute necessity. For the ordinary student the word belongs in the class of scarcely necessary expressions.

The user of this book must realize that what he is learning is basic. Every effort has been made to give only phrases and sentences used in the common transactions of life. The selection of the words used in this book is based on wide scientific research.

As the reader proceeds with the study of these pages and begins to acquire a vocabulary of essential terms, he should stop from time to time to test the various uses he can make of the words he has at his command. Lepsius, the famous Egyptologist, limited the number of words necessary for conversation on all general subjects to six hundred. Ogden and Richards' vocabulary for basic English is only eight hundred words. As his vocabulary grows from page to page, the student of this book will be surprised at the number of ideas it will enable him to express.

The learner may be puzzled at first by the long and sometimes complex sentences to which he is introduced, but he will soon realize that these are sentences we are in the habit of using in ordinary circumstances. This book rightly places an emphasis on idiomatic sentences constructed in a manner utterly foreign to our way of speaking.

The student must strive constantly to free himself from the habit of thinking in English. He must master each idiom to which he is introduced. These peculiar forms of expression common to every language are the lifeblood of language.

The complete mastery of a foreign tongue is best attained by training the eye, ear, tongue, and memory at one and the same time: the ear by giving the sound and intonation of every word and phrase; the eye by seeing the spelling; the tongue by pronouncing the words; and the memory by the continuous repetition of words and phrases so that the student no longer thinks *about* them but *in* them.

The person studying with this book should practice aloud as much as possible, for it is helpful to exercise the tongue and the ear at the same time. When he has read the English equivalent of a sentence and knows its meaning perfectly, he should read and pronounce the foreign sentence again and again until the words have become associated with their meaning.

After the main sentence has been mastered, the student will proceed with the variations given in the exercises. Study should be pursued without undue haste. One should be sure that he has thorough mastery of each section he studies before he proceeds to the next. In a few days the phrases will become second nature to the learner. He will no longer think *about* them but *in* them. He will begin to think in the foreign language itself, and will be able to form hundreds of new phrases by inserting a new noun here, a verb there, an adverb in another place, and so on.

The study of grammar is carried on with each sentence. The footnotes, which explain the grammatical peculiarities, *must* therefore be carefully studied. A full grammatical outline is found at the end of the book.

The vocabularies included in the book have been especially designed to increase the student's knowledge of *necessary* words and phrases.

The proverbs that have been included contain some of the basic folk wisdom common to so many nations. To learn the foreign equivalents of proverbs familiar to all of us is an easy and effective method of fixing words and phrases in the memory.

NEW GERMAN SELF TAUGHT

PART ONE

CONTENTS

PHONETIC SYMBOLS

In this text pronunciation is indicated by the phonetic symbols used by the International Phonetic Association.[1] Each phonetic symbol represents only one sound. A single letter of the alphabet may have several different pronunciations. For example, s in phrase is pronounced z, whereas s in simple is pronounced s. Several letters of the alphabet combined frequently represent only one sound, but a single sound can never be represented by more than one symbol. For example "Schach" has six letters, but only three sounds, and will therefore be represented by only three symbols: ʃax.

Sometimes there are several ways of spelling the same sound, but this sound is always represented by the same symbol. Thus in "Lied", i: is spelled ie, Lied; in "Lid", i: is spelled i, Lid; in "ihn", i: is spelled ih, ihn; in "sieh", i: is spelled ieh, sieh.

---

[1] *The New Cassell's German Dictionary* uses these same symbols to indicate pronunciation.

GERMAN PRONUNCIATION

I. Vowels

General Instructions: Pronounce the English word *I* very slowly. You will notice that you are really saying a series of vowel sounds, starting with *a* as in father, with the mouth wide open, and ending with *i* as in machine, with the mouth almost closed. This composite sound is called a diphthong. The five basic English vowels, a, e, i, o, u, are diphthongs. No German vowel is ever pronounced as a diphthong. In pronouncing the English word *I* the open mouth produced an *a*, the almost closed mouth produced an *i*. Each position of the mouth produces a different sound. Therefore, in pronouncing German vowels, be sure to keep tongue, lips, and jaw tense and firm in exactly the same position throughout the entire sound. Otherwise you will produce a diphthong.

There are in German 16 simple vowels and 3 diphthongs.

Symbol	Quantity	Tongue	Lips	Jaw	English Equivalent	Examples
1. u:¹	long	very high and pulled well back	as far forward as possible	almost closed	similar to English "do", but clear long vowel, no diphthong	du: tu:n ku:
2. ʊ	short	as for long u:	relaxed	as for long u:	like oo in English "foot"	ʊnt hʊnt ʃʊlt
3. ɔ	short	slightly raised toward back of mouth. Tip not touching teeth	rounded and slightly protruding	a little more open than for u:	similar to o in "off"	'zɔnə 'kɔntə ɔrt
4. o:	long	a little higher in back of mouth than for ɔ. Tip a little further from teeth	quite far forward and tightly pursed	more closed than for ɔ	similar to o in "alone", but clear vowel without diphthongal glide	zo:n 'o:nə mo:nt

5. aː	long	only slightly raised, with tip against lower teeth	well open	similar to a in "father", but jaw slightly less open	ˈfaːtɐR ˈdaːtum ˈabɐnt
6. a	short	lowered, tip still against lower teeth	as for aː	moderately open	similar to u in "but"	vas vaˈrum vant
7. eː	long	high in front, tip firmly against lower teeth	corners slightly drawn back	moderately open	similar to ay in "day", but clear vowel without diphthongal glide	ˈbeːra ˈzeːla meːR
8. ɛː	long	a little lower in front than for eː; tip still against lower teeth	same as for eː	slightly more open than for eː	like first e in "therefore", jaw less open than first e in "there"	beːR ˈveːlen alˈmeːlɪç
9. ɛ	short	as for ɛː		more open than for eː	as e in "best"	fet ˈhene velt

¹ In pronouncing a vowel at the beginning of a word or syllable the so-called "glottal stop" is used. It is produced by closing the opening between the vocal chords and then suddenly reopening it. Compare the sound record at the end of the 2nd part.

Symbol	Quantity	Tongue	Lips	Jaw	English Equivalent	Examples
10. ə	short	as for ɛ	as for ɛ		similar to a in "above, China"	ˈfaːtɐ ˈoːnə ˈaːbənt
11. iː	long	in front of mouth, tip pressed against lower teeth	corners drawn back	almost closed	similar to ee in "bee", but clear vowel	miːr ziː biːr
12. ɪ	short	slightly raised, tip not touching teeth	relaxed	as for iː	as i in "thin"	mɪt ɪn ˈkɪndɐ
13. yː	long	as for iː	as for uː	as for iː	no equivalent	kyːn ʃyːʃ nyːʃ
14. ʏ	short	as for yː	as for yː	as for yː	no equivalent	ˈfʏrstə vʏrstə ˈkʏʃə

| 15. øː | long | as for e: | as for o: | as for e: | } no equivalent | ʃøːn 'zøːnə 'røːtə |
| 16. œ | short | as for ɛ | as for ɔ | as for ɛ | | 'vœlben 'kœrpər 'œfnən |

The three diphthongs are stressed on the first vowel.

1. aɪ	equals aː plus ɪ	as i in "mine"	'kaɪzər maɪn aɪ
2. aʊ	equals aː plus ʊ	as ou in "house"	haʊs baʊm 'aʊgə
3. ɔʏ	equals ɔ plus ʏ	as oi in "moist"	ɔʏç dɔʏtʃ 'frɔʏlaɪn

II. Consonants

1. **j**   like English y as in "year", with slightly more friction.

2. **ç**   like j, but voiceless; force the air between the middle of the tongue and the middle of the palate. The tip of the tongue slightly touches the lower teeth. No English equivalent.

3. **x**   the so-called ach-sound; lift the back of the tongue and force the air between the back of the tongue and the soft palate. The sound is voiceless. No English equivalent.

4. **ʒ**   pronounced like s in "pleasure".

5. **ʃ**   pronounced like sh in "she".

6. **v**   similar to English v in "very", but lips more relaxed.

7. **r**   This sound is pronounced by forcing the air between the back of the tongue and the back of the palate pressed firmly together. This sound resembles gargling. Be sure to keep the tip of the tongue lightly touching the lower teeth. If it curls up, you will probably pronounce an English r.

8. **ʀ**   at the end of a word, almost disappearing like r in British pronunciation of "father".

9. **l**   German l is like English initial l in "loud", but different from English l as in "well" or "tremble" where the blade of the tongue is arching, whereas in pronouncing German l it always remains flat with the tip of the tongue touching the front edge of the upper gums.

10. **ŋ**   is always pronounced like ng in "clinging", never like ng in "English".

11. **z**   is pronounced like English z in "zeal"

12. **s**   is pronounced like English s in "soft"

13. **kn**   is pronounced like k plus n

14. **ks**   is pronounced like k plus s

15. **kv**   is pronounced like k plus v

16. **ʃp**   is pronounced like ʃ plus p

17. **ʃt**   is pronounced like ʃ plus t, as in English "washed"

18. **ts**   is pronounced like t plus s as in English "splits"

INTONATION

In general German intonation is similar to English intonation. However, German speech melody is less monotonous and slightly more varied than English speech melody. German speech pitch is somewhat higher than English.

ACCENT

1. The stress falls on the stem of the word.

Exception: Words derived from foreign languages usually have the accent on the last syllable, as: Kardinal (kardı'na:l), **Cardinal;** Philosophie (fi:lo:zo:'fi) **philosophy.**

2. Compound words have the stress on the first component, as: Hausschuhe ('hausʃu:ə), **houseshoes, slippers.**

3. The suffix -ei is stressed, as: Bücherei (by:çə'raı) **library;** Bäckerei (bɛkə'raı) **bakery.**

4. The stress falls on the negative prefix un-, as unbedeutend ('unbədɔytənd) **unimportant;** unangenehm ('unangəne:m) **disagreeable, unpleasant.**

SYLLABIFICATION

1. A single consonant in the middle of a word goes with the following syllable, as: gleiten ('glaıtən), **to glide;** divide: glei-ten.

2. The compound consonants **ch, sch, ph, th,** are considered as one, as: machen ('maxən), **make;** divide: ma-chen; forschen ('fɔrʃən), **search;** divide: for-schen; Athen (a'te:n), **Athens;** divide: A-then.

3. Two consonants in the middle of a word are divided so that the first belongs to the previous, and the second to the following syllable, as Mutter ('mʊtəʀ), **mother;** divide: Mut-ter; Schulter ('ʃʊltəʀ), **shoulder;** divide: Schul-ter.

PUNCTUATION

1. Subordinate, or dependent, clauses are set off by commas: Ich weiss, dass ich recht habe, wenn ich dies behaupte. **I know that I am right if I say so.**

2. The exclamation point is used as in English, but also, as a rule, after the imperative verb, expressing a request or giving an order:

Bitte, geben Sie Ihrem Vater diesen Brief! **Please give your father this letter.**

3. The apostrophe is used to denote omissions, as: heil'ge Nacht; ist's; geht's.

But when joining a preposition and the article (except when denoting the Genitive Case), the apostrophe is not used, as: ans, ins, durchs, am, beim, unterm.

The apostrophe is used at the end of proper names when terminating in s, as Demosthenes' Reden; but otherwise it is omitted, as: Schillers Gedichte, Goethes Werke.

These are some of the main points of difference between German and English punctuation.

GERMAN CHARACTERS

The German characters are taught in the second part of the Language Phone Method.

There it is pointed out that, while scientific works and various other publications are now printed in Roman letters, the German characters are also occasionally used.

SPELLING

1. Nouns and substantivized adjectives are capitalized: der Tisch "the table"; die Aufgabe "the lesson"; das Buch "the book"; das Böse "the evil"; das Beste "the best".

2. In polite address personal pronouns and posesssive adjectives are capitalized: Sie "you"; Ihr "your"; in letters also in familiar address: Du "you"; Dein "your".

Spelling	Pronunciation	Symbol	Examples	
a	long as last letter of a syllable	a:	Vater	'fa:tər
aa	always long	a:	Haar	ha:r
ah	always long	a:	fahren	'fa:rən
a	short when followed by two consonants	a	Wand	vant
a	short in monosyllabic words	a	was	vas
a	short in unstressed syllables	a	warum	va'rum

Spelling	Pronunciation	Symbol	Examples	
ä	long before one consonant	ɛ:	Bär	bɛːʀ
ä	short before two consonants except h	ɛ	ändern	ˈɛndəʀn
äh	} always long	ɛ:	wählen	ˈvɛːlən
äu		ɔʏ	Fräulein	ˈfrɔʏlaɪn
ai		aɪ	Kaiser	ˈkaɪzəʀ
b	at the beginning of a syllable	b	Butter	ˈbʊtəʀ
b	at the end of a syllable	p	abschreiben lieb	ˈapʃraɪbən liːp
c	in words of foreign origin			
	before e, i, y, ä	ts	Ceres Cismoll Cyrus Cäsar	ˈtseres ˈtsɪsmɔl ˈtsyːrʊs ˈtsɛːzar
c	before a, ou, or a consonant	k	Café Couleurstudent Clique	kaˈfeː kʊˈløːʀʃtudent ˈklɪkə
	exceptions:	tʃ s	Cello Cercle	ˈtʃelo ˈserkl
ch	after e, i, ai, ei, eu, äu	ç	echt ich aichen weich euch räuchern	ɛçt ɪç ˈaɪçən vaɪç ɔʏç ˈrɔʏçəʀn
ch	after a, o, u, au	x	Dach doch Kuchen auch	dax dɔx ˈkuːxən aʊx
chs		ks	Fuchs	fʊks

Spelling	Pronunciation	Symbol	Examples	
	exception: when s an inflectional ending:	çs	des Ichs	dɛs ɪçs
		xs	des Bachs	dɛs baxs
ck		k	Acker	ˈakəʀ
d	in the beginning of a syllable	d	Dach	dax
d	at the end of a syllable	t	und	ʊnt
e	long as last letter of a stressed syllable	e:	heben	ˈheːbən
e	long in a monosyllabic word before a single consonant	e:	er	eːʀ
ee	} always long	e:	Seele	ˈzeːlə
eh		e:	Ehre	ˈeːrə
e	short when followed by 2 consonants and in many unstressed prefixes	ɛ	Henne	ˈhɛnə
			erobern	ɛrˈoːbəʀn
e	short in the prefixes be- and ge- and in suffixes	ə	Beginn	bəˈgɪn
			Gewinn	gəˈvɪn
			schreiben	ˈʃraɪbən
ei	} always long	aɪ	ei	aɪ
eu		ɔʏ	deutsch	dɔʏtʃ
f		f	fallen	ˈfalən
ff		f	Affe	ˈafə
g	at the beginning of a syllable	g	gross	groːs
	exception: in foreign words	ʒ	Logis	loːˈʒiː
g	at the end of a syllable	k	Weg	veːk
	exception: -ig	iç	König	ˈkøːnɪç
h	at the beginning of a syllable	h	Haus	haʊs

Spelling	Pronunciation	Symbol	Examples	
h	as sign of length after vowels is not pronounced	—	fahren	ˈfaːrən
i	long in a few monosyllabic words as	iː	dir	diːʀ
			mir	miːʀ
ie	} always long	iː	sie	ziː
ih		iː	ihr	iːʀ
i	short before 2 consonants and in most monosyllabic words	ɪ	Kinder	ˈkɪndəʀ
			mit	mɪt
			in	ɪn
j		j	ja	jaː
	in foreign words	ʒ	Journal	ʒʊrˈnaːl
k		k	Knie	kniː
l		l	laut	laʊt
ll		l	all	al
m		m	mir	miːʀ
mm		m	Sommer	ˈzɔməʀ
n		n	nein	naɪn
nn		n	Sonne	ˈzɔnə
ng		ŋ	singen	ˈzɪŋən
o	long as last letter of a stressed syllable, and in a few words such as	oː	oder	ˈoːdəʀ
			Mond	moːnt
			Brot	broːt
oo	} always long	oː	Boot	boːt
oh			Sohn	zoːn
o	mostly short before 2 consonants, and in "von"	ɔ	Sonne	ˈzɔnə
			von	fɔn
ö	long as last letter of a syllable	øː	hören	ˈhøːrən
öh	always long	øː	Söhne	ˈzøːne

Spelling	Pronunciation	Symbol	Examples	
ö	short before 2 or more consonants	œ	Körper	'kœrpər
p		p	Papier	pa'pi:ʀ
pf		pf	Apfel	'apfəl
ph	only in words of foreign origin	f	Telephon	te:le:'fo:n
pp		p	Apparat	apa'ra:t
qu		kv	Qual	kva:l
r	in the beginning and in the middle of a word	r	rot	ro:t
rr		r	Irrtum	'ɪrtu:m
r	at the end of a word	ʀ	Vater	'fa:təʀ
s	at the beginning of a word or a syllable	z	sagen	'za:gən
			Rose	'ro:zə
s	at the end of a word	s	Haus	haʊs
ss		s	Wasser	'vasəʀ
ß		s	Fuß	fu:s
sch		ʃ	waschen	'vaʃən
sp	at the beginning of a word and in compounds	ʃp	sprechen	'ʃpreçən
			aussprechen	'aʊsʃpreçən
sp	in the middle of a word	sp	lispeln	'lɪspəln
st	at the beginning of a word and in compounds	ʃt	Stein	ʃtaɪn
			Bleistift	'blaɪʃtɪft
st	in the middle of a word	st	Liste	'lɪstə
t		t	Tante	'tantə
th		t	Theater	te:'a:təʀ
ti	in words of foreign origin	tsj	Patient	pa:'tsjɛnt
tt		t	Mutter	'mʊtəʀ
tz		ts	Katze	'katsə

Spelling	Pronunciation	Symbol	Examples	
u	long as last letter of a syllable; before a single consonant, or a double consonant pronounced as a single sound	u:	du tun Buch	du: tu:n bu:x
uh	always long	u:	Uhr	u:ʀ
u	short before 2 consonants	ʊ	und	ʊnt
ü	long before a single consonant	ʏ:	Schüler	ˈʃʏ:ləʀ
üh	always long	ʏ:	fühlen	ˈfʏ:lən
ü	short before 2 or more than 2 consonants	ʏ	Sünde Würstchen	ˈzʏndə ˈvʏrstçən
v		f	Vater	ˈfa:təʀ
v	in words of foreign origin	v	Verb	vɛrp
w		v	was	vas
x		ks	Hexe	ˈhɛksə
y	only in words of foreign origin: long as last letter of a syllable	y:	Syrien	ˈzy:rɪən
y	short before 2 or more than 2 consonants	y	Ägypten Nymphe	ɛːˈgyptən ˈnymfə
z		ts	zu	tsu:

MUSTERSATZ

Was wollen Sie morgen vormittag machen? Ich möchte gern mit dem ersten Flugzeug nach München fliegen, aber das geht leider nicht; denn ich erwarte einen Freund aus New York und muss auf dem Flughafen bleiben, bis das Flugzeug aus Amerika eintrifft.

PRONUNCIATION

Vas ′vɔlən zi: ′mɔrgən ′foːrmitak ′maxən? Iç ′mœçtə gɛrn mɪt deːm ′eːrstən ′fluːktsɔʏk naːx ′mʏnçən fliːgən, ′aːbər das geːt ′laɪdər nɪçt; dɛn ɪç er′vartə ′aɪnən frɔʏnt aus nuː jɔrk unt mus auf deːm ′fluːkhaːfən ′blaɪbən, bɪs das ′fluːktsɔʏk aus a′meːrika ′aɪntrɪft.

MODEL SENTENCE

What do you want [wollen Sie] to do [machen] to-morrow forenoon?
I should like to fly [Ich möchte gern . . . fliegen] to Munich by the
first plane; but unfortunately that is impossible [das geht leider
nicht], for I expect a friend from New York and must stay at the
airport till the plane from America arrives.

EXPLANATION

Why this sentence is selected and how it is to be studied.

German word-order and sentence structure present certain difficulties. It is the purpose of the model sentence to illustrate as many of these as possible at the very beginning of the course. By practising them continuously in the numerous variations given, the student will soon accustom his ear and his tongue to these unfamiliar German forms of construction and will utter them as fluently and correctly as their English equivalents. Only in this manner can he learn to **think** in German, and no one can **speak a** foreign tongue unless he can **think** in it.

The German language possesses many beauties, but some of its constructions seem awkward and involved. Take the first part of the sentence as an example. The English version is simple enough:

"What do you want to do to-morrow forenoon?"

Now look at the German equivalent:

"Was wollen Sie morgen vormittag machen?"

Now what is the rule for this peculiar word-order, which seems to put the cart before the horse?

Verbs are used either in **simple** (one-word) forms: **he speaks, he spoke,** or (Imperative) **speak!**; or in **compound** forms, made up of a so-called **auxiliary** of tense or mood plus the Infinitive or Past Participle: **he has spoken, he will speak** (where **has** and **will** are auxiliaries of tense or time); **he can speak** (where **can** is the auxiliary of "mood" or a modal auxiliary).

Now, in every independent clause, whether statement or question, in which the verb stands in a compound tense, the Infinitive or Past Participle is placed at the end of the clause. To illustrate:

Das Kind hat heute nichts gegessen.

The child has eaten nothing to-day.

Hat das Kind heute nichts gegessen?

Has the child eaten nothing to-day?

But in a dependent clause it is the auxiliary of tense mood which stands at the end:

Ich höre, dass Ihr Bruder kommen **wird**.

I hear that your brother will come.

Or take the other sentence:

"Can you do this errand for me?"

Can is a modal auxiliary, consequently the infinitive must come last, *i. e.*:

"Können Sie diesen Gang für mich **machen**?"

This is the first peculiarity of word-order to be mastered. Later, when the student has entered more fully into the spirit of the German language, this rule will be modified and additional rules and explanations will be given.

Was wollen Sie morgen vormittag machen?

Was (vas)

wollen Sie ('vɔlən zi:). (**Sie** when written with a capital S means **you,**
and is the formal address; when written with a small **s** it
means **they, them, she,** or **her.**)

morgen ('mɔrgən)

vormittag ('fo:rmɪtag)

machen ('maxən)?

VARIATIONEN

1. Was wollen Sie?

2. Was wollen Sie machen? or: Was wollen Sie tun?

3. Was wollen Sie morgen machen? (or: tun?)

4. Was machen Sie?[1] or: Was tun Sie?

ich will (ıç vɪl)	wir wollen (vi:r 'vɔlən)
du willst (du: vɪlst)	ihr wollt (i:r vɔlt)
(familiar address)	(familiar address)
Sie wollen (zi: 'vɔlən)	Sie wollen (zi: 'vɔlən)
(formal address)	(formal address)
er will (ɛ:r vɪl)	sie wollen (zi: 'vɔlən)

5 Wollen Sie es machen? (or: tun?) —Ja, ich will es machen. (or:
tun.)[2] (ja:—ɛs)

6. Wann wollen Sie es machen? (or: tun?) Ich will es morgen
vormittag machen. (or: tun.)

---

[1] It should be carefully noted and memorized that the *general* and formal
pronoun of address, to one person or to several, is the third person plural **sie**
(they) but written with a capital S. Whether one person is addressed or a number,
the verb is always in the plural form: "Sie wollen."

But the familiar form (in the singular "du willst" and plural "ihr wollt") is
used in speaking to members of one's family, very intimate friends, children,
animals, and to God in prayer.

Both forms of address are extensively illustrated in Lessons 18 and 19.

[2] tun (tu:n)

What do you want to do to-morrow forenoon?

What

will you (**or,** do you wish to? do you want to)? (Questions in English are asked with the auxiliary verb **to do.** The English expression is: "What do you want to do?" Germans say simply: "Was wollen Sie machen?" In English we say: "Are you going?" The Germans say: "Gehen Sie?")

to-morrow

forenoon

make (to make **or** to do)?

VARIATIONS

1. What do you want?

2. What do you want to do?

3. What do you want to do to-morrow?

4. What are you doing?[1]

I want	we want
[thou wantest][2] you want	you want
he wants	they want

5. Do you want to do it? Yes, I shall do it.

6. When will you do it? I shall do it to-morrow forenoon.

---

[1] *What are you doing?* must be rendered in German by: was machen Sie? There is no progressive form in German. *I am writing* must be given by *ich schreibe; I am going* by *ich gehe; I am staying* by *ich bleibe; are you reading a book?* by *lesen Sie ein Buch?*

[2] This old form corresponds historically to German "du willst." However, the latter form means "you want" as in "What do you want for supper, Charlie?"

7. Warum wollen Sie es nicht heute machen?

(va:ˈrʊm—	nɪçt hɔʏtə)
ich kann (kan)	wir können (ˈkœnən)
du kannst (kanst)	ihr könnt (kœnt)
(familiar address)	(familiar address)
Sie können (kœnən)	Sie können (ˈkœnən)
(formal address)	(formal address)
er kann (kan)	sie können (ˈkœnən)

8. Können Sie es heute vormittag[1] machen?

9. Nein, ich kann es heute vormittag nicht machen. (naɪn)

10. Können Sie es morgen machen?—Ja, ich kann es **morgen vor** mittag machen.

Verstehen (fɛrˈʃteːən)

11. Können Sie Deutsch[2]? (dɔɪtʃ)

12. Ja, ich kann etwas Deutsch. (ˈɛtvas)

13. Können Sie Deutsch gut[3]? Nein, ich kann nicht sehr gut Deutsch verstehen, **or:** Ich kann Deutsch nicht sehr gut. (zeːr—guːt)

14. Können Sie Englisch? Ja, ich bin Amerikaner und kann **sehr gut** Englisch. (ˈɛŋlɪʃ—bɪn—ameːriˈkaːnər—ʊnt)

ich bin (bɪn)	wir sind (zɪnt)
du bist (bɪst)	ihr seid (zaɪt)
Sie sind (zɪnt)	Sie sind
er ist (ɪst)	sie sind

15. Was sind Sie? Sind Sie Deutscher oder Amerikaner? (ˈdɔɪtʃər—ˈoːdər—ameːriˈkaːnər)

16. Ich bin Deutscher, aber ich verstehe Englisch sehr gut. (ˈaːbər)

17. Und was sind Sie? Ich bin Amerikaner und verstehe etwas Deutsch.

---

[1] The English version is: *this* forenoon; the German, *to-day* forenoon.

[2] Adjectives in German referring to nationality are written with small letters, **as** *deutsch, englisch,* etc.; but when, as here, they are used as substantives, **and** are the subject or object of a verb (sprechen, lesen, verstehen, etc.) **they are**

7. Why will you not do it to-day?

I can	we can
[thou canst] you can (familiar address)	you can (familiar address)
you can (formal address)	you can (formal address)
he can	they can

8. Can you do it this forenoon?[1]

9. No, I can not do it this forenoon.

10. Can you do it to-morrow? Yes, I can do it to-morrow forenoon.

To Understand

11. Do you know German? (Literally: Can you German [**Deutsch**][2]?)

12. Yes, I know German a little.

13. Do you know German well? No, I do not know German very well.

14. Do you know English? Yes, I am an American and know English very well.

I am	we are
you are (familiar)	you are (familiar)
you are (formal)	you are (formal)
he is	they are

15. What are you? Are you a German (**Deutscher**) or (**oder**) an American?

16. I am a German, but I can understand English very well. (Literally: but [**aber**] I understand English very well.)

17. And what are you? I am an American and can understand German a little. (Literally: and understand German a little)

---

written with a capital. *But* never in the phrase *auf deutsch* (in German), *auf englisch*, etc.

[3] In German adjectives are also used adverbially, that is to say, *good* and *well* are rendered by *gut*. Bad and badly, slow and slowly, quick and quickly, etc., have only one form in German, that of the adjective.

Sprechen (ˈʃprɛçən)   **Lesen** (ˈleːzən)   **Schreiben** (ˈʃraɪbən)

18. Können Sie Deutsch sprechen? Ich kann etwas Deutsch sprechen, aber nicht gut.

19. Können Sie Deutsch lesen? Ich kann etwas Deutsch lesen und schreiben.

20. Können Sie die deutschen Buchstaben lesen? (ˈbuːxʃtaːbən)

21. Nein, ich kann die deutschen Buchstaben nicht lesen.

22. Können Sie die deutschen Buchstaben schreiben?

23. Nein, ich kann die deutschen Buchstaben nicht schreiben; sie sind sehr schwer. (ʃveːr)

24. Das ist auch nicht nötig. Man schreibt heute nicht mehr mit deutschen Buchstaben.

25. Lernen auch die deutschen Kinder nicht mehr die deutsche Schrift?

26. Nein, auch in den Schulen schreiben die Kinder nur lateinische Buchstaben. Aber alle Deutschen können die deutsche Druckschrift lesen.

27. Ist Deutsch leicht oder schwer? (laɪçt)

28. Deutsch ist nicht leicht; Deutsch ist schwer.

29. Ist Englisch schwer oder leicht?

30. Ich bin Amerikaner, und Englisch ist leicht für mich, aber schwer für einen Deutschen.[1]

31. Ist die deutsche Aussprache schwer oder leicht? (ˈaʊsʃpraːxə)

32. Die deutsche Aussprache ist nicht schwer, im Gegenteil, sie ist leicht. (ˈgeːgəntaɪl)

33. Ist die englische Aussprache nicht sehr schwer?

---

[1] This is the accusative case. The nominative case is *ein Deutscher*, the accusative *einen Deutschen*. The direct object is placed in the accusative case. Here the accusative is used after the preposition *für*, which always governs this case.

To Speak—To Read—To Write

18. Can you speak German? I can speak German a little, but not well.

19. Can you read German? I can read and write German a little.

20. Can you read the German characters?

21. No, I can not read the German characters.

22. Can you write the German characters?

23. No, I can not write the German characters; they are very difficult. (**schwer**)

24. You need not. (Literally: That is not necessary [either].) German characters are no longer written. (Literally: One writes nowadays no longer [with] German characters.)

25. Don't German children either learn the German script?

26. No, also at school (Literally: in the schools) the children only write (Literally: write only) Latin characters. However, all Germans can read German print.

27. Is German easy (**leicht**) or (**oder**) difficult?

28. German is not easy; German is difficult.

29. Is English difficult or easy?

30. I am an American, and English is easy for me (**für mich**), but difficult for a German (**für einen Deutschen**).[1]

31. Is the German pronunciation (**die deutsche Aussprache**) difficult or easy?

32. The German pronunciation is not difficult; on the contrary, it[2] is easy.

33. Is not the English pronunciation very difficult?

---

[2] In German feminine gender "sie." The gender of the personal pronoun is determined by the gender of the noun referred to. The gender of "Aussprache" is feminine: "die Aussprache."

Sechs Gewöhnliche Zeitwörter

KONJUGATION DES PRÄSENS INDIKATIV

Mach-en[1]

ich mach-**e**	wir mach-**en**
du mach-**st**	ihr mach-**t**
Sie mach-**en**	Sie mach-**en**
er mach-**t**	sie mach-**en**

Versteh-en[1]

ich versteh-**e**	wir versteh-**en**
du versteh-**st**	ihr versteh-**t**
Sie versteh-**en**	Sie versteh-**en**
er versteh-**t**	sie versteh-**en**

Kauf-en[1] ('kaʊfən)

ich kauf-**e**	wir kauf-**en**
du kauf-**st**	ihr kauf-**t**
Sie kauf-**en**	Sie kauf-**en**
er kauf-**t**	sie kauf-**en**

---

[1] The infinitive of all German verbs with exception of "sein" ("to be"), "tun" ("to do") and verbs like "ändern" ("to change") or "segeln" ("to sail") ends in *en*. This is called the *ending*. By striking off the ending we get the *stem* of the verb. In the table above and p. 28 the verbs are printed in such a way that stem and ending can be plainly seen.

Six Common Verbs

CONJUGATION OF THE PRESENT INDICATIVE

To Make

I make	we make
you make (familiar)	you make (familiar)
you make (formal)	you make (formal)
he makes	they make

To Understand

I understand	we understand
you understand (familiar)	you understand (familiar)
you understand (formal)	you understand (formal)
he understands	they understand

To Buy

I buy	we buy
you buy (familiar)	you buy (familiar)
you buy (formal)	you buy (formal)
he buys	they buy

In the conjugation of verbs various endings are added in the different tenses and persons. To form the Present Indicative, in the singular, add *e, st, t* to the stem. The first and third person plural in all verbs end the same as the Infinitive, namely: in *en*.

For the complete conjugation see Part X.

Bezahl-en (bə′tsa:lən)

ich bezahl-**e**   wir bezahl-**en**

du bezahl-**st**   ihr bezahl-**t**

Sie bezahl-**en**   Sie bezahl-**en**

ər bezahl-**t**   sie bezahl-**en**

Schreib-en

ich schreib-**e**   wir schreib-**en**

du schreib-**st**   ihr schreib-**t**

Sie schreib-**en**   Sie schreib-**en**

er schreib-**t**   sie schreib-**en**

Geh-en (′ge:ən)

ich geh-**e**   wir geh-**en**

du geh-**st**   ihr geh-**t**

Sie geh-**en**   Sie geh-**en**

er geh-**t**   sie geh-**en**

To Pay

I pay	we pay
you pay (familiar)	you pay (familiar)
you pay (formal)	you pay (formal)
he pays	they pay

To Write

I write	we write
you write (familiar)	you write (familiar)
you write (formal)	you write (formal)
he writes	they write

To Go

I go	we go
you go (familiar)	you go (familiar)
you go (formal)	you go (formal)
he goes	they go

1. Was machen Sie?[1]—Ich schreibe einen Brief. ('aɪnən briːf)

2. Schreiben Sie einen deutschen oder einen englischen Brief?

3. Ich schreibe einen deutschen Brief.

4. Schreiben Sie mit lateinischen Buchstaben?—Ja, natürlich, die deutschen Buchstaben werden nicht mehr geschrieben.

5. Verstehen Sie mich?

6. Verstehen Sie mich, wenn[2] ich Deutsch spreche? (ven)

7. Ich verstehe Sie, wenn Sie langsam sprechen. ('laŋzaːm)

8. Verstehen Sie mich, wenn ich schnell spreche? (ʃnɛl)

9. Nein, ich kann Sie nicht verstehen, wenn Sie schnell sprechen.

10. Ich kann Sie verstehen, wenn Sie langsam und deutlich sprechen. ('dɔʏtlɪç)

11. Bitte, sprechen Sie[3] langsam. ('bɪtə)

12. Bitte sprechen Sie langsam und deutlich. Ich bin Amerikaner und kann Sie nicht verstehen, wenn Sie so schnell sprechen.

13. Was sagen Sie? ('zaːgən)

14. Was sagt er? (zaːgt)

15. Was sagt dieser Mann? ('diːzəʀ man)

16. Verstehen Sie was dieser Mann sagt?—Nein, ich kann ihn nicht verstehen.

---

[1] See note 1, page 21.

[2] Wenn ich Deutsch spreche. This is an example of a further peculiarity of German word-order. When a clause begins with a subordinating conjunction, the verb is placed at the end. Words like *when, as, that, because, if, although,* etc., are called conjunctions. All conjunctions, with the exception of *and,* und,

1. What are you doing?[1] I am writing a letter. (Literally: What make you? I write a letter [**einen Brief**].)

2. Are you writing a German or an English letter?

3. I am writing a German letter. (Literally: I write a German letter.)

4. Do you write with Latin characters? Yes, of course, the German letters are no longer written.

5. Do you understand me? (Literally: Understand you me [**mich**]?)

6. Do you understand me when I speak German? (Literally: Understand you me when [**wenn**[2]] I German speak?)

7. I understand you when you speak slowly. (Literally: I understand you when you slowly [**langsam**] speak.)

8. Do you understand me when I speak rapidly? (Literally: Understand you me when I quickly [**schnell**] speak?)

9. No, I can not understand you when you speak fast.

10. I can understand you when you speak slowly and distinctly. (Literally: I can you understand when you slowly and distinctly [**deutlich**] speak.)

11. Please speak[3] slowly. (Literally: Please [**bitte**] speak you slowly.)

12. Please speak slowly and distinctly. I am an American and can not understand you when you speak so fast. (Literally: Please speak you slowly and distinctly. I am an American and can you not understand when you so fast speak.)

13. What do you say? (Literally: What say you?)

14. What does he say? (Literally: What says he?)

15. What does this man say? (Literally: What says this man [**dieser Mann**]?)

16. Do you understand what this man says? No, I can not understand him. (Literally: Understand you what this man says? No, I can him not understand.)

---

but, aber, sondern, *or*, oder, *for*, denn (which are co-ordinating), force the verb to the end of the sentence. This rule should be carefully memorized.)

[3] Sprechen Sie, *speak*. (Literally: *speak you*). This is the imperative mood. The English version is: *go to the bank;* Germans say: *go you to the bank*, gehen Sie auf die Bank! *Make it to-morrow*, literally, *make you it to-morrow*, machen Sie es morgen!

17. Können Sie alles verstehen was ich sage? ('aləs)

18. Ja, ich kann alles verstehen was Sie sagen, wenn Sie langsam und deutlich sprechen.

19. Ich verstehe dieses Wort nicht;[1] bitte sagen Sie es noch einmal. ('di:zəs vɔrt nɔx 'aɪnma:l)

20. Verstehen Sie es jetzt?—Ja, jetzt[2] verstehe ich es. (jɛtst)

21. Was bedeutet dieses Wort? (bə'dɔʏtət)

22. Wie heisst dieses Wort auf englisch? (aʊf)

23. Was bedeutet das?

24. Bitte sagen Sie das noch einmal. Ich verstehe nicht, was das bedeutet.

25. Bitte erklären Sie dieses Wort.

26. Bitte erklären Sie mir dieses Wort noch einmal.[3] (mi:r)

27. Wissen[4] Sie jetzt, wie dieses Wort auf englisch heisst? ('vɪsən—haɪst)

ich weiss (vaɪs)	wir wissen
du weisst	ihr wisst
Sie wissen	Sie wissen
er weiss	sie wissen

28. Ja, jetzt weiss ich, was dieses Wort bedeutet.

---

[1] In English the auxiliary *do* is used in questions and negative statements. This is not the case in German. Instead of saying: *I do not understand you*, Germans say, *I understand you not*, ich verstehe Sie nicht. Instead of: *Do you speak German? No, I do not*, Germans say: *Speak you German? No, I speak not German*, Sprechen Sie Deutsch? Nein, ich spreche nicht Deutsch.

[2] If a clause begins with any word except the subject, *i.e.*, with an adjunct of the verb, as in this case, the inverted form must be used. Hence the subject is placed after the verb, as for instance: *Now I understand it*. The subject of the

17. Can you understand everything I say? (Literally: Can you all [**alles**] understand what I say?)

18. Yes, I can understand all you say if you speak slowly and distinctly.

19. I do not understand[1] this word; please say it once more. (Literally: I understand[1] this word [**dieses Wort**] not; please say you it yet once [**noch einmal**].)

20. Do you understand it now? Yes, now[2] I understand it. (Literally: Understand you it now [**jetzt**]? Yes, now understand I it.)

21. What does this word mean? (Literally: What means [**bedeutet**] this word?)

22. What does this word mean in English? (Literally: What means this word in [**auf**] English?)

23. What does this mean? (Literally: What means that [**das**]?)

24. Please say that once more. I do not understand what it means. (Literally: Please say you that yet once [**noch' einmal**]. I understand not what that means.)

25. Please explain this word. (Literally: Please explain you [**erklären Sie**] this word.)

26. Please explain this word once more to me. (**mir** = to me)

27. Do you know now what this word means in English? (Literally: Know you [**wissen**[4] **Sie**] now what this word in English means?)

I know	we know
you know (familiar)	you know (familiar)
you know (formal)	you know (formal)
he knows	they know

28. Yes, now I know what this word means.

---

phrase is *I*, but as the sentence begins with *now* the inversion takes place, consequently: *Now understand I it*, jetzt verstehe ich es. This is mostly done for the sake of emphasis.

[3] The Student should note that the phrase is accented: chief stress on *noch*, secondary on *mal*, with *ein* reduced to a mere *n* sound. But when the chief stress is put on *ein*, it means "just once more." "Wenn du das noch ein'mal sagst", *If you (dare) say that just once more.*

[4] Wissen, *to know*, is one of the few verbs which have an irregular present tense.

29. Bitte erklären Sie mir diesen deutschen Satz. Ich weiss nicht, wie er[1] auf englisch heisst. (zats)

30. Verstehen Sie jetzt, was dieser[2] Satz bedeutet?

31. Ja, jetzt weiss ich, was dieser Satz bedeutet, und ich kann ihn[1] auf deutsch und englisch sagen.

32. Wissen Sie was "wiederholen" bedeutet?—Nein, das weiss ich nicht. (vi:der'ho:lən)

33. "Wiederholen" bedeutet "noch einmal sagen." "Wiederholen" bedeutet dasselbe wie "noch einmal sagen." Ich kann sagen: "Bitte wiederholen Sie das"; oder "Bitte sagen Sie das noch einmal." Beide Sätze[2] bedeuten dasselbe. ('baɪdə 'zɛtsə bə'dɔʏtən das'zɛlbə)

IN EINEM LADEN

(ɪn 'aɪnəm 'la:dən)

1. Was wollen Sie in diesem Laden? Ich will etwas kaufen.

2. Was wollen Sie kaufen? Ich will einen Hut kaufen. (hu:t)

3. Bitte, kommen Sie mit. Ich will einen Hut in diesem Laden kaufen, und ich spreche Deutsch nicht gut genug. (gə'nu:k)

ich möchte ('mœçtə)	wir möchten
du möchtest	ihr möchtet
(familiar)	(familiar)
Sie möchten	Sie möchten
(formal)	(formal)
er möchte	sie möchten

4. Guten Morgen![3] Mein Freund möchte[4] einen Hut kaufen.

---

[1] Er, *he*, is used here because it refers to *Satz*. *Satz* being masculine, the corresponding masculine pronoun must be used. The same is the case in paragraph 31, where ihn, *him*, must be used, because it refers to a masculine noun. In paragraph 29, *er* is the subject, in paragraph 31 *ihn* is the object.

[2] "*Dieser Satz*" is the nominative case (subject); "*diesen Satz*" (paragraph 29) is the accusative case (object). The plural is "*die Sätze.*"

[3] Morgen, when written with a capital, is a masculine noun and means *morning;* when written with a small *m* it is an adverb and signifies *to-morrow.*

29. Please explain this German sentence to me. I do not know what it means in English.

30. Do you understand now what this sentence means?

31. Yes, now I know what this sentence means, and I can say it in German and in English.

32. Do you know what **"wiederholen"** means? No, I do not. (Literally: Know you what **"wiederholen"** means? No, that know I not.)

33. **"Wiederholen"** means to say again. Wiederholen means the same as (is synonymous with) "to say once more." I can say: "Please repeat that"; or, "Please say that again." Both sentences mean the same.

IN A STORE

1. What do you want (to do) in this store? I want to buy something.

2. What do you want to buy? I wish to purchase a hat.

3. Please come with (me). I want to buy a hat in this store and I do not speak German well enough.

I should like	we should like
you would like (familiar)	you would like (familiar)
you would like (formal)	you would like (formal)
he would like	they would like

4. Good morning! My friend would like to[4] buy a hat.

The following are the forms of salutation:

Guten Morgen	('gu:tən 'mɔrgən)	*good morning.*
Guten Tag	('gu:tən ta:k)	[*good day.*]
Guten Abend	('gu:tən 'a:bənt)	*good evening.*
Gute Nacht	('gu:tə naxt)	*good night.*
Auf Wiedersehen	(aʊf'vi:dəʀze:n)	*good-bye.*

[4] After the modal auxiliaries the infinitive is used without *zu.* Of these auxiliaries the student has thus far learned *ich will, ich kann, ich möchte.* The special difficulty lies in *ich möchte,* which in English is rendered by *I should like to. I should like to buy a hat:* ich möchte einen Hut kaufen.

5. Wünschen Sie einen Filzhut oder einen Strohhut? ('filtshu:t— 'ʃtro:hu:t)

6. Ich möchte einen Filzhut.

7. Welche Nummer haben Sie?—Ich habe Nummer sieben.[1] ('vɛlçə 'nʊməʀ)

8. Ich möchte auch ein Paar[2] Handschuhe haben. (aʊx—pa:r 'hantʃu:ə)

9. Was für[3] Handschuhe sollen es sein?—Am liebsten Schweinsleder.

10. Und welche Nummer haben Sie?—Nummer sechs.

11. Passen diese Handschuhe?—Ja, diese Handschuhe passen sehr gut. ('pasən)

---

[1] The student must memorize the numerals; these are very easy and correspond closely to the English.

1	eins	aɪns
2	zwei	tsvaɪ
3	drei	draɪ
4	vier	fi:ʀ
5	fünf	fʏnf
6	sechs	zɛks
7	sieben	zi:bən
8	acht	axt
9	neun	nɔʏn
10	zehn	tse:n
11	elf	ɛlf
12	zwölf	tsvœlf
13	dreizehn	'draɪtse:n
14	vierzehn	'fɪrtse:n
15	fünfzehn	'fʏnftse:n
16	sechzehn	'zɛçtse:n
17	siebzehn	'zi:ptse:n
18	achtzehn	'axtse:n
19	neunzehn	'nɔʏntse:n
20	zwanzig	'tsvantsɪç
21	einundzwanzig	
22	zweiundzwanzig	
23	dreiundzwanzig	

5. Do you wish a (soft) felt or a straw hat?

6. I want a (soft) felt.

7. What size do you wear? I wear size seven. (Literally: Which number [**welche Nummer**] have [**tragen**] you? I have number seven.[1])

8. I should also like to buy a pair of gloves. (Literally: I should like also (**auch**] a pair[2] gloves [**ein Paar Handschuhe**] to have.)

9. What kind of gloves would you like? I prefer pigskin. (Literally: What for[3] [**was für**] gloves shall it be? Preferably [**am liebsten**] pig leather.)

10. And what size do you wear? Size six. (Literally: And which number have you? Number eight [**acht**].)

11. Do these gloves fit? Yes, these gloves fit very well.

24	vierundzwanzig	
25	fünfundzwanzig	
26	sechsundzwanzig	
27	siebenundzwanzig	
28	achtundzwanzig	
29	neunundzwanzig	
30	dreissig	'draɪsɪç
40	vierzig	'fɪrtsɪç
50	fünfzig	'fʏnftsɪç
60	sechzig	'zɛçtsɪç
70	siebzig	'ziːptsɪç
80	achtzig	'axtsɪç
90	neunzig	'nɔʏntsɪç
100	hundert	'hundəʀt
1,000	tausend	'tauzənt
100,000	hundert tausend	
1,000,000	eine Million	milɪ'oːn

[2] After nouns expressing numbers, quantity, weight or measure there is in German no equivalent of English "of." *A bottle of wine* is rendered by: eine **Flasche Wein** ('flaʃə vaɪn); *a glass of water*, ein **Glas Wasser** (glas 'vasəʀ); *a pair of gloves*, ein **Paar Handschuhe**.

Wein (fla-she vin); *a glass of water*, ein Glas Wasser (glas—va-s'r); *a pair of gloves*, ein Paar Handschuhe.

[3] Was für Handschuhe? Literally: What for gloves?

12. Und wie passt dieser Hut? Dieser Hut passt mir nicht. Bitte zeigen Sie mir einen anderen. (ˈtsaɪgən—ˈandərn)

13. Er steht Ihnen auch nicht sehr gut. Sie brauchen eine breitere Krempe. (ʃteːt—ˈbrauxən—ˈbraɪtərə ˈkrɛmpə)

14. Ja, Sie haben ganz recht. Dieser mit der breiteren Krempe steht mir viel besser.

15. Bitte zeigen Sie mir andere Handschuhe; diese passen nicht gut.

16. Wieviel kostet dieser Hut?—Dieser Hut kostet dreissig Mark.[1]

17. Und wieviel kosten diese Handschuhe?—Zwanzig Mark.

18. Das ist sehr teuer.—O nein, mein Herr, das ist sehr billig. (ˈtɔʏər—ˈbɪlɪç)

19. Wollen Sie diese Handschuhe gleich bezahlen? (bəˈtsaːlən)

20. Ja, ich will sie jetzt bezahlen.—Danke sehr!

21. Wollen Sie diesen Hut auch gleich bezahlen?

22. Nein; bitte schicken Sie den Hut mit der Rechnung in mein Hotel (ˈrɛçnuŋ—hoːˈtɛl). Ich will ihn dort bezahlen. Ich habe nicht genug Geld bei mir (baɪ miːr).

ich habe	(ˈhaːbə)	wir haben	
du hast	(hast)	ihr habt	(haːpt)
Sie haben	(ˈhaːbən)	Sie haben	
er hat	(hat)	sie haben	

23. Haben Sie Geld bei sich? (zɪç)

24. Wieviel Geld haben Sie bei sich? (viːˈfiːl)

25. Haben Sie viel Geld bei sich?

26. Ich habe nur sehr wenig Geld bei mir. (nuːr—ˈveːnɪç)

27. Ich habe nicht viel Geld bei mir. Schicken Sie den Hut in mein Hotel; ich will ihn dort bezahlen.

---

[1] The German mark is almost equal to a quarter of a dollar.

12. And how does this hat fit? This hat does not fit me. Please show me another.

13. It is not very becoming to you either. You need a wider brim.

14. Yes, you are quite right. This one with the broader brim is much more becoming to me.

15. Please show me some other gloves; these do not fit well.

16. How much is this hat? This hat costs thirty marks. (Literally: How much costs this hat?)

17. And what is the price of these gloves? Twenty marks. (Literally: And how much cost these gloves?)

18. That is very expensive. Oh no, sir, that is very cheap.

19. Do you want to pay for these gloves now?

20. Yes, I want to pay for them now. Here is your money. Many thanks!

21. Do you also want to pay for this hat now?

22. No; please send the hat with your (Literally: the) bill to my hotel. I will pay for it there. I have not money enough with me.

I have	we have
you have (familiar)	you have (familiar)
you have (formal)	you have (formal)
he has	they have

23. Have you any money with you? (Literally: Have you money by you [**bei sich**]?)

24. How much money have you with you?

25. Have you much money with you?

26. I have only [**nur**] very little money with me.

27. I have not much money with me. Send the hat to my hotel. I will pay for it there. (Literally: I will him there pay.)

ESSEN UND TRINKEN
('ɛsən)

1. Was wollen Sie jetzt tun? (tuːn)

2. Ich möchte jetzt in ein Restaurant[1] gehen und etwas essen. (rɛstoːˈraŋ)

ich esse[2]	wir essen
du isst	ihr esst
Sie essen	Sie essen
er isst	sie essen

3. Sind Sie hungrig?—Ja, ich bin sehr hungrig und möchte in ein Restaurant gehen. ('huŋrıç)

4. In welches Restaurant möchten Sie gehen? ('vɛlçəs)

5. Gehen wir in das Hofbräuhaus. ('hoːfbrɔʏhaʊs) Man isst dort sehr gut.

6. Ich bin nicht hungrig; ich möchte nicht so früh essen.

7. Um wieviel Uhr (uːʀ) essen Sie gewöhnlich?

8. Ich esse gewöhnlich (gəˈvøːnlıç) um sechs Uhr. (zɛks)

9. Wollen Sie nicht mit mir essen?—Nein, danke sehr; ich bin nicht hungrig. Ich habe noch keinen Appetit. (apeˈtiːt)

10. Sind Sie nicht durstig?—Ja, ich bin durstig.

11. Gut, dann kommen Sie mit mir, und trinken Sie eine Tasse Kaffee[3]. ('tasə 'kafeː)

12. Nein, danke sehr; ich gehe jetzt nach Hause ('haʊzə) und komme nachher in Ihr Hotel.

13. Um wieviel Uhr kommen Sie?—Ich komme um sieben, nach[4] dem Essen,[5] zu Ihnen.

---

[1] Restaurant is pronounced as in French.
[2] A number of verbs change in the second and third persons singular *e* to *i*.
[3] See note 2, page 37.
[4] Nach, means not only *to*, but *after*; in both cases it governs the dative.
[5] German households have their main meal at mid-day, hence Mittagessen or Mittagsessen. Das Frühstück, *breakfast*, frühstücken, *to eat breakfast*; das Mit-

EATING AND DRINKING

1. What do you want to do now?
2. I should like to go to a restaurant to eat something.

3. Are you hungry (**hungrig**)?—Yes, I am very hungry and should like to go to a restaurant.
4. To which [**welches**] restaurant do you wish to go?
5. Let us go to the Hofbräuhaus. One dines (Literally: eats) very well there.
6. I am not hungry; I should not like to dine so early.
7. When (Literally: at what o'clock) do you usually dine?
8. I generally dine at six o'clock.
9. Will you not dine with me?—No, thank you; I am not hungry. I have no appetite as yet. (Literally: I have yet [**noch**] no appetite [**keinen Appetit**].)
10. Are you not thirsty? Yes, I am thirsty (**durstig**).
11. Well, then, come with me and drink a cup of coffee.[3]

12. No, thank you, I am going home now. I will see you later at your hotel. (Literally: No, thanks very; I go now to home [**nach Hause**] and come later [**später**] in your hotel [**in Ihr Hotel**].)
13. At what time will you come? I will come at seven, after dinner. (Literally: At how much o'clock come you? I come at seven, after [**nach**[4]] the dinner [**dem Essen**[5]] to you [**zu Ihnen**].)

---

tagessen, *dinner;* das Abendessen, *supper.* Haben Sie schon zu Mittag, zu Abend gegessen? *Have you had your dinner, your supper?* Das Diner (di:'ne:) refers to a formal dinner; it is also the alternative to "nach der Karte" (*à la carte*): Nehmen Sie das Diner, oder speisen Sie nach der Karte? *Will you take the (regular) dinner or will you dine à la carte?*

14. Gut; und was machen wir heute Abend?

15. Wir gehen[1] ins Theater. (te:'a:təʀ)

16. Warum nicht in die Oper? ('o:pəʀ)—Gut, wie Sie wollen. Die Münchener Oper ist sehr gut, und das Orchester ist eines der besten in Deutschland. (ɔr'kɛstəʀ—'dɔʏtʃlant)

17. Also,[2] Sie kommen bestimmt?—Ja, ich komme ganz bestimmt. ('alzo:—bə'ʃtɪmt—gants)

18. Auf Wiedersehen!—Auf Wiedersehen, um sieben Uhr.

BAHNHOF—HOTEL—ZIMMER

('ba:nho:f—ho:'tɛl—'tsɪməʀ)

1. Wohin will Ihr Herr Gemahl[3] gehen? (vo:'hɪn—gə'ma:l)

2. Mein Mann möchte zum Bahnhof gehen.

3. Wohin wollen Sie gehen?—Ich möchte zum Bahnhof gehen.

4. Zu welchem Bahnhof wollen Sie gehen?—Ich möchte zum Hauptbahnhof gehen.

5. Wohin will Ihre Frau[4] Gemahlin gehen? (frau gə'ma:lɪn)

6. Meine Frau ist sehr müde und möchte direkt in ein Hotel gehen. ('mʏ:də—di:'rɛkt)

7. In welches Hotel möchte sie gehen? In das Hotel Continental. (kɔntɪnen'ta:l)

8. Sind Sie müde?—Ja, ich bin sehr müde und möchte in ein gutes Hotel gehen.

9. Wollen Sie zu Fuss gehen?[5]—Nein, ich nehme ein Taxi. ('taksi:)

---

[1] *I am going to*, followed by a verb, is generally rendered by the present or future tense, that is to say, *I am going* is not translated at all, thus: *I am going to do it*, ich mache es; or, ich will es machen. *What are we going to do this evening*, was machen wir heute abend? or, was wollen wir heute abend machen?

[2] *Also*, means *so, therefore, then, consequently*, but never English *also*. It is a common expression in German.

[3] See note 4, page 43.

14. Very well, and what are we going to do to-night?

15. We will go to the theater. (Literally: We go to[1] the theater.)

16. Why not to the opera? Very well, as you like. The Munich opera is very good, and the orchestra is one of the best in Germany.

17. You surely will come? Yes, I will come most assuredly. (Literally: Then [also[2]] you come surely [bestimmt]? Yes, I come quite [ganz] surely.)

18. Good-bye! Till seven o'clock!

STATION—HOTEL—ROOMS

1. Where does your husband wish to go?

2. My husband wishes to go to the station.

3. Where do you wish to go? I should like to go to the station.

4. To which station do you wish to go? I should like to go to the Central Station.

5. Where does your wife wish to go?

6. My wife is very tired and would like to go at once to a hotel.

7. To which hotel does she want to go? To the Hotel Continental.

8. Are you tired? Yes, I am very tired, and should like to go directly to a good hotel.

9. Will you walk? No, I will take a taxi. (Literally: No, I take [ich nehme] a taxi.)

---

[4] In formal speech Germans say:
your husband (*your Mr. husband*), Ihr Herr Gemahl,
your wife (*your Mrs. wife*), Ihre Frau Gemahlin,
your daughter (*your Miss daughter*), Ihre Fräulein Tochter.
But when speaking of one's own husband, wife or relatives, one says mein Mann, meine Frau, meine Tochter.
[5] *To walk* is generally translated: zu Fuss gehen, or simply gehen: Sind Sie gefahren?—Nein, ich bin gegangen. *Did you drive?—No, I walked.*

10. Ich bin sehr müde. Ich kann nicht zu Fuss ins Hotel gehen. Ich nehme ein Taxi.

11. Gehen Sie zu Fuss in Ihr Hotel, oder nehmen Sie ein Taxi?—Ich bin nicht müde; ich gehe zu Fuss.

12. Haben Sie Gepäck?[1] Haben Sie viel Gepäck? Wieviel Gepäck haben Sie? (gə'pɛk)

13. Ich habe viel Gepäck. Ich kann nicht zu Fuss in mein Hotel gehen. Ich nehme ein Taxi.

14. Ich habe nur Handgepäck[2] (nur wenig Gepäck). Ich fahre mit der Elektrischen. ('hantgəpɛk)

15. Chauffeur, Hotel Continental! (ʃoː'føːʀ)

16. Guten Tag! Können Sie mir ein gutes Zimmer ('tsɪməʀ) geben?

17. Können Sie mir ein gutes Zimmer im ersten Stock[3] geben? ('eːʀstən ʃtɔk)

18. Ich bin sehr müde und möchte zu Bett gehen. Bitte geben Sie mir ein gutes Zimmer im ersten Stock.

19. Bitte geben Sie mir ein ruhiges Zimmer im[4] zweiten Stock. ('tsvaɪtən)

20. Wünschen Sie es mit oder ohne Bad?

21. Vorläufig ohne, ('foːʀlɔyfɪç 'oːnə) später nehmen wir vielleicht eins mit Bad.

22. Was kostet das Zimmer?

23. Was kostet dieses Zimmer pro Tag?

24. Wie viel kostet dieses Zimmer pro Tag?

25. Dieses Zimmer kostet zehn Mark pro Tag.

---

[1] The words *some* and *any*, when used before a noun in the singular, are not rendered in German.

Have you any money?	Haben Sie Geld?
Here is some ink.	Hier ist Tinte.

10. I am very tired. I can not walk to the hotel. I will take a taxi. (Literally: I take a taxi.)

11. Will you walk to your hotel or will you take a taxi? I am not tired, I am going to walk.

12. Have you any baggage? Have you much baggage? How much baggage have you?

13. I have a great deal of baggage. I can not walk to my hotel. I will take a cab.

14. I have but little baggage (**Handgepäck²**). I am going to take the street-car.

15. Driver, to the Continental Hotel!

16. [(Literally: Good day!)] Can you give me a good room?

17. Can you give me a good room on the first floor [**im ersten Stock³**]?

18. I am very tired and wish to go to bed. Please give me a good room on the first floor.

19. Please give me a quiet room on the second floor.

20. Do you wish it with or without bath?

21. Without, for the present (**vorläufig**); later we may perhaps (**vielleicht**) take one with bath.

22. What is the price of this room? (Literally: What costs this [**dieses**] room?)

23. What is the price (**der Preis**) for this (**dieses**) room per day (**pro Tag**)?

24. How much is (**kostet**) this room per day?

25. This room is ten marks per day. (Literally: This room costs ten marks per day.)

---

² Handgepäck literally means *hand-baggage, i.e.*, baggage which one can easily carry.

³ *Der erste Stock* in German dwellings corresponds to the American second floor; *der zweite Stock*, to the third story, etc.

⁴ *im* is a frequent form contracted from *in dem*.

26. Ich kann Ihnen dies¹ Zimmer sehr billig geben. ('bɪlɪç)

27. Dies Zimmer ist mir zu teuer; ich will es lieber nicht nehmen. Bitte zeigen Sie mir ein anderes. ('andərəs)

28. Ich habe kein anderes Zimmer in diesem Stock, aber ich kann Ihnen ein sehr grosses und billiges Zimmer im fünften Stock geben.

29. Dieses Zimmer ist gross² und schön. Was kostet es?

30. Dies Zimmer ist sehr billig. (Dies Zimmer ist nicht teuer.) Es kostet nur acht Mark pro Tag.

31. Ich möchte lieber nicht so hoch wohnen. (hoːx 'voːnən)

32. Aber der Fahrstuhl ist gleich nebenan, ('faːrʃtuːl—neːbən'an} also wohnen Sie ebenso bequem (bə'kveːm) im fünften wie im zweiten Stock, und Sie haben dazu mehr Licht und Luft.

---

¹ The neuter demonstrative *dieses* is frequently shortened to *dies*.
² The adjective *gross* is here used in the predicate and hence is not declined, as: *This room is large and attractive*, dies Zimmer ist gross und schön.

26. I can give you [Ihnen] this room very cheap.

27. This room is too expensive for me; I'd rather not take it. Please show me another [ein anderes].

28. I have no [kein] other room on this floor; but I can give you a very large and cheap [ein sehr grosses und billiges] room in the fifth story.

29. This room is large (gross)[2] and attractive (schön). What does it cost? (Literally: What costs it?)

30. This room is very cheap. (Literally: This room is not dear [teuer].) It costs but [nur] eight marks a day.

31. I'd rather not live so high up.

32. But the elevator is very near by (gleich nebenan), so you will be just as comfortable on the fifth as on the second floor, and will have more light and air besides (dazu).

Adjectives are declined when preceding the noun which they qualify, as:
I have a large and attractive room, ich habe ein *grosses* und *schönes* Zimmer.
For the declension of adjectives see Part X.

VOKABELN	VOCABULARY
Die Sprache; die Sprachen	**The Language; the Languages**

DIE AUSSPRACHE	THE PRONUNCIATION
Sie haben eine gute Aussprache. (aʊsˈʃpraːxə)	You have a good pronunciation.
Seine Aussprache ist sehr schlecht. (ʃlɛçt)	His pronunciation is very bad.
betonen; die Betonung	To stress; the stress
Sie betonen die falsche Silbe.	You stress the wrong syllable.
Betonen Sie die richtige Silbe.	Stress the right syllable.
Aussprechen (ˈaʊsʃpreçən)	To pronounce (speak out)
Sie sprechen gut aus.[1]	You pronounce well.
Sie sprechen schlecht aus.	You pronounce badly.
Sie sprechen dieses Wort falsch aus.	You pronounce this word incorrectly.
Verbessern (fɛrˈbesəʀn)	To correct
Der Fehler; die Fehler (ˈfeːləʀ)	The mistake; the mistakes

---

[1] *Aussprechen* is a separable compound verb, that is, in certain tenses the adverbial prefix *aus* is separated from the verb *sprechen*. These verbs are taught in a later lesson.

VOKABELN	VOCABULARY
Bitte verbessern Sie mich, wenn ich Fehler in der Aussprache mache.	Please correct me when I make mistakes in pronunciation.
Sie haben einen Fehler gemacht.	You have made a mistake.
Was bedeutet (bə'dɔʏtət) das? Was heisst das? (haɪst)	What does that mean?
Der Sinn (zɪn)	The sense, meaning
Gebrauchen (gə'braʊxən)	To use
Man¹ gebraucht dieses Wort nicht in diesem Sinn. (man—vɔrt)	This word is not used in this sense. (Literally: One uses this word not in this sense.)
Wie gebraucht man dieses Wort? (gə'braʊxt)	How is this word used? (Literally: How uses one this word?)
Der Satz; die Sätze (zats—'zɛtsə)	The sentence; the sentences
Der Hauptsatz ('haʊptzats)	The main sentence
Der Nebensatz ('ne:bənsats)	The subordinate clause
Einkäufe machen ('aɪnkɔʏfə)	To make purchases; to do some shopping
Ich möchte einige Einkäufe machen. ('aɪnigə)	I'd like to do some shopping.

---

¹ The passive voice is frequently rendered by the indefinite pronoun *man*, meaning: *one, people, we, they;* as: man sagt das nicht, *people (we) do not say that,* literally: *one says that not.* Man gebraucht dieses Wort nicht in diesem Sinn, *this word is not used in this sense,* literally: *one uses this word not in this sense.*

VOKABELN	VOCABULARY
Wieviel kostet das?	How much does that cost?
Was kostet dieser Gegenstand? ('ge:gənʃtant)	What is the price of this article?
Die Rechnung; die Rechnungen ('reçnʊŋ)	The bill; the bills
Quittieren (kvi'ti:rən)	To receipt
Bitte, quittieren Sie diese Rechnung.	Please receipt this bill.
Die Quittung; die Quittungen ('kvitʊŋ)	The receipt; the receipts.
Bitte, schicken Sie diese Sachen mit einer Quittung in mein Hotel.	Please send these goods with a receipted bill to my hotel.
Die Kasse ('kasə)	The cashier's desk
Der Kassierer (ka'si:rɐ)	The cashier
Bitte bezahlen Sie an der Kasse.	Please pay the cashier. (Literally: at the cashier's desk [an der Kasse].)
Wieviel macht das? Wie hoch ist der Betrag? (bə'tra:k)	How much does that amount to? (Literally: How much makes that?)
Das Geld	The money
Das Kleingeld ('klaɪŋgɛlt)	The change
Ich habe kein Kleingeld bei mir.	I have no change with me.
Haben Sie Kleingeld bei sich?	Have you any change with you?
Das stimmt nicht; Sie haben mir falsch herausgegeben.	That's not correct; you have not given me the correct change.

PART TWO

CONTENTS

BAHNHOF—HOTEL—ZIMMER

(Fortsetzung)

33. Gut, ich will das Zimmer nehmen. Bitte schicken Sie mein Gepäck herauf (he′rauf) und bezahlen Sie den Chauffeur.

34. Wünschen Sie jetzt zu speisen, mein Herr?

35. Nein, danke, ich bin sehr[1] müde und möchte sofort (zo:′fɔrt) zu Bett gehen.

36. Wünschen Sie sonst noch[2] etwas? (zɔnst—′ɛtvas)—Nein, danke, ich habe alles.

37. Ich sehe keine Streichhölzer (′ʃtraıçhœltsəʀ) im[3] Zimmer. Bitte bringen Sie mir eine Schachtel (′ʃaxtəl) Streichhölzer,[4] Kellner.

38. Hier (hi:ʀ) sind Streichhölzer, mein Herr. Wünschen Sie sonst noch etwas?

39. Nein, danke, ich habe nun alles und will sofort zu Bett gehen.

40. Gute Nacht, mein Herr; schlafen Sie wohl. (′ʃla:fən zi: vo:l)

EINE REISE

(′aınə ′raızə)

1. Was wollen Sie morgen vormittag tun[5]?—Ich möchte gern mit dem ersten Zug nach Oberammergau fahren.

2. Entschuldigen (ɛnt′ʃuldıgən) Sie, ich möchte gern nach Oberammergau fahren. Können Sie mir vielleicht (fi:′laıçt) sagen, wo der Bahnhof ist?

---

[1] *Very much*, when used before adjectives, is simply rendered by *sehr* (= *very*):
I am very much sleepy, Ich bin sehr müde.

[2] *Noch* means *yet, still, in addition*. It is one of those words used in German which frequently can not be translated.

[3] *im* is the contraction for *in dem*.

[4] See note 2, page 37.

STATION—HOTEL—ROOMS

(Continued from page 47)

33. Very well, I will take the room. Please send my baggage up and pay the driver.

34. Do you wish to dine now, sir?

35. No, thank you, I am very much[1] sleepy and shall retire at once [**sofort**].

36. Do you wish anything else? No, thank you, I have everything. (Literally: Wish you otherwise yet anything [**sonst noch**[2] **etwas**]? No, thank you, I have all [**alles**].)

37. I see no matches in the[3] room. Please bring me a box of matches,[4] waiter.

38. Here are matches, Sir. Do you wish anything else? (Literally: Wish you otherwise yet anything?)

39. No, thank you, I have everything now [**nun**] and will go to bed at once.

40. Good-night, sir, sleep well [**schlafen Sie wohl**].

A JOURNEY

1. What are you planning for to-morrow forenoon? I should like to go by the first train to Oberammergau. (Literally: What will you do to-morrow forenoon?)

2. Excuse me: I should like to go to Oberammergau. Can you please (Literally: perhaps [**vielleicht**]) tell me where the station is?

---

tun (tu:n)

ich tue	wir tun
du tust	ihr tut
Sie tun	Sie tun
er tut	sie tun

3. Von München nach Oberammergau fahren Sie am besten[1] mit der Reichsbahn bis Murnau, und von dort mit der elektrischen Bahn nach Oberammergau.

4. Verzeihen Sie, wann geht der Zug nach Murnau?

5. Um elf Uhr zehn. Den bekommen Sie[2] nicht mehr, er fährt eben ab. Aber in vierzig Minuten geht ein Eilzug.

6. Entschuldigen Sie! Wo ist der Wartesaal?

7. Verzeihen Sie! Ich möchte über Murnau nach Oberammergau fahren. Bitte, wo ist der Fahrkartenschalter? ('faːrkartenʃaltəʀ)

8. Gerade aus! Am zweiten Schalter rechts bekommen Sie die Fahrkarte.

9. Bitte, geben sie mir eine Fahrkarte nach Murnau!

10. Welcher[3] Klasse, bitte?

11. Bitte, geben Sie mir eine Karte erster Klasse für den Eilzug nach Murnau!

12. Einfach, oder Rückfahrkarte?

13. Rückfahrkarte, bitte! Geben Sie mir, bitte, eine Rückfahrkarte erster Klasse für den Eilzug nach Murnau!

14. Schön! Wir sagen kurz so: Eins, Murnau, Eilzug, ('aɪltsuːk) Rückfahrkarte, erster.

15. Wieviel kostet die Fahrt nach Nürnberg?

16. Wieviel kostet eine Rückfahrkarte nach Zürich?

17. Was kostet eine Rückfahrkarte erster Klasse nach Murnau?

18. Dreizehn Mark fünfzig.—Können Sie mir auf fünfzig Mark herausgeben?

---

[1] am besten is the adverbial superlative form of the irregularly compared adjective gut, besser, best-, or (adverbially) am besten. As attributive adjective (before the noun): Er ist mein bester Freund, He is my best friend; but as adverbial superlative in the predicate and uninflected: In der Oper singt sie am besten, She sings best in the opera. See Comparison of Adjectives in Part X.

3. From Munich to Oberammergau, you had best[1] take the State Railway as far as [bis] Murnau, and from there the electric railway to Oberammergau.

4. Pardon me, when does the train leave for Murnau? (Literally: When goes the train to Murnau?)

5. At eleven-ten. You are already too late for that one, it is just pulling out. But in forty minutes there is an express. (Literally: At eleven o'clock ten. That you (can) get no more, it goes [is going] just now [eben] off.)

6. Excuse me, where is the waiting-room?

7. Pardon me, I wish to go to Oberammergau via Murnau. Where is the ticket office, please?

8. Straight ahead. At the second ticket window on the right you will get your ticket.

9. Please give me a ticket to Murnau.

10. Which class, please?

11. Please let me have a first class ticket for the express to Murnau.

12. One way, or round trip?

13. Round trip, please. Please, give me a first class round trip ticket for the express to Murnau.

14. Very good! This is how we abbreviate it: One, Murnau, express, round trip, first (class).

15. What does it cost to Nuremberg? (Literally: How much costs the trip to Nuremberg?)

16. How much does a round trip (ticket) to Zurich cost?

17. What does a first class round trip (ticket) to Murnau cost?

18. Thirteen marks fifty. Can you give me change? (Literally: for fifty marks)

---

[2] *Sie*, the subject, here comes after its verb because, for the sake of emphasis, the object has been placed *before* the verb.

[3] Welcher Klasse is the genitive case, and represents the phrase: *a ticket of which class?* In the sentence: *Ich fahre zweiter Klasse, zweiter Klasse* is the adverbial genitive of manner. See Adverbial Genitive in Part X.

19. Hier ist Ihre Fahrkarte. Sie bekommen sechsunddreissig Mark fünfzig heraus.

20. Bitte, auf welchem Bahnsteig steht der Schnellzug nach Murnau?

21. Bahnsteig fünf, dort links! Machen Sie schnell!

22. Entschuldigen Sie! Ich habe einen Koffer und zwei Handkoffer. Den Koffer möchte ich aufgeben.[1]

23. Ich werde einen Gepäckträger rufen, er wird den Koffer für Sie aufgeben.

ich werde ('vɛʀdə)	wir werden
du wirst (vɪrst)	ihr werdet
Sie werden ('vɛʀdən)	Sie werden
er wird (vɪrt)	sie werden

24. Träger, dieser Herr möchte seinen Koffer aufgeben. Die beiden[2] kleinen Handkoffer nimmt[3] er mit ins Abteil.

25. Haben Sie die Fahrkarte schon gelöst? Gut! Ich werde Ihren Koffer aufgeben und Ihnen den Gepäckschein ins Abteil bringen. Der Schaffner legt[3] Ihnen die Handkoffer ins Gepäcknetz.

26. Schaffner, wo ist die erste Klasse?

27. Drei Wagen weiter hinten. Speisewagen am Ende!

28. Ist noch ein Eckplatz frei? (fraɪ)

29. Zum Glück, ja! Hier ist noch ein Fensterplatz frei!

30. Bitte, legen Sie meine Handkoffer ins Gepäcknetz.

---

[1] Note again the inverted word order, with the subject *ich* placed after the verb *möchte*. In every assertive sentence the verb must be the *second idea*—not necessarily the second *word:* ordinarily 1) subject, 2) verb, 3) object and adverbial modifiers. But if any element of 3) is put before the verb, usually for emphasis, the subject comes after the verb. And for the purposes of this rule of word order, it is *the auxiliary of tense or mood,* and not the infinitive or past participle carrying the verb-meaning, *which counts as the verb:* Vor ein paar Tagen hat er mir geschrieben, *He wrote me a few days ago;* Gesehen habe ich es nicht, ich habe davon gehört, *I did not see it, I heard about it.*

19. And here is your ticket. Your change is 36 marks 50.

20. On which track (platform) is the express for Murnau? (Literally: stands the express to Murnau?)

21. Track five, over there on the left. You'll have to hurry! (Literally: Track five, there left. Make haste.)

22. Excuse me! I have a trunk and two suitcases. I should like to have the trunk checked. [to check = **aufgeben**]

23. I'll call a porter, he will have your trunk checked for you.

I shall	we shall
you will (familiar)	you will (familiar)
you will (formal)	you will (formal)
he will	they will

24. Porter, this gentleman would like to have his trunk checked. The two small suitcases he will take with him in the compartment.

25. Have you got your ticket? Good, I'll check your trunk and bring you the check in the compartment. The conductor will put your suitcases into the rack for you.

26. Conductor, where is the first class?

27. Three cars to the rear (Literally: Further behind). Dining car at the end [of the train].

28. Is there still a corner seat to be had? (Literally: Is still a corner place free?)

29. Luckily, yes! Here is one seat at the window unoccupied. (Literally: By luck, yes! Here is still a window place free.)

30. Please put my suitcases in the rack.

---

² Note the idiomatic use of beiden, *both*, often used in place of the numeral *zwei* to stress the notion of unit. Die beiden kleinen Handkoffer, *the two small suitcases;* die beiden Kinder, *the two children.*

³ It is important to remember that the German constantly attaches future meaning to the simple present tense. In English this is also done by using the progressive form, *I am coming to see you tomorrow,* but in German: Ich komme morgen zu Ihnen, *I come to you tomorrow.*

31. Hier ist Ihr Gepäckschein, mein Herr. Die Gebühr (gə′byːʀ) beträgt zwei Mark.

32. Ah, danke! Hier sind zwei Mark. Und wieviel bin ich Ihnen schuldig?

33. Wir haben keine Taxe. Sie können geben, was Sie wollen. Ganz nach Belieben, mein Herr.

34. Ah, so! Das ist ein Trinkgeld,[1] nicht wahr?

35. Jawohl, mein Herr. Das nennen wir auf deutsch ein Trinkgeld, und die Herren Amerikaner geben gewöhnlich ein gutes Trinkgeld.

FRAGEN NACH DEM WEG

(′fraːgen naːx deːm veːk)

1. Entschuldigen Sie, können Sie mir vielleicht sagen, wo die Ludwigstrasse[2] ist? (′luːtvɪçʃtraːsə)

2. Entschuldigen Sie, können Sie mir vielleicht den Weg zum Odeonsplatz zeigen? (oː′deːɔnsplats)

3. Bitte um Entschuldigung, (ɛnt′ʃʊldɪgʊŋ) können Sie mir vielleicht sagen, wie ich zur Frauenkirche komme? (′fraʊənkɪrçə)

4. Bitte um Entschuldigung, wie geht man[3] nach der Karlsstrasse?

5. Bitte, ist dies der Weg zur Alten Pinakothek?

6. Verzeihen Sie, wie gehe ich zum National Theater? (natsjoː′naːl teː′aːtəʀ)

7. Verzeihen Sie, wie komme ich zum Marien-Platz?

8. Verzeihen Sie gütigst,[4] (′gyːtiçst) wie komme ich zum Hofbräu-haus? (′hoːfbrɔʏhaʊs)

---

[1] *Trinkgeld* carries the same implication as its French equivalent *pourboire,* "for drinking."

[2] In German the names of streets are always preceded by the definite article, as, *die Ludwigstrasse.*

31. Here is your check, sir; the charge is two marks.

32. Oh, thank you. Here are two marks. And how much do I owe you?

33. We have no price. You may give what you like. Whatever you please, sir. (Literally: Quite according to [nach] your pleasure, sir.)

34. Oh, yes! That's a tip, isn't it?

35. Yes, sir. We call that a "Trinkgeld" in German. And Americans generally give good tips.

TO INQUIRE ONE'S WAY

(Literally: Questions as to the way.)

1. Excuse me, can you please tell me where Ludwig Street (**die Ludwigstrasse**[2]) is?

2. Pardon me, can you please show me the way (**den Weg**) to the Odeonsplatz?

3. I beg your pardon (**Bitte um Entschuldigung**), can you please tell me how to go to the Church of Our Lady (**zur Frauenkirche**)?

4. I beg your pardon, which is the way to the Karlsstrasse (Charles Street)?

5. Please, is this the way to the Old Pinakothek?

6. Pardon me (**verzeihen Sie**), how do I go to the National Theater?

7. Pardon me, how do I get to the Marien-Platz (St. Mary's Square)?

8. I beg your pardon, how do I get to the Hofbräuhaus?

---

[3] The Germans use *man* in place of our *one, people, they, we*, when understood in a general sense. The active voice with *man* is thus frequently used instead of the passive as in English, for instance:

Man hört gute Musik in Berlin, *Good music is heard in Berlin.*

Man versteht das so, *This is understood in this sense.*

[4] Gütigst, *kindly.*

9. Können Sie mir vielleicht sagen, ob diese Strasse zur Hauptpost führt?

10. Jawohl, gehen Sie gerade aus, bis Sie an den Max-Joseph-Platz kommen.

11. Besten Dank! Ich muss nämlich einen wichtigen Brief nach Amerika einschreiben lassen, und gehe wohl am besten damit auf die Hauptpost.

12. Nun ja! Es ist gar nicht weit, höchstens ('hø:çstɛns) fünf Minuten. Aber Sie können das ebenso gut auf einem Zweigamt erledigen. ('tsvaɪkamt ɛr'le:dɪgən)

EINKÄUFE
('aɪnkɔʏfə)

1. Was wollen Sie heute vormittag machen?

2. Ich möchte ausgehen und einige[1] Einkäufe machen.

3. Und wo wollen Sie Ihre Einkäufe machen?

4. Ich weiss es wirklich[2] nicht. (vaɪs—'vɪrklɪç) Ich bin hier frɛmd; aber Sie waren ja[3] schon einige Male ('ma:lə) in München. Können Sie mir nicht sagen, wo ich gute Handschuhe kaufen kann? ('hantʃu:ə)

5. Ist das alles, was[4] Sie brauchen? ('braʊxən)

6. Nein, ich muss[5] einige Kleinigkeiten für meine Frau kaufen. Sie braucht Haarklammern, Stecknadeln, eine Haarbürste, eine Zahnbürste, einen Kamm und viele andere Kleinigkeiten. Bitte kommen Sie mit, denn ich weiss nicht, wo ich alle diese Dinge bekommen kann. (mʊs — 'klaɪnɪçkaɪtən — 'ʃtɛknadeln — 'ha:rbʏrstə—'tsa:nbʏrstə—kam)

7. Sie bekommen sie ganz in der Nähe. Wollen Sie sofort ausgehen? (ⁿ'nɛ:ə)

---

[1] *Some* and *any* when used before a noun in the plural must be rendered by *einige*, for example:

Geben Sie mir einige Federn, *Give me some pens.*

[2] The German adverb can never be placed between the subject and the verb. Thus the English version is: *I really do not know;* but in German: Ich weiss es wirklich nicht. *He always does that,* er tut das immer; *I never eat that,* ich esse das nie.

9. Can you please tell me whether (**ob**) this (**diese**) street leads (**führt**) to the General Post Office?

10. Yes, go straight ahead till (**bis**) you come to Max-Joseph Square.

11. Thank you very much. You see (**nämlich**) I have to register an important letter to America, and doubtless (**wohl**) I had better go to the General Post Office with it.

12. Why, yes! It isn't far, at most (**höchstens**) five minutes (**walk**). But you could do that just as well at a branch post office.

PURCHASES

1. What do you want to do this forenoon?

2. I should like to go out (**ausgehen**) to do some[1] (**einige**) shopping.

3. And where do you want to make your purchases?

4. I really[2] do not know (**ich weiss es wirklich nicht**). I am a stranger (**fremd**) here, but you have been several times (**Male**) in Munich. Can you not tell me where I can buy some good gloves? (Literally: where I can buy good gloves?)

5. Is that all you need?[4]

6. No, I have to[5] (**ich muss**) buy some small things (**Kleinigkeiten**) for my wife. She needs hairpins (**Haarnadeln**), pins (**Stecknadeln**), a hairbrush (**eine Haarbürste**), a toothbrush (**Zahnbürste**), a comb (**einen Kamm**) and many (**viele**) other trifles (**Kleinigkeiten**). Please come with me, for I do not know where I can get (**bekommen**) all these things.

7. You will get them quite near by (**ganz in der Nähe**). Do you want to go out at once?

---

[3] Ja, when it is not the simple affirmative *yes*, conveys the idea of *I know*, or *of course:* *You, of course, have been several times in Munich.*

[4] The relative pronouns can not be omitted in German.

[5] ich muss (mʊs), *I must*   wir müssen ('mʏsən), *we must*
du musst (familiar), *you must*   ihr müsst (familiar), *you must*
Sie müssen (formal), *you must*   Sie müssen (formal), *you must*
er muss, *he must*   sie müssen, *they must*

8. Jawohl, auf der Stelle.[1] Meine Frau möchte gern ausgehen und braucht diese Sachen sofort. (ʃtɛ′lə)

9. Gut, auf der anderen Seite der Strasse ist ein grosses Warenhaus, wo Sie alles bekommen können, was Sie brauchen. (′zaɪtə)

10. Sind die Preise in einem Warenhaus höher oder billiger als in einem Spezialgeschäft?

11. Oh ja, bedeutend billiger. Sie wissen ja, dass manche Toilettenartikel in Deutschland viel billiger sind als in Amerika. (toa′lɛtənartɪkəl)

12. Hier ist das Warenhaus; ziemlich gross, nicht wahr? Ja, recht gross und schön. (tsi:mlɪç)

13. Guten Morgen!—Guten Tag, mein Herr! Sie wünschen?

14. Ich möchte mir zunächst einen guten englischen Pullover zulegen. Es könnte auch eine Strickjacke sein. (′ʃtrɪkjakə)

15. Gewiss, ich kann Ihnen beides zeigen. Wir haben ein reichhaltiges Lager an Stricksachen. Wie gefällt Ihnen dieser Pullover? Er ist aus feinster englischer Wolle in Deutschland gearbeitet.

16. Gar nicht übel! Doch die Farben sagen mir weniger zu. Ein bisschen zu sportlich, zu auffallend!

17. Nun gut, hier ist ein importiertes Stück, ein englischer Sweater in etwas mehr gedämpften Farben, und für diese Qualität auch sehr preiswert.

18. Der gefällt mir wirklich sehr gut. Nur ist die Frage, ob ich mir so etwas Feines leisten kann! Was kostet der Pullover?

19. In diesem Fall sogar weniger als einheimische Ware: nur zweiundvierzig Mark fünfzig (42,50 DM).

20. Gut, den will ich nehmen. Hier sind fünfzig Mark.

21. Darf ich Sie höflichst bitten, an der Kasse zu bezahlen?

---

[1] *Sofort, gleich, sogleich, auf der Stelle* are synonymous expressions.

8. Yes, right away (**auf der Stelle**).[1] My wife would like to go out and needs these things at once.

9. Very well, on the other side (**auf der anderen Seite**) of the street is a large department store where you can get everything you need.

10. Are prices in a department store higher or cheaper than in specialty shops?

11. Oh yes, considerably cheaper. You know that some toilet articles (**Toilettenartikel**) are much cheaper (**billiger**) in Germany than they are in America.

12. Here is the department store; quite (**ziemlich**) large, isn't it? Yes, quite large and handsome.

13. Good morning! How do you do, Sir, what would you like?

14. I should like first of all (**zunächst**) to purchase a good English pullover, or perhaps a cardigan. (Literally: Or it might also be a cardigan.)

15. Certainly, I can show you both (styles). We have a large stock of knitted things. How do you like this pullover? Made in Germany of the finest English wool.

16. Not bad at all. But the colors don't appeal to me very much. A little too sporting, too striking.

17. Very well, here is an imported one, an English sweater in somewhat more subdued colors, and for this quality an excellent value.

18. Now that one I really like very much. The only question is whether I can afford anything so fine as that. What does this sweater cost?

19. In this case even less than domestic goods: only 42 marks 50.

20. Very good! I'll take it. Here are 50 marks.

21. May I kindly request you to pay the cashier?

EIN GESPRÄCH ÜBER GESUNDHEIT

(gə'zʊnthaɪt)

1. Guten Morgen, wie geht es Ihnen?

2. Danke schön, es geht[1] so ziemlich. ('tsi:mlɪç)

3. Und wie geht es Ihrem Bruder? Hoffentlich[2] ist er wieder ganz wohl.

4. Mir geht es recht gut, danke; aber mein Bruder kann leider noch nicht ausgehen. Er ist noch sehr schwach.

5. Das tut mir sehr leid. Haben Sie einen guten Arzt? (artst)

6. Oh, unser Arzt ist ausgezeichnet, aber mein Bruder war sehr krank, gefährlich krank, und ist, wie gesagt, noch recht schwach. ('aʊsgətsaɪçnət—gə'fɛ:rlɪç)

7. Aber er wird sich gewiss bald erholen.[3] Er ist ja noch jung, und seine Konstitution ist gut, und in seinem Alter erholt man[4] sich leicht. (jʊŋ—konstɪtu:'tsjo:n—'altəʀ)

---

[1] In German impersonal verbs are more frequently used than in English. As in German, we say, *"it rains"* (es regnet), but the Germans say *"it knocks, it rings,* (es klopft, es klingelt) for *someone is knocking, ringing*, etc. Further examples are:

I am very sorry.	Es tut mir sehr leid (laɪt).
I am very glad.	Es ist mir sehr lieb (li:p).
It matters greatly to me.	Es liegt mir sehr daran (li:kt).
I do not care.	Es liegt mir nichts daran.
How are you?	Wie geht es Ihnen?
How is your father?	Wie geht es Ihrem Vater?
How is your mother?	Wie geht es Ihrer Mutter?
How is he?	Wie geht es ihm (i:m)?
How is she?	Wie geht es ihr (i:ʀ)?
What is the matter with you? *What ails you?*	Was fehlt Ihnen?
What ails him? her?	Was fehlt ihm? ihr?
Nothing is the matter with me.	Mir fehlt nichts.
It seems to me that . . .	Mir scheint, dass . . Es scheint mir, dass . . .
I like it. It pleases me.	Es gefällt mir.

These expressions govern the dative case and are conjugated as follows.

I am sorry	es tut mir leid
you are sorry	es tut dir leid
he is sorry	es tut ihm leid
she is sorry	es tut ihr leid

A CONVERSATION ABOUT HEALTH

1. Good morning, how are you? (Literally: How goes it to [with] you?)
2. Thank you, I am pretty well. (Literally: It goes[1] rather well [**so ziemlich**].)
3. And how is your brother? I hope he is quite well again.

4. I am quite well, thank you; but my brother, I am sorry to say (**leider**) can't go out yet. He is still very weak.
5. I'm very sorry (to hear that). Have you a good physician?
6. Oh, our physician is excellent (**ausgezeichnet**); but my brother was very ill (**krank**), dangerously (**gefährlich**) ill, and is, as I told you (**wie gesagt**) very weak as yet.
7. But he will surely soon get well. He is quite young, his constitution is good, and at his age people recover rapidly. (Literally: But he will surely [**gewiss**] soon recover [**sich erholen³**]. He is yet young, and his constitution [**seine Konstitution**] is good, and at his age [**in seinem Alter**] one recovers [**erholt man⁴ sich**] easily.)

---

we are sorry	es tut uns leid
you are sorry	es tut Ihnen leid
they are sorry	es tut ihnen leid

Impersonal verbs governing the accusative case are explained in another lesson.

² In English there is no adverb that corresponds to the German *hoffentlich*.

³ There are some reflexive verbs in German which are not reflexive in English. Some of those most frequently used are: ich befinde mich, *I am;* ich fühle mich, *I feel;* ich erinnere mich, *I remember;* ich irre mich, *I am mistaken;* ich erhole mich, *I recover.*

The conjugation of the present tense is as follows:

I am mistaken	ich irre mich
you are mistaken (familiar)	du irrst dich
you are mistaken (formal)	Sie irren sich
he, she, is mistaken	er, sie irrt sich
we are mistaken	wir irren uns
you are mistaken (familiar)	ihr irrt euch
you are mistaken (formal)	Sie irren sich
they are mistaken	sie irren sich

Note that the reflexive pronoun *sich* is never capitalized. In a letter one would write: Ich glaube, Du irrst Dich; but—ich glaube, Sie irren sich.

⁴ See note 3, page 59.

8. Wir wollen es hoffen. Ich komme morgen zu Ihnen. Ich muss sehen, wie es Ihrem Bruder geht. Grüssen Sie ihn inzwischen von mir. ('gry:sən—ɪn'tsvɪʃən)

9. Auf baldiges Wiedersehen![1]

10. Ich möchte Sie etwas fragen. ('fra:gən)

11. Muss man im Deutschen immer sagen: Wie geht es Ihnen? Haben Sie keinen anderen Ausdruck dafür?[2] ('aʊsdrʊk)

12. Doch, natürlich, wir haben mehrere Ausdrücke für diese Frage. ('aʊsdrʏkə)

13. Wir sagen entweder: "Wie geht es Ihnen?" oder "Wie befinden Sie sich?"

14. Welche Ausdrucksweise ist die beste? ('aʊsdrʊksvaɪzə)

15. Das ist schwer zu entscheiden. Man gebraucht sie alle beide.[3] Eine ist eben so gut wie die andere. (ɛnt'ʃaɪdən)

16. Aber die Konjugation von "sich befinden" sollten Sie auswendig lernen. Hier ist sie; lernen Sie sie auswendig! ('aʊsvɛndɪç)

ich befinde mich	wir befinden uns
du befindest dich	ihr befindet euch
Sie befinden sich	Sie befinden sich
er befindet sich	sie befinden sich

---

[1] This is the practically universal expression of leave-taking.

[2] In German, *of it, for it, with it, to it,* etc., are rendered by combining the form *da* with the different prepositions. In these contracted forms, *da* stands for whatever pronoun is governed by the preposition, as, for instance: *of it,* davon; *for it,* dafür; *with it,* damit; *to it,* dazu; *through it,* dadurch. Unless *da* is stressed for emphasis, the accent falls on the preposition: dar'an, da'bei, etc. Examples: *How much did you pay for it?* Wieviel haben Sie dafür bezahlt? *What have you done with it?* Was haben Sie damit gemacht?

8. Let us hope so. To-morrow I will call on you. I must see how your brother is. Meanwhile, give him my regards. (Literally: We will hope [hoffen] it. I come to-morrow to you. I must see how your brother is. Greet him [grüssen Sie ihn] meanwhile [inzwischen] from me [von mir].)

9. Goodbye, I trust we shall soon meet again![1]

10. I should like to ask you something.

11. Is it necessary always to say in German: "How goes it with you?" Have you no other expression for it? (Literally: Must one always [immer] say in German: "How goes it with you?" Have you no other expression [keinen anderen Ausdruck] for it [dafür[2]]?)

12. But of course, we have several (synonymous) expressions (mehrere Ausdrücke) for this inquiry.

13. We either say: "How goes it with you?" or "How are you?" ("Wie befinden Sie sich?")

14. Which mode of expression (welche Ausdrucksweise) is the best?

15. That is hard to decide (zu entscheiden). We use (man gebraucht) both[3] of them (Literally: Them all both). One is just as good as (eben so gut wie) the other.

16. But the conjugation (die Konjugation) of "sich befinden" you should learn by heart. Here it is; learn it by heart.

I am	we are
you are (familiar)	you are (familiar)
you are (formal)	you are (formal)
he is	they are

What do you say to it? Was sagen Sie dazu?
   Note however, that these contracted forms must never be used in referring to persons: Ich habe einen Brief für ihn, *I have a letter for him.*
   [3] Note the idiomatic use of *alle* and *beide:* Er kommt alle acht Tage, *he comes once a week;* allabendlich, *every evening;* alle fünf Minuten, *every five minutes;* alle beide, *both of them.*
   Beide is constantly used instead of *zwei* in such expressions as *my two brothers,* meine beiden Brüder; die beiden Kinder, *the two children (both children).*

DEUTSCHE BILDLICHE AUSDRÜCKE

17. Das ist ein merkwürdiger Ausdruck: etwas auswendig lernen! Auswendig bedeutet doch **outside**. Soll das vielleicht heissen **outside of the book?**

18. Ja, gewiss, man weiss es ohne in das Buch zu sehen. **To memorize** ist freilich nicht so merkwürdig, aber beide Ausdrücke bedeuten dasselbe. ('mɛrkvʏrdɪç)

19. Die deutsche Sprache ist gewiss sehr reich an bildlichen Ausdrücken.

20. Das sollte ich meinen! Zum Beispiel (z.B.): Man soll das Kind nicht mit dem Bade ausschütten.[1]

21. So sagt man, wenn jemand das Wertvolle[2] mit dem Wertlosen[2] verwirft.

22. Das ist ja höchst dramatisch. Können Sie mir nicht noch ein Beispiel geben?

23. "Ich komme aus dem Regen in die Traufe," und das bedeutet genau dasselbe wie Ihr englischer Ausdruck "I jumped from the frying-pan into the fire."

24. Das sagt man, wenn man sich aus einer bösen Lage retten will, und dadurch in eine schlimmere kommt.

25. Wie komisch! Ist für die Deutschen das Wasser ein schrecklicheres Element als das Feuer? Nichts für ungut, Herr Professor!

26. Guten Tag, Herr Baxter; wie geht es Ihnen heute? Hoffentlich befinden Sie sich ganz wohl.

SPECIAL NOTE — The following is the conjugation of the past tense of the verb *to be:*

I was	ich war (vaːr)
you were (familiar)	du warst (vaːrst)
you were (formal)	Sie waren
he was	er war
we were	wir waren ('vaːrən)
you were (familiar)	ihr wart ('vaːrt)
you were (formal)	Sie waren
they were	sie waren

GERMAN FIGURATIVE EXPRESSIONS

17. That is a curious expression: "**etwas auswendig lernen.**" Auswendig means "outside," doesn't it? Could the meaning be "outside of the book"?

18. Yes, certainly, one knows it without looking into the book. **To memorize,** it is true [**freilich**] is not so curious, but the two expressions mean the same.

19. The German language must be (Literally: is surely) very rich in figurative expressions.

20. I should say so! For example: Don't throw the baby out[1] with the bath-water. (Literally: One should not, etc.).

21. One says that, when someone rejects the valuable with the useless.

22. That is most dramatic! Please give me another example!

23. "I got from the rain into the eave trough," and that has exactly the same meaning as your English saying "I jumped from the frying-pan into the fire!"

24. That is said when one tries to escape from a bad situation, only to find oneself in a worse one. (Literally: When one [**man**] would save oneself [**sich retten**] out of a bad situation [**Lage**] and thereby into a worse comes.)

25. How amusing! Is water a more terrible element for Germans than fire? No offense meant, Professor! (Literally: Nothing [**meant**] for unkindness.)

26. Good day, Mr. Baxter; how do you do? I hope you are quite well.

---

[1] Ausschütten, *to throw out*, is a separable verb. These verbs consist of a separable prefix (preposition or adverb) and the verb itself. This prefix is detached in *independent clauses only* and is placed at the end of the clause. Such a separation takes place only in simple tenses, *i.e.*, in the *present* and *past*. These separable verbs will be treated at length in a later lesson.

[2] Note this example of the way in which adjectives may be used as nouns. When so used they must be written with a capital, and given the proper *adjective* inflection. Here, after *das* and *dem*, the weak endings.

27. Sehr verbunden für die gütige Nachfrage; es geht mir ganz ausgezeichnet.

28. Und wie befindet sich Ihre Frau Gemahlin? Hoffentlich geht es ihr etwas besser.

29. Meiner Frau geht es leider noch nicht viel besser. Sie wissen ja, wie krank sie war, und sie ist noch so schwach, dass sie das Zimmer noch nicht verlassen kann.

30. Das tut mir unendlich leid. Bitte, empfehlen Sie mich ihr!

31. Nun lassen Sie uns einige Sätze mit den unpersönlichen Zeitwörtern bilden, die[1] wir auf Seite 64 gelernt[2] haben. (ˈʊnperzøːnlɪçən ˈtsaɪtvœrtərn—ˈzaɪtə)

32. Gut, das ist eine gute Idee. Mit welchem Zeitwort sollen[3] wir anfangen? (iːˈdeː—ˈanfaŋən)

33. Wir wollen mit "es tut mir sehr leid" anfangen, denn das ist ein Ausdruck, der häufig vorkommt. (ˈhɔʏfɪç ˈfoːrkɔmt)

34. Gewiss, da haben Sie recht. Das ist ein Ausdruck, der sehr häufig vorkommt, und den man ganz genau kennen muss.[4] (gants gəˈnaʊ ˈkɛnən)

---

[1] In German the relative pronoun must never be omitted. The relative pronouns are:

der, die, das,
welcher, welche, welches, } *who, which, that*

See Relative Pronoun in Part X for their complete declension.

[2] The German past participle of the regular verbs is formed by prefixing *ge-* to the stem and adding *t* at the end, as:

fragen, *to ask*   gefragt, *asked*
kaufen, *to buy*   gekauft, *bought*
machen, *to make*   gemacht, *made, done*

The perfect tense is therefore: *ich habe gefragt, ich habe gekauft, ich habe gemacht.*

27. Much obliged for your kind inquiry. I am feeling splendid. (Literally: quite splendid.)

28. And how is your wife? I trust she is somewhat better.

29. I am sorry to say my wife does not feel much better. You know how ill she has been, and she is still (noch) so weak that she cannot leave the room.

30. I am exceedingly sorry. Please give her my regards.

31. Now let us form some sentences with the impersonal verbs which[1] we have learned[2] on page 64.

32. Very well (gut), that is a good idea (eine gute Idee). With which verb shall we begin (sollen wir anfangen)?

33. We will begin with "I am very sorry," for that is an expression which frequently occurs.

34. Certainly, you are quite right. That is an expression which frequently occurs and which one ought to know perfectly. (Literally: quite exactly.)

In German this tense is generally used instead of the simple past, as in English to report individual actions or happenings. *What did you buy?* is in German: was haben Sie gekauft? whereas the past tense is used in connected, continuous narrative.

[3] Sollen expresses *obligation, duty,* but not *compulsion,* which is müssen.

[4] Kennen means *to be acquainted with.* It is, therefore used of persons, as: Ich kenne diesen Herrn, *I know this gentleman.* But note also: Ich kenne dieses Buch (*I know what is in it, have read it*).

Wissen Sie den Weg? *Do you know which is the way?* and Kennen Sie den Weg? *Do you know what kind of way it is?*

THE GERMAN ALPHABET

Das deutsche Alphabet

The student should familiarize himself with the German characters, which are still occasionally used. Most publications are now printed in Roman letters instead of in the German characters.

LETTERS		NAMES		LETTERS		NAMES
𝔄, 𝔞	= A, a	a		𝔑, 𝔫	= N, n	ɛn
𝔅, 𝔟	= B, b	be		𝔒, 𝔬	= O, o	o
ℭ, 𝔠	= C, c	tse		𝔓, 𝔭	= P, p	pe
𝔇, 𝔡	= D, d	de		𝔔, 𝔮	= Q, q	kʊ
𝔈, 𝔢	= E, e	e		𝔕, 𝔯	= R, r	ɛr
𝔉, 𝔣	= F, f	ɛf		𝔖, 𝔰, 𝔰[1]	= S, s	ɛs
𝔊, 𝔤	= G, g	ge		𝔗, 𝔱	= T, t	te
ℌ, 𝔥	= H, h	ha		𝔘, 𝔲	= U, u	u
ℑ, 𝔦	= I, i	i:		𝔙, 𝔳	= V, v	faʊ
ℑ, 𝔧	= J, j	jɔt		𝔚, 𝔴	= W, w	ve
𝔎, 𝔨	= K, k	ka		𝔛, 𝔵	= X, x	ɪks
𝔏, 𝔩	= L, l	ɛl		𝔜, 𝔶	= Y, y	′ʏpsiːlɔn
𝔐, 𝔪	= M, m	ɛm		ℨ, 𝔷	= Z, z	tsɛt

Distinguish between:

𝔅 and 𝔙 (B and V)   𝔑 and 𝔕 (N and R)

𝔇 and 𝔒 (D and O)   𝔒 and 𝔔 (O and Q)

ℭ and 𝔈 (C and E)   𝔟 and 𝔡 (b and d)

𝔎 and 𝔕 (K and R)   𝔣 and 𝔰 (f and s)

𝔐 and 𝔚 (M and W)   𝔳 and 𝔶 (v and y)

𝔊 and 𝔖 (G and S)   𝔯 and 𝔵 (r and x)

---

[1] This 𝔰 is used only at the end of words or syllables.

Modified Vowels, Diphthongs, etc.

		pron.		pron.		pron.
Modified vowels:—	𝕬, ä;	ɛ	𝕺, ö;	ø	𝕴, ü;	ʏ
Diphthongs:—	𝕬i;	aɪ	𝕰i	aɪ	𝕰u;	ɔʏ
	𝕬u;	ɔʏ	𝕬u;	aʊ		
Doubled vowels:—	𝕬a;	a:	𝕰e;	e:	𝕺o;	o:

COMBINED CONSONANTS

$$\mathfrak{Ch} = ç; x \qquad \mathfrak{ß} = s$$
$$\mathfrak{Sch} = ʃ \qquad \mathfrak{tz} = ts$$

READING AND CONVERSATIONAL EXERCISES[1]

Lese= und Sprechübungen

Was wollen Sie morgen vormittag machen? Ich möchte gern mit dem ersten Flugzeug nach München fliegen, aber das geht leider nicht; denn ich erwarte einen Freund aus New York und muß auf dem Flughafen bleiben, bis das Flugzeug aus Amerika eintrifft.

Können Sie Deutsch?

Ja, ich kann etwas Deutsch, aber nicht sehr gut.

Verstehen Sie mich, wenn ich rasch (schnell) spreche?

Ich verstehe Sie, wenn Sie langsam und deutlich sprechen, aber wenn Sie so schnell reden (rasch sprechen), kann ich Sie nicht gut verstehen.

Können Sie die deutschen Buchstaben lesen?

Die deutschen Buchstaben sind für uns Amerikaner sehr schwer, und ich kann sie nicht sehr gut lesen.

Nun gut, so lesen Sie sie langsam; Sie werden sie bald lernen.

Verstehen Sie, was „bald" auf englisch bedeutet?

Nein, das verstehe ich nicht. Wir haben dieses Wort noch nicht gehabt.

„Bald" bedeutet „in kurzer Zeit". Das englische Wort ist "soon". Verstehen Sie jetzt alles in dieser Leseübung?

Bitte erklären Sie mir, was „Leseübung" ist?

Sie wissen ja, was „lesen" ist?

Ja, das verstehe ich, aber was ist „Übung"?

---

[1] These sentences use only the vocabulary hitherto acquired by the student. He should translate them into English once or twice, if he finds this necessary in order to understand every German word. But thereafter he should read them aloud in German only, by sentences or paragraphs, over and over again, allowing the English translation to "fade out" more and more, until the thoughts expressed pass through his mind and are spoken with increasing ease and fluency *in German only*.

„Übung" ist "exercise", „Leseübung" ist also "reading exercise". Die Deutschen schreiben diese zwei Wörter zusammen und machen ein Wort daraus. „Zusammen" bedeutet "together", und „daraus" "of them". Nun, verstehen Sie alles in dieser Leseübung?

Ja, jetzt verstehe ich jedes (every) Wort.

Gut, nun lesen Sie diese Übung oft und laut, und Sie werden bald gut und fließend (fluently) Deutsch sprechen, lesen und schreiben.

Und wie ist es mit dem Verstehen?

Sie müssen oft mit Deutschen reden. Sprechen Sie Deutsch so oft wie Sie können, und Sie werden bald jedes Wort verstehen.

Wollen Sie schon gehen?

Ja, ich will jetzt nach Hause gehen.

Und was wollen Sie dort machen?

Ich will meine Sprechübung lernen.

Gut, tun Sie das.

Also, auf Wiedersehen!

Einkäufe

Wollen Sie vielleicht mit mir ausgehen? Ich muß heute vormittag einige Einkäufe machen, und Sie wissen ja, daß ich hier fremd bin. Mein Deutsch ist auch nicht sehr fließend, und ich weiß nicht, wo ich alle die Dinge bekommen kann, die ich brauche. Also Sie kommen mit mir, nicht wahr?

Jawohl, ich will Sie gern begleiten. Was brauchen Sie denn?

Bitte um Entschuldigung, was bedeutet das, „begleiten"? Erklären Sie mir bitte, was dieses Wort bedeutet.

„Begleiten" bedeutet dasselbe wie „mitkommen". Man kann sagen: „ich gehe oder ich komme mit Ihnen", oder: „ich will Sie begleiten". Nun verstehen Sie es, nicht wahr?

O ja, jetzt verstehe ich das Wort "perfectly".

"Perfectly" ist englisch, Herr Baxter. Die Deutschen sagen zuweilen „perfekt" (per'fekt), aber das paßt hier nicht. Man sagt „vollkommen" oder „genau".

Danke schön; dann muß ich also sagen: Jetzt verstehe ich das Wort vollkommen.

Jawohl, so redet man.

Also Sie wollen einige Kleinigkeiten kaufen? Was haben Die denn nötig?

Verzeihen Sie, ich verstehe Sie nicht. „Nötig" ist ein Wort, das ich nicht kenne.

„Nötig haben" und „brauchen" sind synonym. Man sagt entweder: „ich habe Geld nötig", oder: „ich brauche Geld". Verstehen Sie mich jetzt?

O ja, vollkommen; und ich weiß auch, was „entweder— oder" bedeutet. Es bedeutet "either—or", nicht wahr?

Jawohl, also noch einmal: Was wollen Sie kaufen?

Ach, ich habe viel nötig.

Man sagt auch, ich brauche allerlei Kleinigkeiten.

Danke sehr für Ihre kindness.

Aber Herr Baxter, "kindness" ist englisch. Sie müssen sagen: Besten Dank für Ihre Freundlichkeit.

„Freundlichkeit" ist ein schweres Wort.

Nein gar nicht; Sie wissen doch, was „Freund" ist?

Ja, das weiß ich.

Nun gut, dann wissen Sie auch was „Freundlichkeit" ist. Das Wort ist gar nicht schwer; im Gegenteil, es ist sehr leicht.

Sie gebrauchen einen Ausdruck, den ich nicht kenne; „im Gegenteil"; was ist denn das auf englisch?

„Leicht", Herr Baxter, ist das Gegenteil von „schwer". Das verstehen Sie vollkommen, nicht wahr?

Ja, das verstehe ich.

Also, nun raten Sie einmal, was „im Gegenteil" bedeutet.

Ach, das ist leicht. Im Gegenteil bedeutet "on the contrary" und „raten" bedeutet "to guess".

Gut, bravo! Sie verstehen ganz gut Deutsch, und Sie werden bald fließend sprechen!

Das ist alles sehr hübsch; aber kommen Sie, begleiten Sie mich, ich muß auf der Stelle in den Laden.

Sie haben ja große Eile.

Das verstehe ich nicht.

Welches Wort verstehen Sie nicht?

Ich verstehe das Wort „Eile" nicht.

„Eile", Herr Baxter, bedeutet "hurry" oder "haste". Wir sagen auf englisch "you are in a great hurry". Die Deutschen sagen: „Sie haben große Eile", „ich habe große Eile".

Besten Dank für Ihre Freundlichkeit. Aber Sie gebrauchen da ein Wort, das Sie mir bitte erklären müssen, und das ist das Wort „Ausdruck".

„Ausdruck", Herr Baxter, bedeutet "expression".

Besten Dank! Nun also kommen Sie, lassen Sie uns sofort in einen Laden gehen, wo ich Toilettenartikel bekommen kann.

Brauchen Sie sonst nichts?

O ja, ich brauche auch noch Handschuhe, einen neuen Hut, und ein Paar . . . ein Paar . . . ein Paar . . . Was sind "shoes" auf deutsch?

„Schuhe".

Danke, ich brauche Handschuhe, einen neuen Hut für die Reise und ein Paar Schuhe.

Gut, das sind alles Sachen, die wir in einem und demselben Laden und ganz in der Nähe von unserem Hotel finden können.

Im Laden

Hier ist unser Laden; wollen wir eintreten?

Sie gebrauchen wieder (again) ein Wort, das ich nicht ganz verstehe. Was ist denn das, „eintreten"?

„Eintreten", Herr Baxter, bedeutet "to step in, to enter, to come in". Wenn also ein Herr zu Ihnen kommt, s● müssen Sie zu ihm sagen: „Bitte, treten Sie ein", oder, „bitte, kommen Sie herein".

Danke sehr; also bitte, treten wir ein! Ich habe große Eile, denn meine Frau hat die Toilettenartikel sehr nötig.

Ich möchte gern einen guten Kamm und eine Haarbürste haben.

Schön, mein Herr. Wünschen Sie einen Kamm aus Hart= gummi oder Elfenbein?

Hartgummi, Elfenbein—was ist das? Ich bin Amerikaner, Fräulein, und Sie gebrauchen da Ausdrücke, die ich nicht verstehe.

O, bitte um Entschuldigung. Sehen Sie, mein Herr, dies hier, dieser schwarze (black) Stoff ist Hartgummi (hard rubber), und dieser weiße Kamm ist Elfenbein (elephant bone, ivory).

Ah, diese Wörter sind mir neu, aber ich verstehe sie genau. „Weiß" ist das Gegenteil von „schwarz", nicht wahr?

Jawohl, mein Herr, das ist richtig; Sie haben ganz recht.

Ich verstehe was dieser Ausdruck, „Sie haben ganz recht" bedeutet. Wir sagen auf englisch: "you are quite right", und im Deutschen geben Sie das mit „Sie haben ganz recht" wieder. Und wie sagen Sie nun, "you are wrong"? Geben Sie das auch mit „haben" wieder?

O gewiß (certainly)! Wir sagen: „ich habe unrecht", „ich habe nicht recht".

Das ist mir neu. Wieviel kostet dieser elfenbeinerne (ivory) Kamm?

Das ist der beste, der allerbeste Kamm, den man nur haben kann. Dieser Kamm kostet fünfzig Mark. Sehen Sie nur, wie schön und eben (even) er ist.

Gut, ich will ihn nehmen. Und nun bitte zeigen Sie mir eine gute Haarbürste.

Wünschen Sie sie hart oder weich (soft)?

Nicht zu hart, bitte.

Ah, diese hier ist ganz gut. I like it. Wie sagt man dafür auf deutsch, Fräulein?

Ah, das ist ein schwerer Ausdruck. Die Deutschen sagen wörtlich "it pleases me", er gefällt mir.

Warum sagen Sie, „er gefällt mir„; warum nicht „es"?

„Der Kamm ist im Deutschen männlich (masculine), und daher (therefore) sagen wir „er gefällt mir". Das ist komisch (funny, comical), nicht wahr?

Ja, das ist sehr komisch. Sie lachen, aber wir armen Amerikaner lachen nicht. Was für eine Sprache! Oh, was für eine Sprache! „Der Kamm" ist männlich. Wie kann man das lernen! Deutsch ist wirklich (really) zu schwer!

Nun, bitte einen Hut, Fräulein.

Einen Filzhut?

Ja, bitte. Ich brauche ihn auf Reisen.

Schön, mein Herr. Welche Nummer tragen Sie?

Sieben.

Bitte, probieren Sie diesen Hut auf. Dort ist ein Spiegel.

Ah, "a mirror", „ein Spiegel"!

VOKABELN	VOCABULARY
Wechseln ('vɛksəln)	To change
Können Sie mir einhundert Mark wechseln?	Can you change one hundred marks for me?
Der Geldschein, das Papiergeld ('gɛltʃaɪn—pa'piːʀgɛlt)	The bill, the paper money
Wünschen Sie Hartgeld oder Scheine? ('ʃaɪnə)	Do you want coins or paper?
Verkaufen (fɛr'kaʊfən)	To sell
Der Verkäufer (fɛr'kɔʏfəʀ)	The salesman
Zu welchem Preise verkaufen Sie das?	At what price do you sell this?
Wieviel berechnen Sie dafür? Wieviel verlangen Sie dafür? Wieviel fordern Sie dafür? (bə'rɛçnən—fɛr'laŋən—'fordərn	How much do you ask for it? How much do you charge for it?
Das ist zu teuer. Ich mag es zu diesem Preise nicht nehmen.	That is too expensive. I do not want to take it at this price.
Die Qualität (kvalɪ'tɛːt)	The quality
Diese Qualität gefällt[1] mir nicht.	I do not like this quality.
Wie gefällt Ihnen diese?	How do you like this one?
Sie gefällt mir besser.	I like it better.
Das Tuch (tuːx)	The cloth
Die Seide ('zaɪdə)	The silk
Die Wolle ('vɔlə)	The wool
Die Baumwolle ('baʊmvɔlə)	Cotton
Das Kleid, die Kleider (klaɪt, klaɪdəʀ)	The dress, the dresses
Ein seidenes Kleid ('zaɪdənəs)	A silk dress
Ein wollenes Kleid ('vɔlənəs)	A woolen dress

---

[1] This is an impersonal construction. See note, pages 64-65.

VOKABELN	VOCABULARY
Ein baumwollenes Kleid ('baum-vɔlənəs)	A cotton dress
Tragen ('tra:gən)	To wear
Wie trägt sich dieser Stoff? (trɛːgt—ʃtɔf)	How does this material wear?
Dieser Stoff trägt sich sehr gut.	These goods wear very well.
Das Geschäft, die Geschäfte; der Laden, die Läden ('la:dən, 'lɛ:dən)	The business, the store, the shop
Modewaren ('mo:dəva:rən)	Fancy goods
Der Hut, die Hüte ('hʏ:tə)	The hat, the hats
Der Hutmacher ('hu:tmaxəʀ)	The hatter
Die Putzmacherin ('pʊtsmaxərɪn)	The milliner
Das Putzgeschäft ('pʊtsgəʃeft)	The millinery store
Die Buchhandlung ('bu:xhandlʊŋ)	The bookstore, the bookshop
Das Papier,[1] die Papiere (pa'pi:ʀ)	The paper, the papers
Die Papierhandlung (pa'pi:ʀhandlʊŋ)	The stationery store
Der Schuhmacher ('ʃu:maxəʀ)	The shoemaker
Die Uhr, die Uhren (u:ʀ, 'u:rən)	The clock, the watch
Der Uhrmacher ('u:ʀmaxəʀ)	The watchmaker
Der Kaufmann ('kaʊfman)	The businessman
Die Kaufleute[2] ('kaʊflɔʏtə)	The businessmen
Der Bäcker ('bɛkəʀ)	The baker
Die Bäckerei (bɛkə'raɪ)	The bakery
Das Brot (bro:t)	The bread
Das Brötchen ('brø:tçən)	The roll

---

[1] Das Papier means simply *"the paper."* In the sense of a newspaper it is always rendered by *die Zeitung* ('tsaɪtʊŋ).

[2] An irregular plural.

VOKABELN	VOCABULARY
Der Kuchen ('kuːxən)	The cake
Der Schlächter ('ʃlɛçtəʀ) Der Fleischer ('flaɪʃəʀ) }	The butcher
Das Fleisch (flaɪʃ)	The meat, the flesh
Der Fleischerladen ('flaɪʃəʀlaːdən)	The butcher-shop
Das Meter ('meːtəʀ)	The meter
Das Kilo ('kiːloː)	The kilo
Ein halbes Kilo ('halbəs)	A half kilo

PART THREE

CONTENTS

UNPERSÖNLICHE ZEITWÖRTER

(*Fortsetzung*)

35. O ja, wir wollen diesen Ausdruck an vielen Beispielen üben. (ˈbaɪʃpiːlən ˈʏːbən)

36. Mit Vergnügen; ich werde[1] Ihnen viele Beispiele geben, damit Sie diese Ausdrucksweise gründlich kennen lernen. (fɛrˈgnyːgən—ˈgrʏntlɪç)

37. Das ist mir lieb. Gründlichkeit ist die Hauptsache[2] im Erlernen[3] einer fremden Sprache. (liːp—ˈgrʏntlɪçkaɪt—ˈhaʊptzaxə—ɛrˈlɛrnən—ˈfrɛmdən ˈʃpraːxə)

38. Wiederholen Sie vor allen Dingen die unpersönlichen Zeitwörter, die wir in unserer letzten Lektion gelernt haben. Sie müssen sie gründlich auswendig lernen, denn alle folgenden Beispiele basieren darauf. (viːdərˈhoːlən — ˈdɪŋən — ˈaʊsvɛndɪç — ˈfɔlgəndən—baˈziːrən)

---

[1] *Werden* is used to form the future tense of all verbs. *Wollen* always implies the *exercise of the will.* Thus: *I shall (will) buy this house* is rendered by Ich *werde* dieses Haus kaufen (*i.e., I am going to buy it,* stating a future event); but: Ich *will* dieses Haus kaufen means *I want to buy it.*

[2] Das Haupt is a "loftier" synonym for Kopf, *head,* as in the hymn "Oh sacred head once wounded"—O Haupt voll Blut und Wunden. It also means *chief* (adj.)

IMPERSONAL VERBS

(Continuation from page 71)

35. Oh yes, let us practice [**üben**] this expression in many examples [**in vielen Beispielen**].

36. With pleasure; I shall[1] give you numerous examples so that you may become thoroughly acquainted with this mode of expression. (Literally: in order that [**damit**] you thoroughly know [**kennen lernen**].)

37. I am glad of it. Thoroughness is the main thing in the mastery of a foreign language. (Literally: That is pleasant to me [**das ist mir lieb**]. Thoroughness [**Gründlichkeit**] is the main thing [**die Hauptsache**[2]] in learning[3] [**im Erlernen**] of a foreign language [**einer fremden Sprache**].)

38. Above all things review the impersonal verbs which we learned in our last lesson. You must memorize them thoroughly, for the following examples are based on them.

---

and forms many compound expressions, as: die Hauptsache, *the main thing;* die Hauptstrasse, *Main Street;* der Hauptmann, *the captain, the chief;* das Hauptwort, *the noun, the substantive.*

[3] Infinitives in German are frequently used as nouns, instead of as in English the gerund. In all such cases the infinitive must be spelled with a capital letter.

1. Also, Sie haben die unpersönlichen Ausdrücke, die wir in unsrer letzten Lektion geübt haben, gut auswendig gelernt? Das freut mich.

2. O ja, ich habe sie gut gelernt: denn es liegt[1] mir sehr daran, recht bald richtig deutsch zu sprechen. (liːkt)

3. Aber Ihrem Bruder liegt nicht so viel daran, wie Ihnen, nicht wahr? Mir scheint, dass er nicht so fleissig ist wie Sie. (ʃaɪnt— 'flaɪsɪç)

4. Das ist vielleicht natürlich, denn es liegt meinem Bruder mehr daran Französisch als Deutsch zu sprechen, da[2] er nach Paris gehen will. (naˈtʏːrlɪç—franˈtsøːzɪʃ—paˈriːs)

5. Weshalb will[3] er nach Paris? Will er dort studieren? (vɛsˈhalp— ʃtuːˈdiːrən)

6. Ja, er will sich dort der Malerei widmen, und es liegt ihm daher mehr daran fliessend Französisch zu sprechen. (maːləˈraɪ)

7. Sie wollen aber[4] nach Deutschland gehen, nicht wahr, Herr Baxter? Und was wollen Sie dort machen? Wollen Sie dort studieren? ('dɔʏtʃlant)

8. Ich? O durchaus nicht! Ich bin Kaufmann und lerne Deutsch, um mich in München auf meinem Spezialgebiet weiter umzusehen.

9. Das ist mir neu. Das habe ich nicht gewusst[5]. Also, Sie sind Kaufmann? Was ist denn Ihre Branche[6]? ('braŋʃə)

---

[1] Es liegt mir sehr daran, *I am very anxious*, is an idiom. Simply memorize the expression.

[2] Da as an adverb means *there;* when used as a conjunction of cause it signifies, *as, since*.

[2] The verb gehen is frequently omitted after the modals and lassen: Ich muss

1. So you have learned the impersonal expressions which we practised in our last lesson? I am glad (to hear it).

2. Oh yes, I have learned them well, for I am very anxious[1] to speak German very soon and correctly.

3. But your brother is not so anxious about it as you are, is he? It seems to me that he is not so diligent as you (are).

4. Perhaps that is natural, for my brother is more desirous of speaking French than German, as[2] he wishes to go to Paris. (Literally: That is perhaps [vielleicht] natural [natürlich], for my brother is more [mehr] anxious to speak French [Französisch] than German as [da] he to Paris go will.)

5. Why does he wish to go to Paris? Does he want to study there? (Literally: Why [weshalb] will[3] he to Paris? Will he there [dort] study?)

6. Yes, he wants to study (Literally: to devote himself to) painting [Malerei] there and he is, therefore [daher], more interested in speaking French fluently [fliessend].

7. But [aber[4]] you desire to go to Germany, do you not, Mr. Baxter? And what do you want to do there? Do you want to study there?

8. I? Oh, not at all! I am a business man [Kaufmann] and am studying German to inform (orient) myself further in Munich in my line of business. (Literally: in my special field.)

9. That is news to me; I did not know that. You are a business man? What is your specialty? (Literally: That is to me new. That I have not known [gewusst[5]]. Then [also] you are a business man? What is then [denn] your specialty [Ihre Branche[6]]?)

---

nach Hause, *I must go home;* Ich will heute in die Stadt, *I want to go to town today;* Lassen Sie mich, *let me go!*

[4] The conjunction *aber* need not be placed at the beginning of its clause.

[5] As already explained on page 32, wissen is an irregular verb. It is conjugated: *know, knew, known*—wissen, wusste, gewusst.

[6] This word comes from the French and is pronounced with the nasalized n.

10. Ich bin Kunsthändler[1] und interessiere mich besonders für wertvolle alte Kupferstiche und andere Drucke.

11. Und wie gehen die Geschäfte in Inrer Branche?

12. Augenblicklich ziemlich flau, doch ich kann nicht klagen. Leider werden die wertvollen alten Drucke und Radierungen immer seltener.

13. Die reichen Kunstliebhaber und -sammler[2] in Amerika sind wohl immer für so etwas zu haben?

14. Oh ja! Ein gut erhaltener echter Stich von Dürer oder Schongauer bringt nicht selten ein Angebot von \$5000 bis \$10 000 je nach der Seltenheit des Blattes.

15. Es ist mir lieb, das zu wissen.

16. Dieser Ausdruck, "es ist mir lieb," gefällt mir nicht. Haben Sie keinen anderen dafür?

17. O ja, wir haben einen anderen, den wir sehr häufig anwenden. ('anvɛndən)

18. Sie gebrauchen da ein Wort, das ich nicht ganz verstehe. Was heisst das: anwenden?

19. Anwenden bedeutet genau dasselbe wie gebrauchen. Nun ist es Ihnen klar, nicht wahr?

20. Ja, die Bedeutung ist mir jetzt ganz klar, aber Sie haben mir noch nicht gesagt, welche andere Ausdrucksweise man für "Es ist mir lieb" anwendet.

21. Wir sagen sehr häufig: "Es freut mich sehr" für "Es ist mir lieb." Beide Ausdrücke sind vollkommen synonym. ('baɪdə)

22. Aber die Konstruktion ist verschieden, nicht wahr? (kɔnstrʊk-'tsjoːn—fɛr'ʃiːdən)

---

[1] In a simple statement of one's occupation or profession, without a modifying adjective, the indefinite article is not used, as it is in English: Er ist Arzt, ich bin Lehrer, *he is a doctor, I am a teacher.* But er war ein guter Lehrer, *ne was a good teacher,* etc.

10. I am an art dealer[1] and am particularly interested (Literally: and interest myself particularly for) in valuable old engravings and other prints.

11. And how is business [**die Geschäfte,** plural] in your line?

12. At the moment pretty slow; but I can't complain. Unfortunately [**leider**] the valuable old prints and etchings are constantly becoming scarcer.

13. I suppose wealthy art lovers and collectors in America are always interested in (Literally: To be had for) such things.

14. Yes indeed! A well preserved genuine engraving by Dürer or Schongauer not infrequently brings an offer of from $5,000 to $10,000 according to the rareness of the print [Literally: sheet].

15. I am glad to know that.

16. I do not like this expression **"es ist mir lieb."** Have you no other for it?

17. Oh yes, we have another, which we use [**anwenden**] very frequently.

18. You are using a word which I do not quite understand. What is the meaning of it? **Anwenden.**

19. **Anwenden** means exactly the same as "gebrauchen." Now it is clear [**klar**] to you, is it not?

20. Yes, its meaning [**die Bedeutung**] is now quite clear, but you have not told me yet which other mode of expression is used for "Es ist mir lieb."

21. We say very often: "Es freut mich sehr" for "Es ist mir lieb." Both [**beide**] expressions are entirely synonymous.

22. But the sentence structure is different (**verschieden**), is it not?

---

[2] Note the interesting use of the hyphen when two compounds have one component in common. Here the hyphen takes the place of the first component (Kunst) in Kunstsammler (*art collectors*). Gottes- und Menschenliebe (where the hyphen replaces the second component (Liebe) = Gottesliebe und Menschenliebe *the love of God and man.*

23. Ganz richtig. "Es freut" wird[1] mit dem Akkusativ konstruiert, und man muss daher "mich" mit diesem Zeitwort gebrauchen. ('aku:zati:f—da:'he:ʀ)

24. O, ein weiteres Geheimnis der deutschen Grammatik. Es tut mir fast leid, dass ich diese Frage an Sie gerichtet habe. (gə'haɪmnɪs—gra'matɪk—gə'rɪçtət)

25. Nein, im Gegenteil, es war eine vernünftige Frage, und ich werde Ihnen gleich[3] die Konjugation von "es freut mich" geben. (fɛr'nʏnftɪç—glaɪç—kɔnju:ga'tsjo:n)

26. Also, "es freut mich" wird folgendermassen konjugiert: ('fɔlgəndər'ma:sən kɔnju:'gi:rt)

es freut mich	es freut uns
es freut dich (familiar)	es freut euch
es freut Sie (formal)	es freut Sie
es freut ihn	es freut sie
es freut sie	

27. Nun, das ist nicht so schwer, wie ich geglaubt[4] habe. Bitte, geben Sie mir jetzt einige Beispiele.

28. Wovon[5] sollen wir sprechen; von Reisen, Geschäften, Studien, Einkäufen oder wovon sonst? (vo:'fɔn zɔnst)

29. Wir wollen uns über die Gesundheit oder über einen Besuch unterhalten. (gə'zʊnthaɪt—bə'zu:x—ʊntəʀ'haltən)

---

[1] The passive voice in German is formed with werden, *to become* as: Es wird hier gemacht, *it is made here;* es wird so übersetzt, *it is translated thus.* For the complete conjugation see Part X.

[2] To direct "richten."

[3] Either *gleich* or *sogleich* may be used.

[4] In German the verb "glauben," *to believe,* is used for the English verb, *to*

23. You are quite right. **Es freut** is construed with the accusative and "**mich**" must, therefore, be used with this verb.

24. Oh, another secret (**ein weiteres Geheimnis**) of German grammar (**der deutschen Grammatik**). I am almost sorry that I asked (Literally: directed[2] [**richtete**]) you this question.

25. No, on the contrary, it was a sensible (**vernünftige**) question and I will give you the conjugation of "**Es freut mich**" at once [**gleich**[3]].

26. Well (**also**), **es freut mich** is conjugated in the following manner (**folgendermassen**):

I am glad	we are glad
you are glad (familiar)	you are glad (familiar)
you are glad (formal)	you are glad (formal)
he is glad	they are glad
she is glad	

27. Well (**nun**) that is not as difficult as I thought (Literally: as I have believed [**geglaubt**[4]]). Now [**jetzt**] please give me some examples.

28. (Well,) what shall we talk about (Literally: Now whereof [**wovon**[5]] shall we speak); about travels, business, studies, purchases or what else [**sonst**]?

29. Let us talk (Literally: converse; to converse, talk, chat "**sich unterhalten.**") about our (Literally: the) health or a visit.

---

think, when it means *to be of the opinion that*. For instance: ich glaube nicht, dass er heute kommt, *I don't think he will come today;* ich glaube kaum, *I hardly think so;* ich glaube es wird regnen, *I think it is going to rain.*

[5] As in the case of *da*, the German *wo* is combined with prepositions; as:

Of what are you talking?	Wovon sprechen Sie?
What are you laughing at?	Worüber lachen Sie?
Why do you do this?	Wozu tun Sie das?

30. Das geht noch nicht,[1] Herr Baxter, denn es gibt da Ausdrücke, welche sehr schwer sind, und die wir in einer späteren Lektion lernen werden. ('ʃpɛːtərən lɛk'tsjoːn)

31. Das tut mir recht leid. Aber bitte erklären Sie mir doch, weshalb Sie sagen: "Es gibt Ausdrücke." Das ist eine eigentümliche Redensart, die ich nicht recht verstehe. (aɪgən'tyːmlɪçə 're:dənsart)

32. Im Deutschen übersetzen wir "there is" und "there are" mit "es gibt." Zum Beispiel: "Es gibt viele schlechte Romane." (ʏbər'zɛtsən—ro:'ma:nə)

33. Das ist eigentümlich. Gebrauchen Sie diese Ausdrücke auch in anderer Verbindung? (fɛr'bɪndʊŋ)

34. Es freut mich, dass Sie diese Frage an mich stellen. Wir gebrauchen sie stets, wenn wir von Neuigkeiten sprechen. Zum Beispiel: Was gibt es Neues in der heutigen[2] Zeitung? ('ʃtɛlən—ʃteːts—'nɔʏɪçkaɪtən—'tsaɪtʊŋ)

35. Übrigens, Herr Professor, gibt es einen guten Friseur hier in der Nähe?

36. Es freut mich, dass Sie diesen Satz ganz richtig gebildet haben. Sie haben nicht vergessen, dass "es gibt" mit dem Akkusativ konstruiert wird. Gestatten Sie, dass ich mit Ihnen zum Friseur gehe, denn ich möchte mir selber die Haare[3] schneiden lassen.

---

[1] The verb *gehen* is used in an idiomatic sense, for the English *that won't do*, das geht nicht; *that will do very well*, das geht sehr gut.

[2] A few German adjectives are derived from adverbs. The following are the most important:

Die heutige Zeitung, *to-day's paper;* der hiesige Markt, *the market here;* die gestrige Ausgabe, *yesterday's edition;* die dortigen Kaufleute, *the merchants there;* der damalige König, *the king of that time, or of those days.*

30. That won't do as yet,[1] Mr. Baxter, for that would require (Literally: for there are there) some expressions which are very difficult and which we shall have to learn in a later lesson.

31. I am very sorry. But please explain to me why you say: **"Es gibt Ausdrücke."** That is a peculiar expression which I do not quite understand.

32. In German we translate [**übersetzen**] "there is" and "there are" with **"es gibt."** For instance [**zum Beispiel**]: There are many bad novels [**Romane**].

33. That is peculiar (**eigentümlich**). Do you also use these expressions in other connections (the connection **"die Verbindung"**)?

34. I am glad you asked me this question. (Literally: that you put [**stellen**] this question to me [**an mich**].) We always use them when talking about news. For instance: What is the news [**Neues**] in the paper? (Literally: in today's paper [**in der heutigen**[2] **Zeitung**]?)

35. By the way (**übrigens**), Professor, is there a good barber in the neighborhood? (Literally: Here nearby.)

36. I am glad you have formed that sentence quite correctly. You have not forgotten that "es gibt" is followed by (construed with) the accusative. Let me go (Literally: Allow me that I go) with you to the barber's, for I should like to get a haircut myself. (Literally: I should like for myself [**mir**] to have [**lassen**] the hairs cut.[3])

---

[3] Note that when the possessive relation is unmistakable, especially with parts of the body, clothing, etc., the German substitutes the definite article for our English possessive, as: Er steckte die Hand in die Tasche, *he put his hand in his pocket.* It is *assumed* that it would be his *own* hand and his *own* pocket! So here: "mir—die Haare" instead of "meine Haare."

FREMDWÖRTER IN DEUTSCHLAND

37. Aber Herr Professor, Friseur ist doch kein deutsches Wort?

38. Nein, eigentlich nicht, Herr Baxter. Es ist ein veraltetes französisches Wort, das sich bei uns in Deutschland wie Tausende von anderen Fremdwörtern eingebürgert[1] hat.

39. Dürfte ich Sie bitten, mir noch einige Beispiele zu geben?

40. Mit Vergnügen. Es ist ein interessanter Gegenstand, denn es hängt jedesmal mit unsrer Kulturgeschichte zusammen.

41. Ich habe schon eine Ahnung. Die Wörter, die es mit der **Mode** oder mit der Schönheitspflege zu tun haben, sind mit der **Mode** aus Frankreich zu Ihnen gekommen. ('mo:də)

42. Ganz richtig! Und wir haben solche Ausdrücke einfach adoptiert, haben sie uns angeeignet.[2] **Friseur** klingt eben so viel eleganter[3] als Haarschneider!

43. Und war nicht das **Menu** in den feineren Restaurants in französischer Sprache verfasst,[4] so dass man **Potage** anstatt Suppe essen musste?

44. Ja, leider war auch das die Mode. Heutzutage ist das weniger der Fall. Das Menu heisst jetzt Speisekarte, und man isst deutsch!

45. Die deutsche Sprache hat wohl auch aus Italien manches importiert?[5]

46. Jawohl! Denken Sie nur an Konto, Saldo und ähnliche Ausdrücke.

---

[1] Eingebürgert (naturalized): *gained citizenship.* Die Burg, *the castle;* der Bürger, *the citizen* (originally dweller in or near the *castle*); das Bürgerrecht, *citizenship;* das Bürgerrecht erwerben (Literally: *to gain citizen rights* (das Recht eines Bürgers),) *i.e., to become naturalized.*

[2] Sich etwas aneignen, *to make something one's own* (eigen); ('an-gə-aɪg-nət), four syllables.

FOREIGN WORDS IN GERMAN

37. But Professor, **Friseur** is not a German word!

38. No, not really (**eigentlich**), Mr. Baxter. It is an obsolete French word which has become naturalized[1] with us in Germany, like thousands of other foreign words.

39. Might I ask you to give me a few more examples?

40. With pleasure. It is an interesting subject, for in each instance it is connected with the history of our civilization. (Literally: for it hangs each time together with our culture-history.)

41. I have an idea (of what you mean). Words that have to do with the fashions or cosmetics (Literally: the cultivation of beauty) came to you from France, with those fashions.

42. Quite so! And we simply adopted such expressions, appropriated them. **Friseur,** you see, sounds so much more elegant[3] than "hair-cutter!"

43. And was not the menu in the more exclusive (**feineren**) restaurants formerly (**früher**) written (composed)[4] in the French language, so that one had to eat **potage** instead of soup?

44. Yes, unfortunately that, too, was the fashion (**Mode**). Nowadays (**heutzutage**) there is less of that (Literally: that is less the case). It is now called the "food-card," and one eats in German!

45. The German language has no doubt (**wohl**) imported[5] many (items) from Italy?

46. Yes, indeed! I need only mention Konto, Saldo, and similar expressions.

---

[3] Note in the comparative forms *eleganter, interessanter,* that the length or accent of the adjective or adverb does not (as in English) prevent its comparison by the endings -er, -est. More (mehr) in the comparative is used only in such phrases as "mehr elegant als praktisch," *more elegant than practical.*

[4] Der Verfasser, *the author* (of anything written or printed, book, letter, essay, etc.); der Verleger, *the publisher;* der Verlag, *the publishing house.*

[5] Note here that verbs whose infinitive ends in -ieren, like "importieren, studieren", do not prefix ge- to the past participle.

47. Diese Wörter,[1] Herr Professor, klingen nach Geld und Finanz-wesen. (fi:′nantsve:zən)

48. Ganz richtig, Herr Baxter, denn unser Bankwesen und Finanz-system kam ursprünglich aus Italien. Die Italiener waren die ersten Bankiers. (′bankve:zən—u:r′ʃprɪŋlɪç—bank′je:s)

49. Konto bedeutet wohl **account**—was bedeutet aber "Saldo?"

50. "Saldo" ist der Betrag, durch den ein Konto ausgeglichen wird. (′aʊsgəglɪçən)

51. England hat wohl auch seinen Beitrag zum deutschen Wortschatz geliefert? (′baɪtrak—′vɔrtʃats—gə′li:fərt)

52. Das sollte ich meinen! Denken Sie auch hier an die Kultur-geschichte[2] Deutschlands, Herr Baxter! Fast der ganze Sport kam aus England, und damit auch fast unser ganzes Sportvokabular, z.B. der Start, der Rekord, das Training, der Driver, und Hunderte von Ausdrücken, die alle nicht mehr als fremdländisch empfunden werden, obwohl sie nach Möglichkeit englisch ausgesprochen werden. (ʃpɔrt—ʃtart—rə′kɔrt—′tre:nɪŋ—′draɪv-əʀ)

53. Das finde ich riesig[3] (′ri:zɪç) interessant, Herr Professor. Bitte, noch einige Beispiele!

---

[1] "Das Wort," *the word*, has two plural forms, "die Wörter," *separate, discon-nected words:* ich kann diese Wörter nicht im Wörterbuch finden, *I can't find these words in the dictionary;* and "die Worte," *connected discourse*, as: die Worte des Redners, *the words of the speaker.*

[2] Kulturgeschichte, *history of civilization.* The German word Kultur is not covered by the English *culture*, to which we are apt to attach the idea of intellec-

47. These words,[1] Professor, sound like coin, like money and finance.

48. Indeed they do, Mr. Baxter, for our banking system and our finance came originally from Italy. The Italians, you know, were the first bankers.

49. Konto, I suppose (**wohl**), means account, but what does "Saldo" mean?

50. "Saldo" is the balance (amount) required to "settle" an account. (Literally: The amount by which an account is "evened out" [**ausgeglichen**].)

51. England also has doubtless (**wohl**) made its contribution to the German vocabulary (**Wortschatz**).

52. I should say so! Here, too, you must recall the history of German civilization.[2] Almost all our sport came from England, and with it nearly all our sporting vocabulary: *e.g.* (for example) the start, the record, the training, the driver (golf club), and hundreds of other expressions, none of which is any longer felt as a foreign word, although they are pronounced as nearly as possible [**nach Möglichkeit**] (as they are in) English.

53. I find all this immensely[3] interesting, Professor. Please (**give me**) a few more examples.

---

tual, artistic, social *refinement*, whereas Kultur means the state of progress of a nation or race in its entire way of life, social, economic, scientific, etc., in short, its *civilization*.

   [3] Riesig is a favorite colloquialism for "*tremendously, immensely.*" It comes from der Riese, *the giant*, and therefore means *gigantic. Kolossal*, accented on last syllable, is another such overworked word.

54. Nun, wenn Sie wollen, ein scherzhaftes Beispiel. In einem amerikanischen College bemerkte ich einmal in einer Deutschklasse, dass wir kein echt deutsches Wort für englisch Sweater hätten.[1] "Oh, doch[2], Herr Professor, protestierte eine Schülerin, die erst vor ein paar Monaten ('mo:natən) aus Deutschland nach Amerika gekommen war, "wir haben ein deutsches Wort dafür, wir nennen das Pullover!"

55. Wie reizend! Bitte, Herr Professor, wie steht es mit dem englischen "fair play"?

56. Nun, Herr Baxter, ich muss gestehen, dass es für diesen Ausdruck eigentlich kein deutsches Äquivalent gibt. Deshalb sagen wir einfach "fair play," und "das ist nicht fair," wie wir es von England gelernt haben. (e:kvi:va'lɛnt)

57. Da sind wir schon beim Friseur. Aber wir werden lange warten müssen; es sitzen schon drei Herren da.

---

[1] "Hätten" here illustrates the use of the "subjunctive of reported speech" or "indirect discourse." See Part X under Subjunctive Mood.

54. Well, if you like (I'll give you) an amusing one. In an American college I once remarked before a German class that we do not have a really German word for the English sweater. "Oh, yes we do,"[2] protested a young girl (**Schülerin**: girl pupil) who had come over from Germany to America just a few months before, "we do have a German word for it (**dafür**), we call it a pullover."

55. How charming! Tell me please, Professor, how about the English expression "fair play"? (Literally: How stands it with the English expression "fair play"?)

56. Well, Mr. Baxter, I must confess that there really is no exact German equivalent for this expression. So we simply say "fair play" and "this is not fair," just as we learned it from England.

57. Here we are already [**schon**] at the barber's. But we shall have to wait a long time, there are already three gentlemen waiting. (Literally: There sit already three gentlemen there.)

---

[2] This *doch* is highly idiomatic. It is used in place of *ja* or *jawohl* after a *negative*, to express the idea *yes, on the contrary*. Sie sind noch nie in Deutschland gewesen? —Doch, ich war dreimal da. *You have never been in Germany? Oh yes,* (doch) (*on the contrary*) *I was there* (da) *three times.*

Einkäufe

(Fortsetzung)

Gefällt Ihnen dieser Hut?

Nicht sehr; bitte, zeigen Sie mir einen braunen.

Ist dieser zu hell?

Aber Fräulein, was sagen Sie da? Hell? das ist kein Wort, das eine Dame gebraucht!

Ach, das ist zum Lachen, das ist zu komisch! Hell bedeutet nicht, was Sie glauben (think). Hell ist ein ganz unschuldiges (innocent) Wort im Deutschen; es bedeutet "light" oder "bright."

Ach, was für eine Sprache! Wie kann ein Amerikaner diese Sprache erlernen! Hell bedeutet "light"!

Also gut, Fräulein, ich will diesen hellen Hut nehmen; ich kaufe ihn, weil (because) dieses Wort so komisch ist.

Und nun bitte ein Paar Schuhe.

Dieser Herr wird Sie bedienen (serve, wait on).

Nun, dann zeigen Sie mir bitte einen recht solide Straßenschuh.

Welche Nummer tragen Sie?

Nummer acht einhalb.

Probieren Sie doch dies Paar an, aus dauerhaftem Kalbleder, und alles Handarbeit. Wie passen sie?

Der rechte Schuh paßt sehr gut, aber der linke . . .

Er drückt (it presses), wollen Sie sagen?

Ja, er drückt hier am kleinen Zeh (at the small toe).

Er ist zu eng. Probieren Sie doch dieses Paar an. Ah, diese Schuhe passen Ihnen ausgezeichnet (splendidly).

Gut, ich will dieses Paar nehmen. Und für Abendgesellschaften?—Dafür würde ich Ihnen ein Paar Lackschuhe (patent leather shoes) empfehlen. Diese, vielleicht? Sie werden Ihnen ebensogut passen wie das andere Paar, denn sie sind von genau demselben Leisten (last).

Dann brauche ich sie gar nicht anzuprobieren! Gut, ich nehme beide Paare.

Schön, mein Herr. Bitte zahlen Sie an der Kasse.

Sprech= und Leseübung

(Practise these exercises like former lessons. Always study them aloud.)

Ein Gespräch über verschiedene deutsche Ausdrücke

Guten Morgen, Herr Baxter; wie geht es Ihnen? Wie befinden Sie sich heute?

Danke schön, es geht mir recht gut. Und Sie? Sind Sie ganz wohl?

Sie wissen ja, ich war ziemlich krank, als ich hier ankam (arrived), aber jetzt geht es mir ganz ausgezeichnet.

Ich habe lange (for a long time) nicht das Vergnügen gehabt, Sie bei mir zu sehen. Wie geht es denn mit Ihren deutschen Studien? Machen Sie gute Fortschritte?

Ich rate, was Ihr letzter Satz bedeutet, aber ich will Sie doch lieber (rather) fragen, um zu sehen, ob ich recht habe.

Bitte, fragen Sie mich nur. Es soll mir lieb sein, Ihre Frage zu hören.

Nicht wahr, machen Sie gute Fortschritte, heißt auf englisch: "Are you making good progress?"

Ganz richtig, Herr Baxter. Der Fortschritt bedeutet "the progress", und Fortschritte machen "to make progress". Der Schritt bedeutet "the step", und der Fortschritt ist daher "a step forward", oder mit anderen Worten "the progress".

Besten Dank für Ihre Erklärung. Deutsch, das muß ich sagen, ist eine sehr interessante (interesting) Sprache.

Nicht wahr? Deutsch ist sehr schwer, aber auch sehr interessant.

Sie werden auch die Sprache des Volkes,—wir nennen es „den Volksmund",—besonders interessant finden.

Meinen Sie vielleicht die proverbs? Verzeihen Sie, ich habe das deutsche Wort dafür noch nicht gelernt.

Es heißt Sprichwort, von sprechen (er spricht, he speaks) und Wort.

Das finde ich schön, daß die deutsche Sprache ihre zusammengesetzten Wörter mehr aus deutschen Bestandteilen (component parts) als aus den klassischen Sprachen bildet (forms).

Eine gute Bemerkung, Herr Baxter. Nehmen wir (let us take) das englische Wort "educate," zusammengesetzt aus lateinisch *ex* und *duco*, „ziehen" (to draw). Genau dasselbe sagen wir auf deutsch mit erziehen. er= ist Deutsch für *ex-*, und ziehen Deutsch für *duco* (ich ziehe), also (hence) erziehen: "educate"!

Bitte, Herr Professor, geben Sie mir nun ein Paar Beispiele für deutsche Sprichwörter!

Sehr gern, Herr Baxter. Im Schuhgeschäft, wo Sie sich neulich zwei Paar Schuhe angeschafft (purchased) haben, haben Sie das Wort Leisten (last) gelernt. Kennen Sie das Sprichwort „Schuster (cobbler) bleib' bei deinem Leisten"?

Nun freilich! das sagen wir auch auf englisch. Der Sinn (meaning) dieses Sprichworts ist, man soll sich nicht einmischen (interfere) in Sachen, die man nicht versteht.

Es war auch vom Passen der Schuhe die Rede (the fitting of the shoes was also spoken of). Ironisch sagen wir im Deutschen, es paßt wie die Faust aufs Auge, wenn etwas nicht paßt, weil die geschlossene Faust (the closed fist) gar nicht aufs Auge paßt!

Nun geben Sie mir aber eine Antwort auf meine vorige Frage. Wie steht es denn mit Ihren deutschen Studien? Machen Sie gute Fortschritte?

Das ist schwer zu sagen. Manchmal (sometimes) glaube ich, daß ich sehr gute Fortschritte in meinen Studien mache, und manchmal scheint es mir, daß ich noch gar nichts weiß.

Wie kommt denn das?

Sehen Sie, wenn ich zum Beispiel in das Theater gehe

oder eine deutsche Zeitung lese, gibt es so viele Wörter, die ich nicht kenne und die ich noch nie gehört habe, daß ich ganz... ganz discouraged...

Verzeihen Sie, das ist ein englisches Wort; im Deutschen sagt man „entmutigt."

Ah, danke sehr,—daß ich ganz entmutigt bin. Bitte erklären Sie mir doch dieses Wort. Mir scheint, daß das auch ein zusammengesetztes Wort ist.

Technisch gesprochen ist es ein abgeleitetes (derived) Wort, von „Mut," (courage), und der Vorsilbe (prefix) ent=, welche sehr oft dis- oder away from bedeutet. Also entmutigen, to discourage, mit dem Partizipium entmutigt, das hier als Eigenschaftswort gebraucht wird. Aber warum sind Sie entmutigt? Denken Sie an das deutsche Sprichwort: „Übung macht den Meister," "practice makes perfect," oder wie die Deutschen sagen: "the master". Nehmen Sie sich das zum Motto in Ihren deutschen Studien, „Übung macht den Meister," und in einigen Monaten werden Sie fließend und richtig deutsch sprechen.

Übrigens (by the way), können Sie mir die Monatsnamen auf deutsch sagen?

O ja, die weiß ich auswendig. Ich habe Sie vor einigen Tagen gelernt.

Nun bitte nennen Sie mir die Namen der zwölf Monate!

Januar, Februar, März, April, Mai, Juni, Juli, August, September, Oktober, November, Dezember. Ich habe auch bemerkt, daß drei dieser Monatsnamen eine andere Silbenbetonung haben als im Englischen, nämlich der A'pril, der 'Juli und der Au'gust!

Sehr schön! Und was haben Sie über den grammatischen Gebrauch der Monatsnamen gelernt?

Ich habe gelernt, daß sie männlich sind und immer mit dem bestimmten (definite) Artikel gebraucht werden: der Februar ('februar) ist ein Wintermonat; Goethe wurde im August geboren; und daß sie im Datum eines Briefes im Akkusativ stehen: München, den 10. Juli ('ju:li); doch kann man auch den Dativ mit an gebrauchen: am 10. (zehnten) Juli.

Ich habe auch entdeckt (decken, to cover, also discovered), daß man auch in Deutschland am ersten Tag des vierten Monats „in den April geschickt" werden kann.

Das ist ja großartig, was Sie schon alles gelernt haben!

Ich danke Ihnen für das Kompliment, doch weiß ich nicht genau, was „großartig" bedeutet.

Vor allem muß ich Sie darauf aufmerksam machen, daß „Art" nicht dieselbe Bedeutung hat, wie englisch "art". Englisch "art" und "artist" heißen auf deutsch die Kunst, der Künstler. Das deutsche Wort „Art" bedeutet ungefähr (about) dasselbe wie englisch "type", "sort", "kind", und „großartig" wäre also "great in kind", "splendid."

Deutsche Wortbildung

Nun möcht ich Sie bitten, Herr Professor, mir über das interessante Thema der abgeleiteten Wörter (derived words) noch einiges zu sagen.

Gern, Herr Baxter. Nehmen wir das erste Stammwort, das mir gerade einfällt (occurs to me) nämlich das Verb „fallen, fiel, gefallen." Die Grundbedeutung (basic meaning) ist genau wie das englische "to fall", der Fall, "the fall." Haben Sie nicht als Kind die Geschichte[1] von Adam und Evas Sündenfall gehört?

Jawohl, in der Sonntagsschule.

Nun, dann werden Sie sich erinnern, daß die beiden (the two) von Gott abgefallen sind, indem sie den Apfel gegessen haben, mit dem der Satan sie versuchte (tempted).

Ach, das ist ja das Thema von einem berühmten Kupferstich (engraving) von Albrecht Dürer![2] Wenn ich davon noch ein gut erhaltenes Blatt[3] bekommen könnte, wäre ich glücklich.

Ach ja, Sie sagten mir, Sie wären Kunsthändler.

Aber bitte, der Fall!

O ja, richtig! Nun, das war der Sündenfall im Paradies, und wir wollen uns vielleicht später noch weiter über die bekannten (familiar) biblischen Geschichten unterhalten.

Um auf das Wort „Fall" zurückzukommen, ein durstiger[4] Dichter soll[5] einmal gedichtet haben:

> „Da hab' ich einen Einfall:
>
> Ach, wäre doch der Rheinfall
>
> Kein Wasser—sondern Weinfall,
>
> Dann wär' er wirklich mein Fall!"

Wie lustig! „Einfall" heißt wohl eine gute Idee, ein

---

[1] Here "Geschichte" means *story*. "Geschichte" also means *history*.

[2] Albrecht Dürer (1471-1528) was the greatest German artist of the Renaissance; noted especially for his engravings.

[3] A well preserved print, or copy. Blatt also means a leaf (of a tree or of a book).

[4] Thirsty. — [5] Soll gedichtet haben: *is said to have* "poetized."

Gedanke, der mir plötzlich (suddenly) in den Kopf fällt oder einfällt. Aber die vierte Zeile (line) verstehe ich nicht ganz.

Nun, der Sinn ist sehr tief! Wenn der Rheinfall kein Wasserfall, sondern ein Weinfall wäre, dann wäre er etwas für mich, dann würde er mir gefallen!

Nehmen wir einige Ableitungen von „Fall." Dieses Wort ist männlich,[1] der Fall, deshalb sind auch alle Ableitungen von Fall männlichen Geschlechts.

Man spricht von einem A n f a l l[2] von Krankheit, Fieber, Husten, und dergleichen. Das Verb „anfallen" bedeutet "to attack," z.B. der Feind (enemy) hat uns zuerst a n g e f a l = l e n. Der Kampf dauert fort (continues), niemand weiß, wie er a u s f a l l e n (turn out, result) wird.

Heute mußte die Geographiestunde wegen der Krankheit des Lehrers a u s f a l l e n. Er hatte einen starken A n f a l l von Bronchitis und konnte nicht sprechen. Dieser Lehrer ist bei seinen Klassen nicht besonders beliebt,[3] und ich muß leider berichten (report), daß sie B e i f a l l klatschten,[4] als sein Ausbleiben[5] bekanntgegeben wurde.[6] Das kann diesen Schülern später schlecht bekommen, wenn viele von ihnen im Examen d u r c h f a l l e n.[7] Mir würde es nicht e i n f a l = l e n,[8] einen Lehrer in solcher Weise zu verärgern (vex, annoy). Der V o r f a l l[9] wurde auch von den besseren Schülern lebhaft bedauert. Zufällig (by chance, der Z u = f a l l, chance, occurrence) war ich in der Nähe und konnte hören, was sie darüber sagten. Die meisten äußerten sich sehr a b f ä l l i g (disapprovingly) über die Haltung (attitude) ihrer Mitschüler.

Aber Herr Professor, das ist ja ganz famos! (fa′mo:s) Ich

---

[1] Männlich, masculine. — [2] Spacing out the letters of a word, as in the examples of derived words on this and the following pages, is the German equivalent of *italics* in English. — [3] Popular. — [4] Beifall klatschen, to clap (the hands) in applause (Beifall). — [5] Absence. — [6] Was announced. — [7] Flunk. — [8] It would not occur (einfallen) to me. — [9] Incident.

glaube, Sie haben fast alle Formen von F a l l in diesen kurzen Bericht (report) eingeflochten.

Oh nein, Herr Baxter. Auch das Wort U n f a l l ist im alltäglichen Leben ganz unentbehrlich (indispensable). Es gibt eben so viele U n f ä l l e : Wenn ich meinen Zug ver= säume (miss), so ist das bloß ein Mißgeschick[1], aber wenn der Zug in ein Auto fährt, dann ist das ein schwerer U n = f a l l[2]; und wenn ein U n f a l l viele Menschenleben kostet, nennen wir ihn eine Katastrophe (kata′stro:fə).

Nun gibt es aber buchstäblich Hunderte von deutschen Stämmen (word-stems), von denen ähnliche und sogar (even) noch größere Wortgruppen abgeleitet werden, z.B. vom Verb f e h e n (to see, die S i c h t, sight)[3]: die A b s i c h t, A n s i c h t, A u f f i c h t, d u r c h s i c h t i g, E i n s i c h t, N a c h s i c h t, Ü b e r s i c h t, V o r s i c h t, und noch andere mehr.

Aber Herr Professor, nachdem Sie mir in unsrer drei= zehnten Lektion so viel Interessantes über die Art und Weise erzählt haben, wie die Deutschen ihren Wortschatz aus fremden Sprachen bereichern (enrich, enlarge),—ich erinnere mich an Friseur, Konto, Pullover, usw.—hätte ich nicht geglaubt, daß die Sprache des Volkes im allgemeinen so—so deutsch geblieben ist!

Ja, sehen Sie, Herr Baxter, das ist ungefähr so (like this): die Fremdwörter (borrowed words) sind doch meistens *termini technici* (technical terms), die mit dem Gemüt[4] und Gefühl des deutschen Menschen wenig oder gar nichts zu tun· haben. Wo aber der Deutsche aus eigener Erfahrung,[5] aus eigener Gewohnheit,[6] und aus seiner innersten Seele spricht, da spricht er Deutsch!

---

[1] Mishap. — [2] Accident. — [3] Absicht, *intention*, Ansicht, *view, or opinion*, Aufsicht, *supervision*, durchsichtig, *transparent*, Einsicht, *insight*, Nachsicht, *indulgence, leniency*, Übersicht, *survey*, Vorsicht, *caution*. — [4] "Gemüt" is one of the most difficult words to translate. Here it may be rendered *soul*. — [5] Experi-ence. — [6] Habit.

Der Amerikaner findet Familienanschluß

Nun, Herr Baxter, erzählen Sie mir doch: wohnen Sie
immer noch in dem kleinen Gasthaus (Hotel), wo Sie bei
Ihrer Ankunft[1] in München abgestiegen sind?

Bevor[2] ich Ihre freundliche Nachfrage beantworte—bitte,
was bedeutet „abgestiegen"?

Das ist das Partizipium vom trennbaren Zeitwort
„absteigen, stieg ab, bin abgestiegen"—und hat verschiedene
Bedeutungen. Man steigt vom Pferd ab, wenn der Ritt zu
Ende ist; hier aber heißt es „Wohnung nehmen, ein Zimmer
mieten."

Besten Dank, Herr Professor, das hätte ich doch erraten
sollen.[3] Nein, ich bin vorgestern umgezogen, denn ich fand das
Wohnen in einem Hotel, sogar in einem kleineren, etwas
ungemütlich. Da ist ein beständiges[4] Kommen und Gehen von
fremden Menschen, beinahe ein öffentlicher Verkehr,[5] der mir
nicht gerade zusagt.[6] Zwar hat es neben diesem Nachteil auch
den einen Vorteil: man ist völlig independent—wieder ein
Begriff, für den mir das deutsche Wort fehlt!

Sehen Sie, Herr Baxter, das deutsche Wort dafür ist
„unabhängig", und es bietet uns wieder ein hübsches Beispiel
für die Art und Weise, wie die deutsche Sprache genau dasselbe
Wort aus deutschen anstatt aus lateinischen Teilen zusammen=
setzt. Lateinisch in- ist Deutsch un=, de- ist ab, pendeo bedeutet
hängen; also in-de-pend-ent, un=ab=häng=ig.

Das finde ich äußerst[7] interessant! Nun, wie gesagt, ich bin
umgezogen und wohne jetzt in einer Pension.

---

[1] "Ankunft," *arrival*, from the verb "ankommen." Some other derivatives are
Auskunft, *information*, plural Einkünfte, *income*, Zukunft, *future*. — [2] Bevor,
before, a synonym of "ehe." — [3] Memorize this form; *to guess* (erraten) *that*.
English: *I ought to have, should have, guessed that.* — [4] Continual. — [5] Public
(öffentlicher) traffic. — [6] Appeals. — [7] Äusserst, *exceedingly*. Äusserst and höchst
form the so-called absolute superlative, implying no direct comparison, but
stating the existence of a quality in a very high degree: ein höchst merkwürdiger
Fall, *a most extraordinary case.*

Haben Sie die Adresse[1] vielleicht im Baedeker gefunden?

Nein, ich habe mir vor meiner Abreise von New York eine ganze Reihe[2] von Münchener[3] Adressen geben lassen, und zwar[4] von Freunden, die in letzter Zeit München besucht und in diesen Pensionen gewohnt haben, Diese Pension, in der ich seit vorgestern wohne, wurde[5] mir von einem guten Bekannten besonders empfohlen.[6]

Nun, dann werden Sie wahrscheinlich für die Dauer Ihres hiesigen Aufenthalts dort bleiben, wenn Ihnen sonst alles in der neuen Wohnung gefällt.

Das möchte ich doch bezweifeln,[7] Herr Professor. Ich bin sonst ganz genügsam[8] und mache keine großen Ansprüche[9]; aber ich fürchte, gerade der Vorteil, der mir am wichtigsten scheint, wird mir in dieser Pension entgehen.[10]

Wieso denn, Herr Baxter?

Die Sache ist nämlich so, Herr Professor. Sie wissen, es liegt mir sehr viel daran, im mündlichen Gebrauch der deutschen Sprache rasche Fortschritte[11] zu machen. Nun habe ich aber zu meiner großen Enttäuschung[12] gefunden, daß fast alle Gäste in unsrer Pension junge Amerikaner und Amerikanerinnen sind, die offenbar[13] für mündliche Übung im Deutschen wenig Interesse und noch weniger Geduld[14] haben. Folglich[15] plaudern sie während der ganzen Mittagstafel und auch bei den andern Mahlzeiten in einem fort[16] amerikanisch, so daß ich in diesen zwei Tagen kaum ein deutsches Wort zu hören bekommen habe.[17] Deshalb habe ich mich jetzt ent=

---

[1] Note the German spelling. Nowadays also "Anschrift" address. — [2] Reihe, *series*, *row*, here *list*. — [3] The ending -er is not an inflection; it *derives* adjectives from names of cities, and these proper adjectives take no further inflection. — [4] Zwar—*indeed, it is true.* — [5] True passive voice. — [6] Recommended. — [7] Doubt. — [8] Easily satisfied. — [9] Demands. — [10] Wird mir entgehen, fut. tense, *will escape me.* — [11] Progress. — [12] Disappointment. — [13] Evidently. — [14] Patience. — [15] Consequently. — [16] In einem fort, continually. — [17] Have come to hear, been able to hear.

schlossen,[1] wenn irgend möglich bei einer privaten Familie eine Wohnung zu finden. Was raten Sie mir, Herr Professor?

Nun, die Sache scheint mir sehr einfach[2]: unter keinen Umständen[3] dürfen Sie auf den Verkehr[4] mit Deutschen verzichten.[5] Ich würde Ihnen also raten, eine kleine Anzeige in die Zeitung zu setzen, etwa so: „Junger Amerikaner, auf einige Monate in München, sucht Wohnung mit voller Pension bei einer gebildeten, kunstliebenden deutschen Familie. Familienanschluß[6] erwünscht." Natürlich fügen Sie dann Ihre jetzige[7] Adresse hinzu.

Für diesen praktischen Wink bin ich Ihnen wirklich sehr verbunden.[8] Das lasse ich mir gefallen[9]. Familienanschluß ist zwar ein neues Wort für mich, es kann jedoch nur bedeuten, daß ich gern meine Mahlzeiten am Familientisch einnehmen und auch sonst möglichst viel[10] mit der Familie verkehren[11] möchte.

Ganz richtig, und wenn ich an Ihrer Stelle wäre, würde ich einer Familie den Vorzug[12] geben, die auch ein Paar halberwachsene[13] Kinder hat, denn das sind die rechten Plaudertaschen.[14]

Der Vorschlag[15] gefällt mir sehr, denn ich bin ein großer Kinderfreund und komme gut mit ihnen aus.

Doch muß ich Sie warnen: es kommt nicht selten vor,[16] daß die deutsche Familie oder einige Mitglieder[17] derselben diese glänzende Gelegenheit[18] ergreifen, um von dem amerikanischen Gast recht viel Englisch zu lernen!

Nun, ich glaube, das wird sich schon finden[19]. Übrigens[20] habe ich bemerkt, daß Sie unser englisches Wort to live

---

[1] Decided. — [2] Simple. — [3] Circumstances. — [4] Association. — [5] Do without. — [6] Association with the family. — [7] Present. (Adjective formed from adverb jetzt, *now*, like hiesig, from hier, on previous page.) — [8] Obliged. — [9] That's all right (with me). — [10] As much as possible. — [11] Associate. — [12] Preference. — [13] Adolescent, teen-ager. — [14] Chatterboxes. — [15] Proposal. — [16] Vorkommen, to happen. — [17] Members. — [18] Excellent opportunity. — [19] That will be all right, will take care of itself. — [20] By the way, incidentally.

sowohl mit „leben" als mit „wohnen" übersetzen. Bitte, wie ist das zu erklären?

Sehr einfach: vergessen Sie nicht, daß to live im Sinne von to dwell, to reside, immer „wohnen" heißt; *the dwelling* die Wohnung. Also: Wir leben in einer bewegten Zeit, *we live in troubled times*; aber wir wohnen im vierten Stock, *we live on the fourth floor.*

In welchem Teil der Stadt möchten Sie am liebsten wohnen, Herr Baxter?

Selbstverständlich[1] in der Nähe der Bildergalerien; doch liegt mir weniger an der Gegend[2] als an den Familienverhältnissen, die ich in der neuen Wohnung finden werde.

Natürlich, und ich hege nicht den geringsten Zweifel,[3] daß Sie etwas Passendes und Angenehmes finden werden. Die Münchener sind ein gemütliches Volk, und ich glaube, Sie werden sich bei uns wohl fühlen. Vielleicht können Sie mir schon das nächste Mal berichten, wie es mit der Wohnungssuche[4] gegangen ist. Ich wünsche Ihnen Glück! Auf Wiedersehen!

* * * * *

Guten Tag, Herr Baxter! Wie geht es Ihnen? Haben Sie mit Ihrer Wohnungssuche Glück gehabt? Sie wollten doch eine Annonce in die Zeitung setzen: Familienanschluß sollte es sein, nicht wahr?

Jawohl, das habe ich auch getan. Und ich war ganz erstaunt: kaum achtundvierzig Stunden nach dem Erscheinen meiner Anzeige hatte ich schon sieben Angebote[5]! Davon wählte ich drei, von denen ich mir am meisten versprechen[6] konnte, und machte eine kleine Tour, um mich dann für eines der drei Angebote entschließen zu können. An allen drei Adressen fand ich recht nette[7] Leute, und ich muß sagen, es war nicht gerade leicht, eine Wahl zu treffen.[8]

---

[1] Of course.—[2] I care less about the neighborhood, district.—[3] Doubt.—[4] Search for living quarters.—[5] Offers.—[6] "Sich versprechen" expect.—[7] Nice.—[8] Make a choice.

Mein erster Besuch war bei einem älteren Ehepaar, das in einer Wohnung von ungefähr sechs Zimmern allein wohnte. Der Mann war Postbeamter gewesen und war erst vor kurzem[1] in den Ruhestand versetzt worden,[2] natürlich mit einer kleinen Pension; und so wäre es ihnen beiden vielleicht sehr lieb gewesen, sich durch Vermieten[3] eines Zimmers ihre finanzielle Lage ein wenig zu erleichtern. Aber die Wohnung hatte keine Zentralheizung, sondern nur ein Paar große Kachelöfen,[4] die, wie ich höre, im Winter so wenig Wärme ausstrahlen,[5] daß man es manchmal gar nicht merkt. Auch schien mir die Hausfrau etwas kränklich und abgehärmt,[6] kurzum,[7] ich konnte mir weder vom Familientisch noch vom Familienverkehr allzuviel versprechen, also wurde diese erste Adresse von meiner Liste gestrichen.

Nun bin ich aber begierig,[8] von Ihrem zweiten Besuch den Bericht[9] zu hören!

Ja, das war wirklich eine Überraschung.[10] Es war nämlich eine Professorenfamilie, die in einer hübschen Villa ein wenig außerhalb der Stadt wohnt. Der Professor war zu Hause und empfing mich aufs freundlichste. Er bat mich, Platz zu nehmen und erklärte mir ganz unbefangen,[11] er hätte auf meine Zeitungsannonce auf Veranlassung[12] seiner Tochter Alice geantwortet, die gerade Englisch studiert, und Gelegenheit sucht, sich mit einem gebildeten Amerikaner auf englisch zu unterhalten.

Sehen Sie, Herr Baxter! Und das war gerade die Situation, die Sie um jeden Preis vermeiden wollten. Aber mir ahnt schon etwas,[13] bitte erzählen Sie weiter!

Nun, zuerst zögerte[14] ich und äußerte mein Bedenken,[15] daß ich dadurch meine eigene Absicht,[16] während meines kurzen

---

[1] Only a short while ago.— [2] Had been retired.— [3] Renting.— [4] Tile stoves.— [5] Radiate, give out.— [6] Emaciated.— [7] In short.— [8] Eager.— [9] Report.— [10] Suprise.— [11] Frankly.— [12] At the suggestion of.— [13] I can guess what is coming (ahnen, here used impersonally, means *to have a foreboding of something*).— [14] Hesitated.— [15] Fear, concern.— [16] Object, purpose.

Aufenthalts in Deutschland möglichst viel Deutsch zu sprechen, nicht erreichen würde. Aber gerade in diesem Augenblick trat die Tochter ins Zimmer, und auf einmal sah mir die Sache ganz anders aus! Der Vater stellte mich vor, und ich muß sagen, das reizende achtzehnjährige Mädchen machte einen recht angenehmen Eindruck[1] auf mich. Schlank[2] und gut gewachsen, mit blondem Haar, schien sie mir so etwas wie ein vorbildlicher[3] Typus des deutschen Mädchens.

Aber Herr Baxter, Sie schwärmen[4] ja für Ihre neue Bekanntschaft. Sind Sie nicht verheiratet?

Jawohl, Herr Professor, und gerade deswegen darf ich mich ohne Gefahr für so ein frisches, freundliches, jugendliches Wesen[5] begeistern!

Wir haben auch in wenigen Minuten einen glänzenden Plan verabredet,[6] wodurch wir unser beider Interessen zu wahren[7] glauben. Es war ihr Vorschlag, wir sollten jeden Morgen von acht bis neun zusammen frühstücken[8] und während dieser Stunde uns auf englisch unterhalten. Natürlich braucht man keine Stunde, um ein europäisches Frühstück zu sich zu nehmen, da es gewöhnlich nur aus ein paar Brötchen und Kaffee besteht. Aber wegen der Übung[9] im Englischen wollten wir es dennoch auf eine volle Stunde ausdehnen,[10] damit Fräulein Alice wenigstens sieben Stunden wöchentlich englische Konversation bekommen würde.

Außer dieser einen Stunde täglich sollte kein englisches Wort gesprochen werden, und da ich es bald herausbekommen hatte, daß Fräulein Alice den Sport liebt, besonders das Tennisspiel, und auch künstlerisch veranlagt[11] ist, hatte ich keine weitere Sorge,[12] daß ich mit meiner Übung im Deutschen zu kurz kommen würde.

Ich brauchte mich deshalb keinen Augenblick weiter zu

---

[1] Impression. — [2] Slender. — [3] Representative. — [4] Rave about. — [5] Creature. — [6] Agreed upon. — [7] Take care of, guard. — [8] Breakfast (verb). — [9] Practise. — [10] Extend. — [11] Artistically inclined. — [12] Worry.

besinnen[1]; auch über die Vergütung[2] waren wir sofort einig;[3] also wurde ich ohne weiteres auf das Zimmer geführt, in dem ich wohnen sollte.

Es sah recht einladend aus und war mit viel Geschmack[4] möbliert und eingerichtet.[5] Nichts, auch nicht die geringste Kleinigkeit schien zu fehlen, vom bequemen Lehnstuhl am Fenster bis zum glänzend polierten kupfernen Aschenbecher[6] auf dem Toilettentisch war alles da. Als ich dies der Frau Professor gegenüber bemerkte, sagte sie mir ein wenig gerührt,[7] das Zimmer stehe[8] genau so da, wie ihr Sohn es vor einem Monat verlassen habe, als er sich verheiratete und als Vertreter[9] seiner Firma in eine andere Stadt gezogen sei.

Ich konnte leicht merken, daß diese erste Trennung in der Familie eine schwere Prüfung[10] für die Mutter war, und ich fühlte mich fast als Eindringling,[11] da ich nun als wildfremder Mensch, und dazu noch als Ausländer, alle diese schönen Sachen benutzen und sogar in seinem Bette schlafen sollte.

„Aber er hat ein liebes Mädel geheiratet. Sie war jahre= lang die Schulkameradin und vertraute Freundin unsrer Alice," erzählte die Mutter weiter, „und ich muß sagen, wir haben unsre Freude an unsrer lieben Schwiegertochter.[12] Wenn sie nur nicht so weit weg wohnten!"

Als ich dann das schöne Bett ein wenig betastete,[13]—sie sollte es eigentlich nicht merken![14]—meinte sie lächelnd; „Nicht wahr, Herr Baxter, man hat Ihnen drüben in New York von dicken deutschen Federbetten erzählt, unter oder zwischen denen Sie ersticken müßten. Aber die gehören[15] nun auch für uns zu den Antiquitäten.[16] Kann sein, daß man sie noch hie und da in Bauernhäusern findet, aber wir Stadtwohner halten sie für unbequem und ungesund. Erst vor ungefähr

---

[1] Think it over.—[2] Compensation, consideration.—[3] Agreed.—[4] Taste.—[5] Fur- nished (die Möbel, *furniture*).—[6] Ash tray.—[7] Touched (with emotion).—[8] Sub- junctive of reported speech.—[9] Representative.—[10] Test, ordeal.—[11] Intruder.— [12] Daughter-in-law.—[13] Felt.—[14] I really (eigentlich) did not intend that she should notice (merken) it.—[15] Belong.—[16] Antiques.

anderthalb Jahren[1] hat unser Karl sich diese ganz moderne Sprungfedermatratze[2] zugelegt. Wenn Sie sich darauf legen und sich nicht an Gott und Menschen versündigt haben, brauchen Sie wahrhaftig kein Schlafpulver zu nehmen!"

„Da haben Sie ganz recht, Frau Professor" erwiderte ich, indem ich durch das offene Fenster den Blick auf den herrlichen Blumengarten bewunderte, „erstens bin ich ein guter Schläfer und schlafe gewöhnlich sehr fest; und zweitens scheint die Umgebung[3] hier besonders ruhig zu sein. Wichtiger wäre vielleicht die Frage: wie ist es mit dem Aufwachen?"

„Dort auf dem Schreibtisch steht eine Weckeruhr,[4] die, soweit ich weiß, richtig funktioniert. Oder ich kann dem Dienstmädchen auftragen, jeden Morgen zur gewünschten Zeit an Ihre Tür zu klopfen."

Ich bewunderte die praktische und saubere Einrichtung des schönen Zimmers. Die Frau Professor zeigte mir dann noch das Badezimmer, das links an das Schlafzimmer stößt. Es hat nicht bloß eine große Badewanne mit Wasserhähnen für heiß und kalt, sogar eine ganz moderne Brause[5] ist vorhanden, wie denn auch für frische Handtücher und Waschlappen[6] reichlich gesorgt[7] ist.

„Nun," sagte die Frau Professor, „wenn noch was fehlen sollte, brauchen Sie es nur zu sagen. Fast hätte ich vergessen, Sie zu fragen: schlafen Sie gern sehr warm? Ich habe über die leinenen Betttücher[8] vorläufig zwei Wolldecken[9] gelegt, wenn aber die Nächte kälter werden, steht Ihnen noch eine Daunendecke zur Verfügung.[10]"

Was mich fast noch mehr freute als das luxuriöse Bett, war der schöne Schreibtisch in der Ecke des Zimmers, mit allem denkbaren Zubehör[11]: eine Schreibunterlage[12] mit Lederecken, ein Löscher,[13] eine Bleistiftschale,[14] ein Umlege-

---

[1] Only a year and a half ago.—[2] Innerspring mattress.—[3] Neighborhood.—
[4] Alarm clock, also "der Wecker."—[5] Shower.—[6] Wash-cloths.—[7] Provided.—
[8] Sheets, also "Laken."—[9] Blankets.—[10] Is at your disposal.—[11] Equipment.—
[12] Blotter-pad.—[13] Blotter.—[14] (Pen and) pencil tray.

kalender[1] und natürlich verschiedene Schubladen[2] mit sicherem
Verschluß.

Da nun alles zur beiderseitigen Befriedigung verabredet[3]
war, bat ich die Frau Professor um die Erlaubnis, meine
Sachen noch während des Nachmittags in der Pension abholen
zu dürfen, und versprach ihr, zum Abendessen pünktlich um
sieben Uhr zu erscheinen.

Nun, Herr Baxter, ich gratuliere Ihnen zu Ihrem schönen
Erfolg. Hoffentlich berichten Sie mir nächstens über das
erste englische Frühstück mit Fräulein Alice!

---

[1] "Turn over" calendar. — [2] Drawers. — [3] Agreed upon.

VOKABELN	VOCABULARY
Essen,[1] ass, gegessen ('ɛsən, aːs, gə'gɛsən)	To eat,[1] ate, eaten
Trinken,[2] trank, getrunken ('trɪŋkən, traŋk, gə'trʊŋkən)	To drink,[2] drank, drunk
Essen Sie das gern?	Are you fond of this?
Ja, ich esse das sehr gern.	Yes, I am very fond of it.
Der Appetit (ape:'tiːt)	The appetite
Hunger haben ('hʊŋəʀ)	To be hungry
Hungrig sein	To be hungry
Sind Sie hungrig?	Are you hungry?
Ja, ich bin sehr hungrig.	Yes, I am quite hungry.
Durst haben Durstig sein }	To be thirsty
Haben Sie Durst?	Are you thirsty?
Nein, ich bin nicht durstig.	No, I am not thirsty.

Das Frühstück ('fryː:ʃtʏk)	**Breakfast**
Der Kaffee ('kafe)	The coffee
Eine Tasse Kaffee ('tasə)	A cup of coffee
Der Tee (teː)	The tea
Die Schokolade (ʃo:ko:'laːdə)	The chocolate

---

[1] *Essen* is an irregular verb. The present is: ich esse, du isst, er isst, wir essen, ihr esst, Sie essen, sie essen; the past tense: ich ass, du asst, er ass, wir assen, *etc.*; the past participle: gegessen.

[2] Trinken, trank, getrunken, *to drink.*

VOKABELN	**VOCABULARY**
Was wünschen Sie zum Frühstück? Kaffee, Tee oder Schokolade?	What do you take for breakfast? Coffee, tea, or chocolate?
Ich trinke Kaffee, und meine Frau trinkt Tee.	I drink coffee, and my wife takes tea.
Trinken Sie Tee nicht gern?	Do you not like tea?
Ich trinke lieber[3] Kaffee ('li:bəʀ)	I prefer[3] coffee.
Eine Portion (pɔr'tsjoːn)	A portion
Bestellen (bə'ʃtɛlən)	To order
Was haben Sie bestellt?	What did you order?
Was wünschen die Herrschaften[4] zu bestellen? ('hɛrʃaftən)	What do you wish to order?
Das Beefsteak	The beefsteak
Gut durchgebraten ('durçgəbraːtən)	Well done
Kellner, bringen Sie mir ein Beefsteak und ein Glas Bier.	Waiter, bring me a steak and a glass of beer.
Wünschen Sie es gut durchgebraten?	Do you want it well done?
Nein, englisch, bitte.	No, rare, please.
Das Kotelett (koːt'lɛt)	The chop
Das Hammelkotelett ('haməlkoːtlɛt)	The lamb chop

---

[3] *Lieber* is the irregular comparative of gern. *Gern* and lieber are used idiomatically for *fond of*, and *to prefer*, as: *are you fond of this boy?* haben Sie diesen Knaben gern? *are you fond of coffee?* trinken Sie gern Kaffee? I prefer tea, ich trinke lieber Tee.—[4] When both ladies and gentlemen are addressed it is customary for the waiter to say: "Meine (or: die) Herrschaften."

VOKABELN	**VOCABULARY**
Das Kalbskotelett	The veal cutlet
Das Schweinekotelett ('ʃvaɪnəko:tlɛt)	The pork chop
Die Kartoffeln (kar'tɔfəln)	The potatoes
Die Bratkartoffeln (bra:t-)	Fried potatoes
Bringen Sie mir ein Hammelkotelett mit Bratkartoffeln.	Bring me a mutton chop with fried potatoes.

PART FOUR

CONTENTS

MUSTERSATZ

Denn ich erwarte einen Freund aus New York und muss auf dem Flughafen bleiben, bis das Flugzeug aus Amerika eintrifft.

Denn[1]

ich erwarte[2]

einen Freund

aus New York

und[1]

muss

auf dem Flughafen

bleiben[3]

bis

das Flugzeug aus Amerika

eintrifft.

---

[1] In all clauses beginning with a subordinating conjunction, the verb is placed at the end; but after the co-ordinating conjunctions *und, aber, sondern, oder, denn,* the word order remains the same as in principal clauses. (Compare Part X).

[2] Verbs beginning with *be, emp, ent, er, ge, ver, wider,* and *zer* do not follow the general rule of the past participle, that is to say *ge* is never prefixed to them; thus: belohnen, belohnte, belohnt, *to reward;* empfehlen, empfahl, empfohlen, *to recommend;* entsagen, entsagte, entsagt, *to renounce;* erholen, erholte, erholt, *to recover;* gebrauchen, gebrauchte, gebraucht, *to use;* verkaufen, verkaufte, verkauft, *to sell;* widersprechen, widersprach, widersprochen, *to contradict,* zerreissen, zerriss, zerrissen, *to tear.*

MODEL SENTENCE

For I expect a friend from New York and must stay at the airport

until the plane from America arrives.

For[1]

I expect[2]

a friend

from New York

and[1]

must

at the airport

stay[3]

until

the plane from America

arrives.

---

[3] Bleiben, *to remain*. The following classes of verbs use "sein" as auxiliary of tense instead of "haben": all verbs of motion (change of place)—er ist nach Hause gekommen, *he has come home;* change of condition—der alte Mann ist eingeschlafen, *has gone to sleep* (but er hat gut geschlafen; *he has slept well*); er ist gestorben, *he has died;* ist genesen, *has recovered.* "Sein" itself is conjugated with "sein", ich bin nie in Europa gewesen, *I have never been in Europe;* also "werden", sie ist krank geworden, *she became ill;* bleiben, ich bin auf dem Flughafen geblieben, *I remained at the airport;* begegnen, ich bin ihm auf der Strasse begegnet, *I met him on the street;* finally the impersonal verbs gelingen, glücken, *to succeed,* and geschehen, *to happen.*

BEIM FRISEUR
(*Fortsetzung*)

59. Wie lange gedenken Sie in München zu bleiben, Herr Baxter?

60. Nun, das kommt ganz darauf an, welche Fortschritte ich in meinem deutschen Studium mache, denn ich habe mich entschlossen, hier zu bleiben, bis ich einigermassen fliessend Deutsch sprechen kann.

61. Aber ich dachte, Sie seien[1] hauptsächlich wegen[2] Ihrer geschäftlichen Interessen nach Deutschland gereist.

62. Nun ja, das hat auch eine grosse Rolle gespielt denn ich wollte doch endlich einmal das Land der Dürer[3] und Schongauer mit eigenen Augen sehen.

---

[1] The subjunctive mood is frequently used in indirect statements after verbs of hearing, saying, thinking, hoping, fearing, etc. where the subjunctive emphasizes the idea of uncertainty or "unconfirmed report"; Ich hörte (or er sagte), dass er krank sei, *I heard (or he said) that he was (is) ill.* If conviction or certainty is to be expressed, there is no room for the subjunctive: Ich glaube nicht, dass er krank ist, *I do not believe that he is ill.*

[2] Wegen, *on account of,* während, *during;* statt, anstatt, *instead;* trotz, *in spite of,* are prepositions which govern the genitive. Wegen des Regens konnte ich nicht ausgehn, *on account of the rain I could not go out.* "Wegen" may be placed either before or after the noun to which it belongs.

[3] Note that in such expressions: das Land der Beethoven und Wagner, *the land of the Beethovens and Wagners,* the definite article "der" is in the genitive plural, but the proper name is uninflected.

AT THE BARBER'S
(*Continued from p. 99*)

59. How long do you expect (Literally: mean) to stay in Munich, Mr. Baxter?

60. Well, that all depends upon what progress I make in my German study, for I have decided (**mich entschlossen**) to remain here until I can speak German fairly ('aɪnɪgəʀmaːsən, in some measure) fluently.

61. But I thought you had come (traveled) to Germany chiefly (haʊpt'sɛçlɪç, from **die Hauptsache,** chief matter) because of your business interests.

62. Well yes, that was an important consideration (Literally: That has played a great role), for I wanted to see the land of the Dürers[1] and Schongauers with my own eyes (**einmal'**, for once).

The following is the **subjunctive of** *sein* and *haben:*

PRESENT	IMPERFECT
ich sei, *I be*	ich wäre, *I were*
du seist, *you be* (familiar)	du wärest, *you were* (familiar)
Sie seien, *you be* (formal)	Sie wären, *you were* (formal)
er sei, *he be*	er wäre
wir seien, *we be*	wir wären, *we were*
ihr seiet, *you be* (familiar)	ihr wäret, *you were* (familiar)
Sie seien, *you be* (formal)	Sie wären, *you were* (formal)
sie seien, *they be*	sie wären, *they were*
ich habe, *I have*	ich hätte, *I had*
du habest, *you have* (familiar)	du hättest, *you had* (familiar)
Sie haben, *you have* (formal)	Sie hätten, *you had* (formal)
er habe, *he have*	er hätte, *he had*
wir haben, *we have*	wir hätten, *we had*
ihr habet, *you have* (familiar)	ihr hättet, *you had* (familiar)
Sie haben, *you have* (formal)	Sie hätten, *you had* (formal)
sie haben, *they have*	sie hätten, *they had*

1. Nun, Herr Baxter, jetzt sind Sie an der Reihe.[1]

2. Bitte, Herr Professor, gehen Sie zuerst! Ich warte[2] gern so lange.[3]

3. Wenn Sie darauf bestehen (bə'ʃte:ən).—Guten Tag, Herr Professor! Diesen Stuhl,[4] wenn ich bitten darf! Haarschneiden oder rasieren? Oder beides? ('ha:rʃnaɪdən—'o:der—ra:'zi:rən)

4. Bloss Haarschneiden, aber bitte nicht zu kurz!

5. Also keine Maschine gebrauchen? (ma'ʃi:nə)

6. Nein, lassen Sie lieber die Maschine weg[5]; machen Sie alles mit der Schere ('ʃe:rə)!

7. Schön! Indessen können Sie im Spiegel ('ʃpi:gəl) die Arbeit kontrollieren. (kɔntrɔ'li:rən)[6] Sie können dann sehen, ob ich es Ihnen recht mache.

8. Gut. Lassen Sie die Haare an der linken Seite etwas länger, und bürsten Sie sie dann über die Glatze!

9. Nun ja! Da ist leider nichts mehr zu retten.[7] Sie hätten sich schon vor Jahren um Ihren Haarausfall kümmern sollen. Darf ich Ihnen den Kopf waschen?

10. Danke[8], heute wohl nicht. Herr Baxter und ich haben noch verschiedene Besorgungen zu machen, und wir müssen uns ein wenig beeilen.

11. So, nun sind wir fertig. Gefällt es Ihnen so, Herr Professor?

12. Ja, danke schön! Wieviel macht das? Ach, ich weiss es ja! Eins fünfundsiebzig, und hier noch ein kleines Trinkgeld.

13. Besten Dank. Empfehle mich, Herr Professor, empfehle mich![9]

14. Nun, Herr Baxter, Sie hatten noch einiges[10] zu besorgen.

---

[1] Idiomatic: it is your turn. — [2] As so often, the present tense with future meaning. — [3] "Lange," the adverbial form. — [4] Accusative, because Stuhl is the object of the verb nehmen, *take*, understood but not expressed. — [5] Weglassen, separable verb: to omit, leave out. — [6] Note that in German "kontrollieren" never means "to control," but *to check up on.*

[7] Note that in German the complementary infinitive is kept in the active form, whereas in English we give it the passive form: There is nothing *to be done* about it: Da ist nichts zu machen.

1. Now, Mr. Baxter, you're next.

2. Please, Professor, you go first. I'll be glad to wait.

3. If you insist.—How do you do, Professor? This chair, if you please. Haircut or shave, or both?

4. Only a haircut. But not too short, please.

5. Then you don't want me to use the clippers?

6. No, you can cut out the clippers. Do it all with the scissors.

7. Very well! Meanwhile (**indessen**) you can check up on the job in the mirror. You can then see if I am doing it to suit you.

8. All right! Leave the hair on the left side somewhat longer, and then brush it over my bald spot [**Glatze**].

9. Well, unfortunately (**leider**) there's nothing we can do about it now. (Literally: nothing to rescue.) You should have looked after (Literally: concerned yourself with) the falling out of your hair years ago. Do you wish a shampoo?

10. No thank you,[8] not to-day. Mr. Baxter and I still have various errands (to do) and will have to hurry a little.

11. There, sir, now we've finished. Is that the way you like it, Professor?

12. Very good, thank you. How much is that? Oh, I know: one mark seventy-five. And here is a little tip.

13. Thanks very much. Good-bye, Professor, good-bye.[9]

14. Now, Mr. Baxter, you had some errands (to do).

---

[8] Note how frequently the simple Danke! means *No, thank you!* Therefore, if you want what is offered to you, the reply is Bitte! *Please!*

[9] The somewhat effusive politeness of the barber, with the repetition of Empfehle mich! *I commend myself (to your good graces)* need not be adopted by the student!

[10] "Einiges" is here a neuter singular indefinite pronoun meaning *some, a few*. In the next sentence it is adjectival. Distinguish einige, *a few*, einzige, *the only one*, eigene, *own*.

UM FILMS ENTWICKELN ZU LASSEN

15. Jawohl, ich wollte vor allem einige Filme entwickeln lassen.

16. Am besten lassen Sie das hier nebenan in der Drogerie besorgen. Der Inhaber ist ein alter Bekannter[1] von mir, der Ihnen nicht bloss die Filme entwickelt, sondern auch vorzügliche (foːrˈtsʏːk-lɪçə) Abzüge und Vergrösserungen liefert.

17. Das freut mich, Herr Professor. Es ist immer angenehm, in solchen Angelegenheiten (angəˈleːgənhaɪtən) eine persönliche Einführung zu haben. (perˈzøːnlɪçə)

18. Zu Hause haben Sie wohl Ihre eigene Dunkelkammer und machen das alles eigenhändig? (ˈaɪgənhɛndɪç)

19. Im Gegenteil, dazu habe ich weder Raum noch Zeit. Übrigens finde ich das scharfe Sehen unter rotem Licht sehr schädlich für die Augen.

20. Guten Tag, Herr Meyer! Ich bringe Ihnen eine neue Bekanntschaft, Herrn[2] Baxter aus New York. Er möchte Ihnen einige Filmrollen zum Entwickeln geben.

21. Ein angenehmer Besuch, Herr Professor! Was steht zu Diensten, Herr Baxter?

22. Bitte entwickeln Sie diese 35-Millimeter Filme[3] für mich, und lassen Sie zugleich[4] von den besten Aufnahmen je zwei Abzüge machen; aber nur von den gut gelungenen.

23. Wünschen Sie die Abzüge in demselben kleinen Format wie die Negative, Herr Baxter? (forˈmaːt)

---

[1] Ein, alter Bekannter, a phrase in which a past participle, bekannt, is used as a noun, but inflected like an adjective:

Nom.	ein alter Bekannter
Gen.	eines alten Bekannten
Dat.	einem alten Bekannten
Acc.	einen alten Bekannten

HAVING FILMS DEVELOPED

15. Yes, first of all (or most of all) I wanted to have some films developed.

16. You had better have that done at the drug store near by. The owner (**Inhaber**) is an old acquaintance of mine, who will not only develop your films for you, but will make excellent (**vorzügliche**) prints and even enlargements.

17. That's fine, Professor. In such matters (**Angelegenheiten**) it is always pleasant to have a personal introduction.

18. I suppose (**wohl**) at home you have your own darkroom and do all these (things) yourself (Literally: with your own hands).

19. On the contrary, I have neither space (room) nor time for that (**dazu**). Besides (**übrigens**) I find that looking so intently under the red light is very harmful to my eyes.

20. How do you do, Mr. Meyer? I have brought you (Literally: I bring you, am bringing you) a new acquaintance, Mr. Baxter, from New York. He would like you to develop a few rolls of film for him. (Literally: He would like to give you a few film rolls for developing.)

21. A pleasant call, Professor. What can I do for you, Mr. Baxter? (Literally: What stands at service?)

22. Please develop these 35 mm. (film) strips for me, and at the same time (**zugleich**) make two prints each (**je**) of the best exposures; but only of the ones that have turned out well (**gelungen**).

23. Do you wish the prints in the same small size as the negatives, Mr. Baxter?

---

² Accusative form, because object of the verb bringen. Note the declension:

SINGULAR		PLURAL	
Nom.	der Herr	*Nom.*	die Herren
Gen.	des Herrn	*Gen.*	der Herren
Dat.	dem Herrn	*Dat.*	den Herren
Acc.	den Herrn	*Acc.*	die Herren

³ 35 millimeters, standard width for movie film and minicameras.

⁴ Zugleich, *at the same time;* sogleich, *immediately.*

24. Es wäre vielleicht besser, wenn Sie die Bilder alle auf 9 x 12 (neun mal zwölf) vergrössern.

25. Gut, machen wir. Morgen abend können Sie sie abholen. Auf Wiedersehen, meine Herren!

DIE ZEIT ANGEBEN

1. Herr Professor, ich wollte Sie schon längst bitten, mir zu erklären, wie man die Zeit auf deutsch angibt. In einem fremden Lande fürchte ich mich fast ebenso sehr vor[1] der Uhr wie vor dem Telephon.

2. Ein recht praktischer Vorschlag, Herr Baxter. Vor allem die einfachste und kürzeste Form der Zeitangabe: es ist jetzt zehn Uhr fünfzehn; es ist zweiundzwanzig fünfzehn.

3. Das finde ich sehr vernünftig, dass man in Deutschland vierundzwanzig Stunden zählt und nicht zu sagen braucht, ob es Vormittag oder Nachmittag ist.

4. Nur muss ich Ihnen erklären, dass dieses System (zɪs'teːm) hauptsächlich im Reiseverkehr, beim Radio und beim Fernseher[2] gebraucht wird. Im gewöhnlichen Verkehr werden die älteren Wendungen[3] vorgezogen.

5. Bitte, Herr Professor, einige Beispiele!

6. Also, für die Viertelstunden berechnet man die Zeit mit Rücksicht auf die folgende Stunde. Vier Uhr fünfzehn heisst: Viertel fünf; sechs Uhr dreissig heisst: halb sieben; acht Uhr fünfundvierzig heisst: dreiviertel neun, und so weiter (usw).

7. Ebenso geläufig[4] ist die Ausdrucksweise, die Sie wohl vorziehen werden, weil sie gerade wie im Englischen ist: (ein) Viertel nach vier; sechseinhalb; (ein) Viertel vor neun. Bei den Minuten gebraucht man auch "nach" und "vor."

---

[1] Note the difference when vor is used after fürchten: ich fürchte mich vor dem Hund, *I am afraid of the dog;* ich fürchte, Sie haben mich missverstanden, *I fear you have misunderstood me.*—[2] Television (set).—[3] Wenden means *to turn,* Wendungen, *turns of expression.*

24. It would be better, perhaps, if you enlarged all the pictures to 9 x 12 cm.

25. Fine, it shall be done. (Literally: Let us do [it].) You can call for them (**abholen**) to-morrow evening. Good-bye, gentlemen!

TO STATE THE TIME

1. Professor, I have long wanted to ask you to explain to me how to state the time in German. In a foreign country I am almost as much afraid of the clock as of the telephone.

2. A very practical suggestion, Mr. Baxter. First of all, the simplest and shortest way of stating the time: it is now ten fifteen a.m.; it is ten fifteen p.m.

3. I think it is very sensible to count twenty-four hours (in the day) in Germany, so that one does not need to say whether it is a.m. or p.m.[5]

4. Only I must explain to you that this system is used chiefly in connection with travel, radio, and television. In ordinary conversation the older forms are preferred.

5. Please, Professor, a few examples.

6. For the quarter hours, the time is stated with reference to the next hour following: four fifteen is "a quarter (on) five"; six thirty is "half (on) seven"; eight forty-five is "three quarters (on) nine," and so on.

7. Just as frequently used are the expressions which you will doubtless (**wohl**) prefer, because they are like the English: a quarter past four; half past six; a quarter to (before) nine. With the minutes we also use *after* and *to* or *before*.

---

[4] Geläufig is derived from the verb "laufen", *to run*. It means *current*, which we derive from Latin curro, *to run*.

[5] Obviously, since the counting of the 24 hours begins at (after) midnight. Noon is therefore 12 o'clock, and midnight 24 o'clock.

8. Bitte, sehen Sie mal, ob meine Uhr richtig geht!

9. Ja, Herr Baxter, wenn meine nur richtig ginge![1] Aber meine Uhr geht fünf Minuten vor. Ich habe zehn Minuten nach vier, und Sie haben Punkt vier Uhr, also geht Ihre Uhr fünf Minuten nach.

10. Haben Sie Ihre Uhr gestern abend aufgezogen? Und wissen Sie, warum man "aufziehen" sagt, und nicht "aufwinden"?

11. Ich glaube, ich kann es erraten, Herr Professor,—weil man an den alten Wanduhren die Gewichte alle zwölf Stunden wieder hoch- oder aufziehen musste.

12. Ganz richtig! Und haben Sie schon vom Nürnberger Ei gehört? Nein? Nun, so nannte[2] man die erste Taschenuhr, die anno dazumal[3] in der Stadt Nürnberg verfertigt (fɛrˈfɛrtɪçt) wurde und die Form eines Hühnereis hatte.

13. Plötzlich fällt mir ein, dass ich versprochen hatte, meinen Freund McGregor heute nachmittag um halb fünf anzurufen. Bitte, wo und wie kann ich das machen?

14. Gehen Sie ungefähr zweihundert Schritte in dieser Strasse weiter, dann sehen Sie gerade gegenüber ein Postamt. Dort finden Sie einen Münzfernsprecher. Das Weitere ganz wie bei Ihnen zu Hause.

---

[1] "Ginge" is in the subjunctive mood. It is really a conditional sentence, with the result clause unexpressed: *If my watch were accurate (I could tell you whether yours is correct).*

[2] The principal parts of the irregular and strong verbs in the sentences above are:

> nennen, nannte, genannt
> versprechen, versprach, versprochen
> anrufen, rufe an, rief an, angerufen
> gehen, ging, gegangen
> sehen, sah, gesehen
> finden, fand, gefunden
> werfen, warf, geworfen
> nehmen, nahm, genommen, the present is conjugated:
>   ich nehme, du nimmst, er nimmt, wir nehmen, etc.

8. Please see if my watch is correct!

9. Yes, Mr. Baxter, if only mine were accurate. But my watch is five minutes fast. I have ten minutes after four, and you have exactly [**Punkt**] four. So your watch is five minutes slow. (Literally: My watch goes five minutes ahead,—your watch goes five minutes behind.)

10. Did you wind your watch last night, and do you know why one says "aufziehen" (pull up) in German, and not "aufwinden" (wind up)?

11. I think I can guess (it) Professor,—because on the old wall clocks one had to pull up the weights every twelve hours.[4]

12. Quite right. And have you ever heard of the Nuremberg egg? No? Well then, that is what they (**man**) called the first watch ever made, which was manufactured in Nuremberg in the year "so-and-so" and which was in the shape of a hen's egg.

13. It suddenly occurs to me that I had promised to call my friend McGregor on the telephone this afternoon at half past four. Please (tell me) where and how I can do that.

14. Go about two hundred paces farther down this street; right across the street you will see a post office, and in it you will find a coin telephone. The rest of it is just the same as with you at home.

---

[3] "Dazumal", like damals, means *at that time*, and the phrase "anno dazumal" is often jocularly used when one has forgotten the exact date.

[4] Note the idiomatic German "alle zwölf Stunden."

15. Nein, wirklich? Das ist ja grossartig! ('gro:sartıç)

16. Sie werfen zwanzig Pfennig in den Apparat und halten den **Hörer** ans Ohr. Dann drehen Sie die Nummernscheibe und wählen **die** Nummer, die Sie im Telephonbuch gefunden haben.

DAS SCHAUSPIEL—SHAKESPEARE—DAS THEATER

1. Ich möchte Sie um[1] Ihren Rat bitten, Herr Professor: meinen Sie, dass ich nun[2] im Deutschen weit genug bin, um ein Theaterstück[3] in deutscher Sprache verstehen zu können?

2. Gestatten Sie, dass ich Ihnen einen Vorschlag mache: versuchen Sie es mit einem Stück von Shakespeare, und nehmen Sie den englischen Text mit ins Theater. Dann können Sie die Reden Zeile für Zeile nachlesen.

3. In der Regel habe ich für Übersetzungen nicht viel übrig; wahrscheinlich würde ich sehr enttäuscht sein.

4. Im Gegenteil, ich glaube, es wäre eine angenehme Überraschung für Sie. Die Verdeutschung von Shakespeares sämtlichen dramatischen Werken ist zweifellos eines der grössten Meisterstücke der Übersetzung in der ganzen Weltliteratur.

5. Was Sie sagen! Werden Shakespeares Dramen[3] oft in Deutschland aufgefürt?

6. In manchen Theatersaisons[4] sind die Shakespeare-Aufführungen in Deutschland sogar häufiger als in seinem eigenen Lande. (te:'a:tərsɛ:zɔŋs)

7. Wann hat denn diese Shakespeare-Begeisterung in Deutschland angefangen?

---

[1] The preposition um, with the verb bitten, is highly idiomatic: jemand *um* etwas bitten, *to ask someone for something*. Distinguish between fragen (weak vb.) *to ask a question*, bitten, bat, gebeten, *to request, to ask for* (um) *something*, bieten, bot, geboten, *to offer* (sometimes anbieten), beten, betete, gebetet—*to pray to God*.

[2] "Nun", *now*, differs from "jetzt", *now*, by implying the idea of *now in view of what has happened*, while "jetzt" simply means *now at this time*. Er hat **sein** Geld verschwendet, nun mag er sehen, wie er durchkommt: *he has wasted his money, now* (*consequently*) *he will have to see how he gets along.*

15. No, really? Why, that's just grand!

16. You drop 20 Pfennigs into the apparatus, and hold the receiver to your ear. Then you turn the dial and dial (Literally: select.) the number which you have looked up in the telephone book.

DRAMA—SHAKESPEARE—THEATRE

1. I should like to ask your advice, Professor: do you think I am now sufficiently advanced in my study of German to be able to understand a play in the German language?

2. Allow me to make a suggestion: try it on a play of Shakespeare and take your English text with you to the theater; then you can follow the speeches line by line. (Literally: Then can you the speeches line for line read-after.)

3. As a rule I don't care much for translations; I should probably be greatly disappointed. (Literally: In the rule have I for translations not much left.)

4. On the contrary, I believe it would be an agreeable surprise for you. The German version (Literally: **Germanizing**) of Shakespeare's complete dramatic works is undoubtedly one of the greatest masterpieces of translation in world literature.

5. You don't say! Are the dramas of Shakespeare performed often in Germany?

6. In many theatrical seasons Shakespeare performances are even more numerous in Germany than in his own country.

7. When did this Shakespeare enthusiasm in Germany begin?

---

[3] Learn the word-group: das Theaterstück, das Schauspiel, *the play, drama;* das Drama, *the drama,* das Lustspiel (die Komödie, ko'mø:dɪə), *the comedy,* das Trauerspiel (die Tragödie, tra'gø:drə), *the tragedy.*

[4] "Saison" is pronounced about as in French, with nasalized final n. Foreign nouns frequently take the plural ending -s.

8. Ungefähr um die Wende vom achtzehnten zum neunzehnten Jahrhundert. Schon der junge Goethe war von Shakespeare ganz begeistert; die grosse Übersetzung war jedoch das krönende Werk der Romantischen Schule, und ist bis auf den heutigen Tag nicht übertroffen worden.

9. Ich kann mir nicht vorstellen, Herr Professor, dass die Glanz- stellen—ich meine z.B. die grossen Monologe,—in einer Über- setzung ebenso leuchten wie im Original. (ɔrɪgɪ'naːl)

10. Na dann hören Sie sich mal[1] dies an:
   "Sein oder Nichtsein, das ist hier die Frage:
      Ob's edler im Gemüt, die Pfeil' und Schleudern
      Des wütenden Geschicks erdulden, oder
      Sich waffnend gegen eine See von Plagen,
      Durch Widerstand sie enden?"

11. Das ist ja fabelhaft![2] Der Anfang des grossen Hamlet-Monologs! —Wird gerade jetzt ein Stück von Shakespeare gespielt?

12. Erst nächste Woche. Dann können Sie "Der Widerspenstigen Zähmung" im Nationaltheater sehen.

13. Zähmung bedeutet taming, nicht wahr? Ei, natürlich! The Taming of the Shrew. Und das Stück ist einfach ein Gaudium! Das darf ich ganz bestimmt nicht verpassen.

14. Wie steht es mit den Eintrittskarten?

15. Ich rate Ihnen, sie im voraus an der Kasse zu lösen,[3] und Ihren Platz in der Mitte des Parketts, womöglich in der ersten oder zweiten Reihe zu wählen.

16. Da ich die Sprache noch nicht gut verstehen kann, wenn ich sie nicht sehr deutlich höre, will ich Ihren Rat gern befolgen.[4]

17. Vielleicht sollte ich Sie daran erinnern, dass man die Garderobe[5] abgibt. Das kostet 50 Pf. pro Person. Sie bezahlen auch einen kleinen Preis für das Programm, welches Ihnen die Logen- schliesserin überreicht. Also, viel Vergnügen!

---

[1] *Listen to this now.* — [2] One of the most "overworked" of German superlatives: *marvelous, magnificent, etc.* — [3] "Lösen" is used instead of kaufen in speaking of the purchasing of tickets. It also means *to solve*, a problem, a riddle; auflösen, *to dissolve*, an organization, or a salt in water; erlösen, *to release, redeem*, often with the religious meaning: "der sündigen Menschheit Erlösung," "*The redemption of sinful mankind.*"

8. At about the turn from the eighteenth to the nineteenth century. Even young Goethe was captivated by Shakespeare; but the great translation[6] was the crowning work of the Romantic School, and has not been surpassed until this day.

9. I cannot imagine, Professor, that the high spots—I mean, for example, the great monologues,—could shine in any translation as they do in the original.

10. But just listen to this:
   "To be, or not to be; that is the question:
   Whether 'tis nobler in the mind to suffer
   The slings and arrows of outrageous fortune,
   Or to take arms against a sea of troubles,
   And by opposing, end them?"

11. Why, that is magnificent! The beginning of the great Hamlet monologue! Is a play by Shakespeare being given just now?

12. Not until next week. Then you will be able to see "Der Widerspenstigen Zähmung" at the National Theater.

13. "Zähmung" means taming, doesn't it? Why, of course! "The Taming of the Shrew." And isn't it a riot! I must surely not miss that.

14. How about getting the tickets?

15. I advise you to get them in advance at the box-office, and to choose your seat in the middle of the orchestra, if possible in the first or second row.

16. Since I am not yet able to understand the language well unless I hear it very distinctly, I shall gladly follow your advice.

17. Perhaps I should remind you that coats and hats have to be checked. (Literally: that one hands in.) That costs 50 Pfennigs per person. You also (have to) pay a small price for the program which the usher (fem.) will hand you. Well, have a good time!

---

[4] Folgen, *to follow*, is an intransitive verb, and governs the dative: ich folge ihm gern, *I gladly follow him;* but the prefix be- makes many intransitive verbs transitive, so that they take their object in the accusative, as here.

[5] "Garderobe" = coats and hats.

[6] It is called the Schlegel-Tieck Translation. August Wilhelm Schlegel translated 17 plays, beginning 1797, and the rest were done by Dorothea Tieck, daughter of the great romanticist Ludwig Tieck, in collaboration with Count Baudissin.

VOKABELN	VOCABULARY
Das Ei, die Eier (aɪ—'aɪəʀ)	The egg, the eggs
Weiche Eier ('vaɪçə)	Soft boiled egg
Harte Eier ('hartə)	Hard boiled eggs
Rühreier ('ʀʏːʀaɪəʀ)	Scrambled eggs
Spiegeleier ('ʃpiːgəlaɪəʀ)	Fried eggs
Verlorene Eier	Poached eggs
Wie wünschen Sie die Eier, weich oder hart?	How do you want your eggs, soft boiled or hard?
Lassen Sie sie drei Minuten kochen. ('kɔxən)	Let them boil three minutes.
Das Salz (zalts)	The salt
Der Pfeffer ('pfɛfəʀ)	The pepper
Der Zucker ('tsʊkəʀ)	The sugar
Die Milch (mɪlç)	The milk
Die Sahne ('zaːnə)	The cream
Der Essig ('ɛsɪç)	The vinegar
Das Öl (øːl)	The oil
Der Mostrich ('mɔstrɪç)	The mustard
Das Salzfass ('zaltsfas)	The salt-cellar, salt shaker
Die Zuckerdose ('tsʊkəʀdoːzə)	The sugar bowl
Die Kaffeekanne ('kafeːkanə)	The coffee-pot
Die Teekanne ('teːkanə)	The tea-pot
Der Eierbecher ('aɪəʀbɛçəʀ)	The egg-cup
Einschenken ('aɪnʃɛŋkən)	To pour out
Bitte schenken Sie mir noch eine Tasse Tee ein.	Please pour out another cup of tea for me.
Frisches Wasser ('frɪʃəs 'vasəʀ)	Fresh water
Bitte, geben Sie mir ein Glas Wasser ein.	Please give me a glass of water.
Kaltes Wasser ('kaltəs)	Cold water
Warmes Wasser ('varməs)	Warm water
Lauwarmes Wasser ('laʊvarməs)	Lukewarm water
Heisses Wasser ('haɪsəs 'vasəʀ)	Hot water
Eiswasser ('aɪsvasəʀ)	Iced water
Eine Karaffe (ka'rafə)	A decanter, pitcher

VOKABELN	VOCABULARY
Das Tafelgeschirr	**The Dishes**
('taːfəlgəʃɪr)	

Den Tisch decken (tɪʃ 'dɛkən)	To lay the table
Der Teller ('tɛlər)	The plate
Rein (raɪn)	Clean
Bitte bringen Sie reine Teller.	Please bring clean plates.
Der Suppenteller ('zʊpəntɛlər)	The (soup-plate), soup bowl
Die Schüssel ('ʃrsəl)	The dish
Die Suppenschüssel ('zʊpənʃrsəl)	The soup-tureen
Der Löffel ('lœfəl)	The spoon
Der Suppenlöffel ('zʊpənlœfəl) } Der Esslöffel ('ɛslœfəl)	The tablespoon
Der Teelöffel ('teːlœfəl)	The teaspoon, coffee spoon
Einen Löffel voll (fəl)	A spoonful
Die Gabel ('gaːbəl)	The fork
Das Messer ('mɛsər)	The knife
Geben Sie mir ein reines Messer.	Give me a clean knife.
Das Tischtuch ('tɪʃtʊx)	The table-cloth
Die Serviette (zɛr'vjɛtə)	The napkin
Sie haben mir keine Serviette gebracht.	You did not bring me a napkin.
Das Gedeck (gə'dɛk)	The cover
Legen Sie noch ein Gedeck auf.	Put on another cover, *i.e.*, set another place.
Das Glas; die Gläser (glas— 'glɛːzər)	The glass; the glasses
Das Milchkännchen ('milçkɛnçən)	The creamer
Das Weinglas	The wine-glass
Ein Glas Wein	A glass of wine
Die Tasse	The cup
Die Untertasse ('ʊntərtasə)	The saucer
Der Korkenzieher ('kɔrkəntsiːər)	The corkscrew
Servieren Sie den Kaffee (zɛr- 'viːrən)	Serve the coffee.
Decken Sie den Tisch ab.	Take off the things; clear the table.

VOKABELN	VOCABULARY
Die Reise	**The Journey**
('raɪzə)	

Eine Reise machen	To make a journey
Wollen Sie eine Reise machen?	Are you going to take a journey?
Ich will eben eine Reise nach Europa machen.	I am on the point of taking a trip to Europe.
Wo reisen Sie hin¹?	Where are you going?
Ich reise nach Deutschland.	I am leaving for Germany.
Verreisen (fɛ'raɪzən)	To go out of town
Ich werde morgen verreisen.	I am going out of town to-morrow.
Ist Ihr Herr Gemahl verreist? (gə'ma:l)	Is your husband out of town?
Die Fahrt (fa:rt)	The journey; the drive
Haben Sie eine gute Fahrt gehabt?	Did you have a good journey?
Auf Wiedersehen, glückliche Reise!	Good-bye, (I hope you will have) a pleasant journey.

Die Eisenbahn	**The Railroad**
('aɪzənba:n)	

Der Bahnhof	The railroad station
Die Station (ʃta'tsjo:n)	The station
Von welchem Bahnhof fahren Sie?	From which station are you going?
Ich fahre vom Hauptbahnhof ab. ('haʊptba:nho:f)	I leave from the Central Station.

Die Fahrkarte; die Fahrkarten	**The Ticket; the Tickets**
('fa:rkartə)	

Der Fahrkartenschalter	The ticket-office
Können Sie mir vielleicht sagen, wo der Fahrkartenschalter ist?	Can you please tell me where the ticket-office is?

---

¹ The directive particles *hin* and *her* are combined with various prepositions and adverbs and are important. *Where are you going?*, Wo gehst du *hin*, or *wohin* gehst du? Note that *hin* means *away from the speaker*, *her* means *toward the speaker*: Kommen Sie herauf, *come up* (to me: *the speaker is above*); gehen Sie hinauf, *go up* (*the speaker is below*).

VOKABELN

Bitte, wo bekommt man die Fahrkarten?

Die zweite Türe rechts (links)

Auf dieser Seite

Auf der anderen Seite

Gerade gegenüber (ge:gən′ɣ:bəʀ)

Bitte geben Sie mir eine Fahrkarte nach Wiesbaden. (′vi:s-ba:dən)

Eine Fahrkarte erster Klasse

Eine Fahrkarte zweiter Klasse

Wünschen Sie eine Fahrkarte erster oder zweiter Klasse?

Die Rückfahrkarte

Wie lange sind Rückfahrkarten gültig? (′gɣltɪç)

Rückfahrkarten sind auf einen Monat gültig. (′mo:nat)

Der Zuschlag

Für den D-Zug müssen Sie einen Zuschlag bezahlen.

Wieviel kostet eine Fahrkarte von hier nach Salzburg? (′zalts-bʊrk)

Der Gepäckträger

Träger, bitte geben Sie mein Gepäck auf.

Wie viele Stücke haben Sie? (′ʃtɣkə)

Der Koffer, die Koffer.

Der Handkoffer

Die Reisetasche (′raɪzətaʃə)

Die Hutschachtel (′hu:tʃaxtəl)

Seien Sie vorsichtig mit meiner Hutschachtel. (′fo:rzɪçtɪç)

Der Gepäckschein

VOCABULARY

Where do I get my tickets, please?

The second door to the right (to the left)

On this side

On the other side

Right opposite; straight before you

Please give me a ticket to Wiesbaden.

A first-class ticket

A second-class ticket

Do you want a first or a second-class ticket?

The round trip ticket

How long are round trip tickets good?

Round trip tickets are good for a month.

Additional charge

For an express train you must pay an additional charge.

How much is a ticket from here to Salzburg?

The porter, red-cap

Porter, please check my baggage. (luggage)

How many pieces have you?

The trunk; the trunks.

The suitcase

The bag

The hat-box

Be careful with my hat-box.

The check

VOKABELN	VOCABULARY
Bitte geben Sie mir Ihre Fahrkarte; ich werde Ihnen den Gepäckschein gleich bringen.	Please give me your ticket; I will bring you your check at once.
Das Freigepäck ('fraɪgəpɛk)	The free baggage
Auf den deutschen Eisenbahnen gibt es kein Freigepäck, abgesehen von kleineren Stücken, die man als Handgepäck in das Abteil mitnehmen[1] darf.	No baggage is carried free on German railroads, except smaller pieces which one is allowed to take as hand baggage into the compartment.
Die Gebühr.	The fee; charge.
Alles Gepäck, welches aufgegeben wird, kostet eine kleine Gebühr, je nach Gewicht und Entfernung.	For all baggage that is checked there is a small charge according to (**je nach**) weight and distance.

Der Wartesaal
('vartəza:l)

Bitte, wo ist der Wartesaal?	Where is the waiting-room, please?
Die Türen werden zehn Minuten vor Abgang des Zuges geöffnet. (tse:n mi:'nu:tən fo:ʀ 'apgaŋ —gə'œfnət)	The doors are opened ten minutes before the departure of the train.
Das Büffet[2] (bʏ:'fɛt)	The buffet; lunch counter

Einsteigen
('aɪnʃtaɪgən)

Der Reisende; die Reisenden ('raɪzəndə)	The traveler; the travelers
Der Passagier;[3] die Passagiere (pasa'ʒi:ʀ)	The passenger; the passengers
Bitte, steigen Sie ein.	Please get on.
Einsteigen!	All aboard!

---

[1] "Mitnehmen" is seperable verb: ich nehme mit, ich nahm mit, ich habe mitgenommen.—[2] French pronunciation.—[3] The *g* has the French pronunciation.

PART FIVE

CONTENTS

TRENNBARE ZEITWÖRTER

1. Darf ich Sie bitten, Herr Professor, mir die Regel[1] für die trennbaren Zeitwörter noch einmal zu erklären?

2. Mit Vergnügen! Die Trennung findet nur in Hauptsätzen statt,
   wenn das Zeitwort entweder im Präsens, Imperfekt oder Im-
   perativ steht: er steht auf, er stand auf, stehe auf!

3. Ich bemerke, dass Sie jedesmal den trennbaren Teil (Präposition
   oder Adverb) stark betonen.

4. Wir wollen also in unsrer heutigen Unterhaltung möglichst viele
   Beispiele für diese Konstruktion einführen.

5. Gut! Um wieviel Uhr sind Sie denn zu Bett gegangen?

6. Ich war gestern abend in Gesellschaft und bin erst[2] nach Mitternacht nach Hause[3] gekommen.

7. Und haben Sie nicht gut geschlafen?

8. Nein, als ich nach Hause kam, war ich so abgespannt und müde,
   dass ich lange nicht einschlafen konnte, und aus diesem Grunde
   bin ich heute morgen so spät aufgestanden.

9. Gehen Sie heute abend wieder aus?

10. Nein, nicht heute abend, aber für morgen abend habe ich eine
    Einladung angenommen.

11. Sie nehmen, wie mir scheint, viele Einladungen an?

12. O nein, ich nehme lange nicht alle Einladungen an, die ich
    bekomme. Einladungen von Familien, in denen ich mich wohl
    fühle, nehme ich an; alle anderen lehne ich ab.

13. Ihr Herr Bruder geht nicht so viel aus wie Sie, nicht wahr?

---

[1] Most nouns in -el denoting an instrument or tool (der Hebel, *lever*, der Prügel,
club) are masculine. "Die Regel" is feminine because of its Latin derivation. See
Part X for "gender according to Form."

SEPARABLE VERBS

1. May I ask you, Professor, to explain to me once more the rule for the separable verbs?

2. With pleasure. Separation occurs only in a principal clause, when the verb is either in the present or past tense, or in the imperative: he gets up, he got up, get up!

3. I notice that you always stress the separable part, the preposition or adverb.

4. Then (**also**) let us in to-day's conversation introduce as many illustrations of this construction as possible.

5. Very well! At what time did you go to bed?

6. Last evening I was at a party, and did not get home until after midnight.

7. And did you not sleep well?

8. No, when I came home I was so worn out and tired that I could not go to sleep (**einschlafen**) for a long time (**lange**) and for that reason I arose so late this morning.

9. Are you going out again this evening?

10. No, not to-night, but I have accepted an invitation for to-morrow evening.

11. It seems to me you accept quite a number of invitations.

12. Oh no, I do not by any means (**lange**) accept all the invitations I receive. Invitations from families where I feel at home, I accept; all others I refuse.

13. Your brother does not go out as much as you do, does he?

---

[2] Erst nach Mitternacht: *not until after midnight*, erst means *first*, but is here used idiomatically.

[3] The German distinguishes "nach Hause" and "zu Hause" thus: Er geht, kommt, nach Hause, *he is going, coming, home;* er ist, bleibt, zu Hause, *he is, remains, at home.*

14. Nein, mein Bruder zieht so ungern einen Gesellschaftsanzug[2] an. Aber mir ist das einerlei.[1] Ich ziehe mich in wenigen Minuten um.[3]

15. Oh, ehe ich es vergesse: Sie haben ja Ihre Wohnung gewechselt. Sie sind umgezogen,[3] nicht wahr?

16. O nein, ich bin noch in meiner alten Wohnung. Ich ziehe erst übermorgen um.

17. Ah, da habe ich mich also geirrt. Aber ehe Sie umziehen, sind Sie wohl so freundlich, mir Ihre neue Adresse zu geben.

18. Selbstverständlich! Aber bitte erklären Sie mir, weshalb hier in diesem Satze "ehe Sie umziehen" keine Trennung stattfindet. Das ist doch die Gegenwart.

19. Die Gegenwart ist es freilich, aber trotzdem kann keine Trennung stattfinden, weil das ein Nebensatz und kein Hauptsatz ist. (′trɔtsde:m—′ne:bənzats)

20. O ja, das hatte ich übersehen. Man übersieht so vieles im Deutschen. (ʏ:bəʀ′ze:ən—ʏ:bəʀ′zi:t)

21. Und das bringt mich auf das Zeitwort "aussehen." Fühlen Sie sich heute nicht wohl? Sie sehen blass aus.

22. Finden Sie wirklich, dass ich blass aussehe (′ause:ə), oder sagen Sie das nur, um einen Satz mit "aussehen" zu bilden?

23. Nein, ich finde wirklich, dass Sie blass aussehen. Fehlt Ihnen etwas?

24. Mir fehlt gar nichts. Ich befinde mich vollkommen wohl, und wenn ich etwas angegriffen aussehe, so kommt das wahrscheinlich von meinem späten Aufbleiben.

25. Und wie geht es Ihrem Herrn Gemahl? Ist er wieder völlig hergestellt?

---

[1] The suffix -lei means "kinds of"—mancherlei, vielerlei Menschen, many kinds of people, hence einerlei, *of only one kind*. Es ist mir einerlei, es ist mir alles eins—*it is all one and the same* to me. For this idea the German has an amusing slang expression: das ist mir völlig Wurst (pronounced vurʃt) *that's all "sausage" to me!*

[2] The German names of the more usual types of men's suits are: der Jackettanzug (Strassenanzug) *the business suit;* einreihig, *single breasted,* zweireihig (*two*

14. No, my brother detests putting on a dress suit. But it is all the same (**einerlei**)[1] to me. I dress in a few minutes.

15. Oh, before I forget it: you have changed your residence? You have moved, have you not?

16. Oh no, I am still in my old residence. I am not moving until day after to-morrow.

17. Ah, then I was mistaken. (Literally: have I [myself] erred.) But before you move, you'll be kind enough to give me your new address.

18. Of course! But please explain to me why there is no separation in the clause "ehe Sie ausziehen." It is the present tense.

19. It is, indeed, the present tense, but nevertheless (**trotzdem**) there can be no separation, because it is a subordinate clause, and not a main clause.

20. Oh yes, I had overlooked that. One overlooks so much in German.

21. And that brings me to the verb *to look*. Do you not feel well to-day? You look pale.

22. Do you really think I am looking pale, or do you only say so to form a sentence with "aussehen"?

23. No, I really think you are looking pale. Is anything the matter with you? (Literally: lacks to you anything?)

24. Nothing is the matter with me. I am perfectly well, and if I look a little pale, it is probably due to (literally: comes it probably from) my having retired so late (my late "staying up").

25. And how is your husband? Has he quite recovered?

---

rows of buttons) *double breasted;* der Cutaway, *morning coat;* der Smoking, *tuxedo, tux;* der Frack, *dress coat.* The proper choice is determined more by the nature of the function than by the time of day.

[2] "Sich umziehen," to dress (= change one's dress). "Umziehen", to move (= to change one's residence).

26. Oh danke, es geht ihm wieder ganz gut. Er sieht wieder frisch und gesund aus.

27. Das freut mich sehr. Aber was suchen Sie denn?

28. Ich sehe eben nach, ob ich meinen Regenschirm (′re:gənʃɪrm) bei mir habe. Es sieht nach Regen aus.

29. Ja, Sie haben recht. Es sieht wirklich nach Regen aus.[1] Einen Augenblick. Ich leihe[2] Ihnen meinen Regenschirm. Ohne Regenschirm kann ich Sie nicht nach Hause gehen lassen.

30. Danke sehr. Sie sind sehr liebenswürdig. (′li:bənsvʏrdɪç) Sie bekommen ihn in einer halben Stunde wieder.

31. Sie brauchen nicht so damit zu eilen. Ich habe mehrere Regenschirme. Bringen Sie ihn lieber am Donnerstag mit, wenn Sie zu Ihrer nächsten Stunde kommen.

32. Wenn ich Ihnen irgend einen Gegendienst (′ge:gəndi:nst) leisten könnte, Herr Professor, würde es mich sehr freuen.

33. Nun, Herr Baxter, Ihr freundliches Anerbieten (′anɛrbi:tən) wird nicht abgelehnt. Auf Ihrem Weg nach Hause kommen Sie an einem Postamt vorbei. Sie tun mir einen grossen Gefallen, wenn Sie dort eine Marke aufkleben wollten.

34. Aber selbstverständlich, mit Vergnügen, Herr Professor! (′sɛlpstverʃtɛntlɪç)

35. Der Brief ist nämlich leider nicht frankiert, sonst könnten Sie ihn in den ersten besten Briefkasten werfen. Hier sind zwanzig Pfennig für das Porto.

---

[1] Sehen, *to see, to look;* aussehen, sah aus, ausgesehen, *to have the appearance of;* er sieht aus wie ein ehrlicher Mensch, *he looks like an honest person;* er hat viel Unglück gehabt; Ja, er sieht ganz danach aus: *he has had much misfortune. Yes, he looks like it* (*looks as though he had*).

26. Oh, thanks, he feels fine and looks hale and hearty again.

27. I am very glad of that. But what are you looking for?

28. I am just (**eben**) looking to see whether I have my umbrella with (**bei**) me. It looks like rain.

29. You are quite right. It really looks as if it were going to rain. (Wait) a moment, I will lend you my umbrella. I cannot let you go home without an umbrella.

30. Many thanks, you are very kind. You shall have it back in half an hour.

31. You need not hurry so. I have several umbrellas. Bring it (rather [**lieber**]) along on Thursday when you come for your next lesson.

32. If I could do you any favor in return (**Gegendienst**), Professor, I should be very happy.

33. Well, Mr. Baxter, your kind offer will not be refused. On your way home you will pass a post office. You will do me a great favor if you will put a stamp on (this letter).

34. Why certainly, with pleasure, Professor!

35. Unfortunately the letter has no stamp, otherwise you could drop it into the first [**ersten besten**] letter box you come to. Here are 20 Pfennig for the postage.

---

¹ Properly speaking, leihen is *to lend*, and borgen, *to borrow:* But colloquially the German uses borgen *both ways:* ich borge Ihnen gern zehn Mark, *I'll gladly lend you ten marks.* Student slang for "borgen" is "pumpen!"

A TYPICAL SENTENCE[1]

Sie hätten bei diesem Regenwetter nicht ohne Regenschirm ausgehen sollen. Infolge Ihrer Unvorsichtigkeit haben Sie sich eine böse Erkältung zugezogen, und Sie werden tagelang das Zimmer hüten müssen, ehe Sie Ihre Reise fortsetzen können.

ONCE MORE, IN FAMILIAR ADDRESS[2]

Du hättest bei diesem Regenwetter nicht ohne Regenschirm ausgehen sollen. Infolge deiner Unvorsichtigkeit hast du dir eine böse Erkältung zugezogen, und du wirst tagelang das Zimmer hüten müssen, ehe du deine Reise fortsetzen kannst.

36. Warum sind Sie bei diesem veränderlichen Wetter ohne Regenschirm ausgegangen? Das hätten Sie nicht tun sollen.

Warum bist du bei diesem veränderlichen Wetter ohne Regenschirm ausgegangen? Das hättest du nicht tun sollen.

37. Ich hätte es auch bestimmt nicht getan, wenn ich nicht geglaubt hätte, das Wetter würde sich aufklären.

EIN AUSFLUG

1. Nun, Herr Baxter, Sie haben im Deutschen so gute Fortschritte gemacht,—heute lade ich Sie zu einem Ausflug an den Starnberger See ein.

2. Das ist eine ausgezeichnete Idee, Herr Professor, besonders bei diesem herrlichen Wetter.

3. Meine Frau hat schon ein Körbchen mit Essen für uns zurechtgemacht, und ich glaube, wir werden uns gut amüsieren.

4. Bestimmt! Hoffentlich kommt sie mit.

5. Leider nicht, denn gerade heute erwartet sie die Schneiderin. Aber unsre beiden Kinder Hans und Friedel würden sich riesig freuen.

---

[1] The first purpose of the typical sentence above is to impress upon eye, ear, and memory the form of the modal auxiliary in the pluperfect subjunctive and combined with a complementary infinitive (here "ausgehen"): Sie hätten nicht ausgehen sollen. Note that to translate the correct English phrase word for word is *wrong*.

A TYPICAL SENTENCE

You should not have gone out without your umbrella in this rainy weather. In consequence of your carelessness you have caught a bad cold, and you will be obliged to keep to your room for days before you will be able to continue your journey.

PRONUNCIATION

zi: 'hɛtən baɪ 'di:zəm 're:gənvɛtəʀ nɪçt 'o:nə 're:gənʃɪrm 'aʊsge:ən 'zɔlən. ɪn'fɔlgə 'i:rəʀ 'ʊnfo:rzɪçtɪçkaɪt 'habən zi: zɪç 'aɪnə 'bø:zə ɛr'kɛltʊŋ 'tsʊgətso:gən ʊnt zi: 'verdən 'ta:gelaŋ das 'tsɪməʀ 'hʏ:tən 'mʏsən, 'e:ə zi: i:rə 'raɪzə 'fɔrtzɛtsə 'kœnən.

36. Why did you go out in this changeable weather without your umbrella? You should not have done that.

37. I surely would not have done so, if I had not thought the weather would clear.

AN EXCURSION

1. Well, Mr. Baxter, you have made such good progress in your German (studies) that to-day I invite you to an excursion to Lake Starnberg.

2. That is an excellent idea, Professor, especially in this glorious weather.

3. My wife has already filled (Literally: prepared) a little basket with provisions for us, and I think we'll have a good time.

4. Definitely! I hope she is coming along.

5. Unfortunately not, because (**denn**) just do-day she is expecting the dressmaker. But our two (**beiden,** both) children, Hans and Friedel, would be delighted to go.

---

[2] The student should make a close comparison of the two forms of address throughout. The first (the "Sie" form) is the same for singular and plural, while the "du" form (singular) has a corresponding "ihr" (plural) form. Try to write this.

6. Ja, die müssen unbedingt mit, Herr Professor, selbstverständlich!

7. Macht schnell, Kinder, nur schnell, sonst versäumen[1] (fɛr-zɔʏmən) wir den Zug. Friedel, was diskutiert (dɪskuːˈtiːrt) ihr denn so eifrig?

8. Gelt,[2] Papa, du hast gesagt, ich darf das Körbchen tragen?

9. Aber Papa, ich bin ein Junge, und Friedel ist bloss ein Mädel. Das muss doch ein Junge machen!

10. Aber lieber Hans, du musst nicht vergessen, dass Friedel zwei Jahre älter und einen halben Kopf[3] grösser ist als du.

11. Wenn schon![4] Ich bin doch stärker als sie.

12. Na, ich will euch sagen, wie ihr das machen könnt: ihr fasst das Körbchen beide am Henkel, und tragt es zwischen euch.

13. Hans, hast du schon Hunger, oder bist du bloss neugierig? Kaum sitzt du im Zug, musst du schon in den Futterkorb gucken.[5]

14. Ich weiss schon, was drin ist: ein ganzes Dutzend Würstel (ˈvʏrstəl), Käsebrötchen, Äpfel, eine ganze Masse Kekse[6] und eine Flasche Milch!

15. Friedel, woher weisst du das alles?

16. Ich hab' zugesehen, als Mama die Sachen hineingetan hat.

17. Keine Sorge, Herr Baxter, die Milch ist für die Kinder. Unser Bier bekommen wir schon in der Wirtschaft in Starnberg.

18. Warum hält denn der Zug so lang in diesem Dorf, Papa? Ach, schau doch mal aus dem Fenster! Eine Hochzeit! (ˈhɔxtsaɪt)

19. Richtig, Kinder, eine ländliche Hochzeit—und welch ein buntes Bild! Die bayerischen Landestrachten sind doch die schönsten und farbenfrohesten in ganz Deutschland.

---

[1] Versäumen, to miss (a train) also means to *neglect* to do something: ich habe versäumt, meinem Vater zu schreiben. But "Did you miss me while I was away?" is Hast du mich vermisst?

[2] A colloquial equivalent of "nicht wahr?" in Southern Germany.

[3] This is the accusative of measure (either space, as here, or time, weight, or cost.)

6. Oh, they positively (**unbedingt**) must (come) along; that goes without saying.

7. Hurry, children, hurry, or we'll miss the train. Friedel, what are you two debating so earnestly?

8. Daddy, you did say that I might carry the basket, didn't you?

9. But, daddy, I am a boy, and Friedel is only a girl. That's a job for a boy. (Literally: That must after all a boy do.)

10. But my dear Hans, you must not forget that Friedel is two years older and half a head taller than you.

11. What of it? I'm stronger than she is, anyway. (**doch**)

12. Well, I'll tell you how you can do it: both of you take hold of the handle of the basket and carry it between you.

13. Hans, are you hungry already, or are you merely curious? You are scarcely on the train before you must peep into the food-basket!

14. I know what's in it: a whole dozen sausages, cheese sandwiches, apples, a whole lot of cookies, and a bottle of milk!

15. Friedel, how do you know all that?

16. I watched (Literally: I have looked on) while Mamma filled (Literally: put the things in) the basket.

17. Don't worry, Mr. Baxter, the milk is for the children. We'll get our beer all right (**schon**) at the inn in Starnberg.

18. Why does the train stop so long at this village, Papa? Oh, look through the window! A wedding!

19. Sure enough, children, a country wedding—and what a gay picture! After all (**doch**) the Bavarian peasant costumes are the prettiest and most colorful in all Germany.

---

⁴ What of it?—⁵ Colloquial for sehen—here "to peep into."

⁶ "Kekse" is an interesting borrowing from English *cake, cakes*, spelled in German according to the English sound. Not recognizing the s as a plural sign, the Germans added their own plural -e to the English plural, making it kekse. "Kekse" = cookies.

20. Siehst du die Braut dort in der Mitte der Gruppe, Friedel? Die mit dem Schleier und Myrtenkränzchen.

21. Natürlich, das unterscheidet sie von ihren zwei Brautjungfern, mit denen sie sich gerade unterhält.

22. Wenn man das bloss auf einem Farbfilm festhalten könnte, Herr Professor!

23. Das ist wahrscheinlich beim Hochzeitsessen geschehen, nachdem man mehr als einmal auf das Wohl der jungen Eheleute getrunken hatte.

24. Weisst du, Papa—ich möcht'[1] auch mal[1] so[1] 'ne Hochzeit haben! —Na, Friedel, ich denke, dazu hast du noch ein wenig Zeit!

25. Was sagst du, Hans?—Du sagst "Hochzeitsessen," und wir haben bloss Würstel und Käsebrötchen! Wer sind denn die Leute, Papa?

26. Ja, wie soll ich das wissen, Hans! Mir scheint's, als ob eine fesche Kellnerin einen strammen bayerischen Holzflösser geheiratet hätte. Sie gefallen mir beide, und so wünsche ich ihnen unbekannterweise alles Glück auf den Lebensweg!

27. "Nächste Station Starnberg, alles[2] aussteigen!" ruft der Schaffner. Na, Kinder, was wollt ihr am liebsten machen?

28. Ach, Papa, dürfen wir nicht Schuhe und Strümpfe ausziehen und ein bisschen am Ufer im Wasser waten? ('va:tən)

29. Ja, gern, wenn ihr hübsch vorsichtig seid und euch nicht zu weit hineinwagt! Herr Baxter und ich gehen einstweilen (aɪnst'vaɪlən) in die Wirtschaft. In zehn Minuten treffen[3] wir euch am Ufer.

HERR PEARSON VOM STURM ÜBERRASCHT

1. Guten Morgen, Herr Professor! Wie nett, dass Sie mich besuchen!

2. Guten Morgen lieber Herr Baxter! Vielleicht hätte ich es nicht getan, wenn ich gesehen hätte, wie sich im Westen[4] ein schweres Gewitter zusammenzieht.

---

[1] Note how in ordinary conversation some words are "clipped": ich möchte auch einmal so eine Hochzeit haben!

[2] The neuter singular alles (lit. everything) is often used to mean *everybody, all the people;* alles lief ans Fenster, *everybody ran to the window.*

20. Do you see the bride there in the middle of the group, Friedel? The one with the veil and the myrtle-wreath.

21. Of course, that distinguishes her from her two bridesmaids with whom she is talking just now (**gerade**).

22. If one could only get that (Literally: preserve) on a colored film, Professor!

23. That probably was done at the wedding meal after the health [**Wohl**] of the young couple had been drunk more than a few times.

24. Do you know, Daddy, I'd like to have a wedding like that too, some day (**mal**).—Well Friedel, I guess you'll have to wait a little while for that! (Literally: I think for that you still have a little time.)

25. What did you say, Hans?—You said "wedding meal," and we have nothing but sausages and cheese sandwiches! Who are these people, Daddy?

26. Why, how should I know, Hans. It looks to me as though a smart waitress had married a husky Bavarian raftsman. I like the looks of both of them, and so, even though a stranger (**unbekannterweise**), I wish them all happiness on life's way.

27. "Next station Starnberg! All out!" the conductor is calling. Well, children, what would you like best to do?

28. Oh, Daddy, can't we take off our shoes and stockings and paddle ([**waten**] = wade) in the water a little along the shore?

29. Why yes, if you promise to be careful and don't venture in too far. Meanwhile Mr. Baxter and I will go to the inn. In ten minutes we'll meet you on the shore.

MR. PEARSON CAUGHT IN THE RAIN

1. Good morning, Professor! How nice of you to come to see me!

2. Good morning, my dear Mr. Baxter! Perhaps I should not have done so, if I had noticed that (Literally: how) a heavy thunderstorm is gathering in the west.

---

³ Treffen, *to meet by agreement;* begegnen, *to meet by chance.*

⁴ The points of the compass are masculine nouns, and like the days and months are used with the definite article: der Norden, der Süden, der Osten, der Westen.

3. Nun, Sie sind jedenfalls noch zeitig unter Dach und Fach gekommen. Hoffentlich haben Sie's nicht eilig.

4. Nicht so sehr. Ein Gewitter hält gewöhnlich nicht lange an, und wir können so lange plaudern.

5. Das war gestern ein wundervoller Nachmittag am See, besonders für die Kinder. Das sind doch die echten Naturfreunde. Wir können von Glück sagen, dass dieses Gewitter uns nicht gestern in Starnberg überrumpelt hat. Sehen Sie nur, wie es jetzt blitzt und regnet!

6. Ja, Herr Baxter, das wäre wirklich Pech[1] gewesen, und hätte . . . Himmel, war das ein Donnerschlag! Das hat sicher irgendwo in der Nähe eingeschlagen.

7. Aber was ist denn das? Ein Wagen hält in diesem Gewitter vor der Tür. Wer kann das sein?

8. Wenn ich mich nicht sehr irre, so ist es Ihr Landsmann, Robert Pearson. Ach, da ist er schon!

9. Aber Robert, was führt dich bei diesem entsetzlichen Wetter hierher? Du bist ja nass bis auf die Haut! (ɛntˈzɛtslɪçən)

10. Ich bin nur über die Strasse gegangen, um ins Taxi zu steigen, und bei diesen paar Schritten bin ich durch und durch nass geworden.

11. Du musst dich sofort umziehen (ˈʊmtsiːən) sonst erkältest du dich auf den Tod.

12. Komm nur gleich in mein Schlafzimmer und zieh all deine Sachen aus!

13. Aber ich hatte dir eine Einladung zu bringen. Unser Freund McGregor lässt dich grüssen und . . .

14. Verzeih, dass ich dich unterbreche, aber deine Gesundheit ist mir wichtiger, als irgend eine Einladung. Erst zieh dich völlig um und erzähle mir nachher,[2] was dich herführt. (ʊntəʀˈbrɛçə— ˈvɪçtiːgəʀ)

---

[1] "Das Pech" (lit. pitch, tar) is colloquial for "Unglück", hard luck. Student slang for its opposite, good luck, is "Schwein(haben!").

3. Well, at all events (**jedenfalls**) you got under cover (**Dach und Fach**) in time. I hope you are not in a hurry.

4. Not so very. A thunderstorm usually does not last very long, and we can chat the while.

5. That was a wonderful afternoon we had at the lake yesterday, especially for the children. They are after all the real nature lovers. We were lucky (can speak of luck) that this thunderstorm did not overtake us at Starnberg yesterday. Just look at the lightning and the rain now!

6. Yes, Mr. Baxter, that would really have been hard luck, and would have . . . Good Heavens, what a clap of thunder! That certainly struck somewhere near by.

7. But what is this? A cab is stopping at the door, in this thunderstorm. Who can it be?

8. If I am not much mistaken, it is your countryman, Robert Pearson. Why, here he is (already: **schon**)!

9. But (my dear) Robert, what brings you here in this terrible weather? Why, you are wet to the skin!

10. I only went across the street to get into the taxi, and in these few steps I got wet through and through.

11. You must change your clothes at once or you'll catch your death of cold.

12. Come into my bedroom right away (**gleich**), and take off your things.

13. But I have an invitation for you. Our friend McGregor sends you his regards and . . .

14. Pardon me for interrupting you, but your health is of more importance to me than any invitation. First change your clothes completely, and then tell me what brings you here.

---

² Distinguish among nach, preposition, *after;* nachdem, conjunction, *after;* nachher, adverb, *afterward.*

15. Wie du willst. Aber ich erkälte mich wirklich nicht so leicht, wie du glaubst.

16. Hier ist alles, was du brauchst. Glücklicherweise sind wir beide gleich gross, und alles wird dir ausgezeichnet passen. (glɤklɪçər'vaɪzə)

17. Zieh nur sofort all deine feuchten Kleidungsstücke ('fɔɪçtən 'klaɪduŋsʃtɤkə) aus und ziehe meine an.

18. Sobald du umgezogen bist, läute ('lɔɪtə) ich dem Kellner, der[1] soll dir deine Sachen trocknen lassen.

19. Nun, Herr Pearson, ich bedaure, dass Sie das Pech hatten in diesem Platzregen pudelnass zu werden. Wie befinden Sie sich sonst? ('pu:dəlnas)

20. Nicht so recht wohl, Herr Professor. Ich glaube, ich habe mich schon gestern abend etwas erkältet als ich aus dem Theater kam.

21. Das tut mir leid. Hatten Sie keinen Regenmantel oder Schirm?

22. Leider nicht. Das Wetter war so herrlich, als ich ins Theater ging, dass ich weder an Mantel noch Regenschirm dachte.

23. Sie husten ja! Ich will nicht[2] hoffen, dass Sie sich wieder erkältet haben. ('hu:stən)

24. Ja, ich habe mir in der Tat einen argen Schnupfen geholt.

25. Hoffentlich ist es nur ein Schnupfen. Seien Sie recht vorsichtig und halten Sie sich warm.

26. Besten Dank, Herr Professor, das will ich tun; und ich will mich auch in Zukunft mehr in acht nehmen. Mein Hals fängt an wehzutun.

27. Weisst du, Robert, wenn ich an deiner Stelle wäre, würde ich sofort zu einem guten Arzt gehen.

EIN BESUCH BEIM ARZT

1. Ich möchte Sie um Ihren Rat bitten, Herr Doktor. Ich fühle mich seit gestern abend so schlecht, dass ich fürchte, ich werde ernstlich krank.

2. Was fehlt Ihnen denn?

---

[1] Der is here a demonstrative pronoun, equivalent to *that one, he;* if it were taken as a relative pronoun, *who,* it would introduce a relative (dependent) clause in which the verb, soll, would stand at the end.

15. Just as you like. But I really don't take cold as easily as you imagine.

16. Here is everything you need. Fortunately we are of the same size (Literally: equally tall) and everything will fit you excellently.

17. Take off your damp clothes at once and put mine on.

18. As soon as you have changed, I'll ring for the waiter. He will see that your clothes are dried for you.

19. Well, Mr. Pearson, I'm sorry that you had the hard luck to get dripping wet (**pudelnass:** wet as a poodle) in this downpour. How are you otherwise?

20. Not so well, Professor. I think I took a little cold last evening when I came out of the theater.

21. That is too bad. Had you no raincoat or umbrella?

22. Unfortunately not. The weather was so beautiful when I went to the theater that I thought neither of coat nor umbrella.

23. Why, you are coughing. I hope you have not taken cold again.

24. Yes, I have really caught a bad head cold.

25. Let's hope it is only a head cold. Take good care of yourself and keep yourself warm.

26. Thank you, Professor, I'll do that; and I'll take better care of myself in future. My throat is beginning to pain me.

27. Do you know, Robert, if I were in your place, I should consult (Literally: go to) a good doctor at once.

CONSULTING A DOCTOR

1. I should like to get your advice, doctor. Since last evening I have felt so wretched, that I'm afraid I am going to be seriously ill.

2. What is the matter with you?

---

² Note the idiomatic placing of the negative *nicht*, in ich will nicht hoffen.

3. Anfänglich dachte ich, ich wäre nur stark erkältet, seit heute morgen aber habe ich heftige Schmerzen im Hals, und es fällt mir schwer zu atmen.

4. Haben Sie sonst noch andere Symptome (zʏmpʼtoːmə) bemerkt?

5. Ich fühle mich an allen Gliedern wie zerschlagen[1], und die Füsse sind mir so schwer, dass ich mich kaum fortschleppen kann. (ʼfɔrtʃlepən)

6. Husten Sie?—Ich habe vor etwa einer Stunde zu husten angefangen.

7. Haben Sie dabei Schmerzen gespürt?

8. Ja, besonders hier in der Brust oder vielmehr[2] in der Luftröhre.

9. Bitte, zeigen Sie mir Ihre Zunge. Sie ist sehr belegt. Wann haben Sie sich denn[3] Ihre Erkältung zugezogen?

10. Vorgestern abend, glaube ich. Ich bin ohne Gummischuhe und Mantel vom Nationaltheater nach Hause gegangen.

11. Was! Vorgestern abend in dem fürchterlichen Regen! Wie haben Sie nur solch eine Unvorsichtigkeit begehen können?

12. Es war im Theater so entsetzlich heiss und schwül, und ich war froh, an die frische Luft zu kommen. Ich wollte mich auf dem Heimweg ein wenig abkühlen.

13. Da war sehr leichtsinnig von Ihnen. Nun machen Sie bitte Ihren Oberkörper frei; ich muss Ihre Lunge ein wenig abhorchen. Nun holen Sie mal recht tief Atem!

14. Oh! Das tut weh!—Wo? Zeigen Sie mit dem Finger auf die Stelle!

15. Lassen Sie mich einmal Ihren Puls fühlen! Ihr Puls geht sehr schnell.

16. So, nun stecken Sie dieses Thermometer ein paar Minuten unter die Zunge! Ich muss wissen wie es mit Ihrer Temperatur steht.

---

[1] Note the force of the prefix zer-, "to pieces,' *completely:* reissen, *to tear,* zerreissen, *to tear to pieces;* schlagen, *to strike or beat;* zerschlagen, *to beat to pieces,* smash.

[2] Three German words are often translated by *rather,* but with differences of meaning: lieber (preference), ich möchte lieber zu Hause bleiben, *I'd rather stay*

3. At first I thought I had only a bad cold, but since this morning I have had violent pains in my throat, and it is difficult for me to get my breath.

4. Have you noticed any other symptoms?

5. I feel as if all my limbs were broken, and my feet feel so heavy that I can scarcely drag myself along. (Literally: I feel myself as though beaten to pieces.)

6. Are you coughing?—I began to cough about an hour ago.

7. Did you feel any pain with it?

8. Yes, especially here in the chest, or rather in the bronchial tube.

9. Let me see your tongue. It is badly coated. When did you catch your cold?

10. Night before last, I think. I went home from the National Theater without rubbers or overcoat. (**Gummischuhe:** gum shoes)

11. What! Night before last, in that terrible rainstorm? How could you be guilty of such carelessness?

12. It was so frightfully hot and stuffy in the theater, and I was glad to get into the fresh air. I wanted to cool off a little on the way home.

13. That was very careless of you. Please take off your coat and shirt (Literally: bare your upper body); I must examine your lungs a little. Now take a deep breath.

14. Oh, that hurts!—Where? Point with your finger to the spot.

15. Let me feel your pulse. Your pulse is very rapid.

16. Now take this thermometer under your tongue for a few minutes. I must see whether you have any temperature. (Literally: I must know how it with your temperature stands.)

---

at home; vielmehr, as above (a correction); and eher, Eher würde ich verhungern, *I'd sooner* (*rather*) *starve, than . . .*

[3] "Denn" merely emphasizes the question, and need not be translated.

17. Sie haben einen starken Anfall von Luftröhrenentzündung ('lʊftrø:rənentsʏndʊŋ). Sie müssen sofort nach Hause und ins Bett.

18. Vermeiden Sie ja alle Zugluft oder Kälte. Ich werde Ihnen eine Arznei[1] verschreiben, die Sie alle zwei Stunden pünktlich nehmen müssen.

19. Dann bin ich also wirklich gefährlich krank?

20. Nun, lebensgefährlich ('lebənsgəfɛ:rlɪç) ist es nicht, aber ich kann Ihnen jetzt schon sagen, dass Sie mindestens acht Tage im Bett bleiben müssen.

21. Und wann werden Sie mich besuchen?

22. Ich komme zwischen vier und fünf bestimmt zu Ihnen. Inzwischen nehmen Sie die Arznei, welche ich Ihnen verschrieben habe: alle zwei Stunden einen Esslöffel voll auf ein halbes Glas Wasser.

23. Halten Sie sich ja warm und vermeiden Sie alle Zugluft. Zwischen vier und fünf bin ich bei Ihnen. Auf Wiedersehen! Gute Besserung!

---

[1] Note: the physician, der Arzt; the medicine he prescribes, die Arznei; die Medizin (me:dɪ'tsi:n), medical science. Thus, ich nehme die Arznei *I am taking the medicine;* but ich studiere Medizin, *I am studying medicine.* A doctor (Arzt) is always addressed as Herr Doktor.

17. You have a severe attack of bronchitis (Literally: air tube inflammation). You must go home and go to bed at once.

18. Avoid all draughts and cold. I shall prescribe some medicine for you which you will take punctually every two hours.

19. Then I am really seriously ill?

20. Well, it isn't a matter of life and death, but I can tell you right now that you will have to stay in bed for at least a week.

21. And when will you visit me?

22. I'll come to you between four and five without fail. Meanwhile take the medicine I prescribed for you, a tablespoonful in half a glass of water every two hours.

23. Be sure (**ja**) to keep yourself warm and avoid all draughts. I'll come to see you between four and five o'clock. Good-bye. (I wish **you a**) speedy recovery!

VOKABELN	VOCABULARY
Der Zug; die Züge	**The Train; the Trains**

Der Schnellzug ('∫nɛltsu:k)
Der D-Zug
Der Eilzug ('aɪltsu:k) } The express train

Der Personenzug (pɛr'zo:nən-tsu:k) — The local train

Der Schaffner ('∫afnəʀ) — The conductor

Ist das der Schnellzug nach Paris? — Is this the Paris express?

Abfahren ('apfa:rən)
Abgehen ('apge:ən) } To leave; to start; to go

Der Zug fährt (or **geht**) in einer Minute ab. (mi:'nu:tə) — The train leaves in a minute.

Bitte, steigen Sie ein; der Zug geht sofort ab. — Please get in; the train will start at once.

Der Eisenbahnwagen ('aɪzənba:nva:gən)
Der Wagen } The railroad car

Das Abteil (ap'taɪl) — The compartment

Der Platz; die Plätze (plats) — The seat; the seats

Platz Nehmen	**To Take a Seat**

Nehmen wir in diesem Abteil Platz. — Let us take a seat in this compartment.

Besetzt (bə'zɛtst) — Taken, engaged

Frei (fraɪ) — Vacant, disengaged, not taken

Ist dieser Platz besetzt? Nein, er ist frei. — Is this seat taken? No, it is vacant.

VOKABELN	VOCABULARY
Die Ecke; die Ecken ('ɛkə)	The corner; the corners
Der Eckplatz ('ɛkplats)	The corner seat
Nehmen Sie einen Eckplatz.	Take a corner seat.
Sitzen ('zɪtsən)	To be seated
Bequem (bə'kveːm)	Comfortable
Unbequem ('ʊnbekveːm)	Uncomfortable
Sitzen Sie bequem?	Are you comfortable?
Wenn Sie dort unbequem sitzen, so nehmen Sie bitte hier Platz.	If you are not comfortable there, please take a seat here.
Steigen Sie hier nicht ein; das ist ein Damenabteil. ('daːmənaptaɪl)	Do not get in here; this is a ladies' compartment.
Gehen wir ins Raucherabteil. ('raʊxəʀaptaɪl)	Let us go into the smoker.
Verbieten, verbot, habe verboten (fɛr'biːtən, fɛr'boːt, fɛr'boːtən)	To forbid, forbade, have forbidden
Das Rauchen ist in diesem Abteil verboten. ('raʊxən)	No smoking in this compartment.
Das ist ein Abteil für Nichtraucher. ('nɪçtraʊxəʀ)	That is not a smoking compartment.
Rauchen	To smoke
Der Rauch	The smoke
Aufmachen ('aʊfmaxən) Öffnen ('œfnən) }	To open
Zumachen ('tsuːmaxən) Schliessen ('ʃliːsən) }	To close

166

VOKABELN

VOCABULARY

Bitte machen Sie das Fenster auf.
Bitte öffnen Sie das Fenster.

Please open the window.

Bitte machen Sie das Fenster zu.
Bitte schliessen Sie das Fenster.

Please shut the window.

Der Zug

The draught

Es zieht hier. (tsi:t)

There is a draught here.

Zieht es Ihnen, wenn ich das Fenster aufmache? (öffne)

Do you feel the draught when I open the window?

Durchaus nicht, es ist sehr schwül in diesem abteil. (ʃvɤ:l)

Not at all; it is very close in this compartment.

Der Staub (ʃtaʊp)

The dust

Staubig ('ʃtaʊbɪç)

Dusty

Es staubt. (ʃtaʊpt)

It is dusty.

Es staubt hier sehr; bitte schliessen Sie das Fenster.

It is very dusty here; please close the window.

Wie heisst diese Station?

What is the name of this station?

Anhalten
('anhaltən)

To Stop

Wie lange hält der Zug hier an? (hɛlt)
Wie lange haben wir hier Aufenthalt? ('aʊfenthalt)

How long does the train stop here?

Dresden! Zehn Minuten Aufenthalt! ('dre:stən)

Dresden! We stop here ten minutes.

VOKABELN	VOCABULARY
Umsteigen ('ʊmʃtaɪgən)	**To Change Cars**

Muss ich umsteigen, Schaffner?

Have I to change cars, conductor?

Erlauben Sie mir Ihre Fahrkarte.

Allow me to see your ticket.

Nein, Sie steigen nicht um; dieser Zug geht bis nach Wien durch. (viːn)

No, you do not change; this train goes through to Vienna.

Sie steigen in Frankfurt um. ('fraŋkfʊrt)

You change cars in Frankfort.

Der Anschluss ('anʃlʊs)

The connection

Hat dieser Zug Anschluss in Strassburg? ('ʃtraːsbʊrk)

Does this train connect in Strassburg?

Wo reisen Sie hin? Nach Paris.

Where are you going? To Paris.

Sie müssen in Strassburg vier Stunden auf den Pariser Zug warten. (pa'riːs)

You will have to wait four hours in Strassburg for the Paris train.

Die Züge haben keinen Anschluss.

The trains do not connect.

Sie hätten in Köln umsteigen sollen; dort hätten Sie Anschluss gehabt.

You should have changed in Cologne; you could have made connections there.

Der Schlafwagen ('ʃlaːfvaːgən)

The sleeping-car

Die Grenze ('grɛntsə)	**The Border**

Der Zoll (tsɔl)

The duty

Der Zollbeamte ('tsɔlbəamtə)

The customs officer

Hier sind wir an der Grenze.

Here we are at the border.

VOKABELN	VOCABULARY
Hier kommen die französischen Zollbeamten.	Here come the French customs officers.
Zollpflichtig ('tsɔlpflɪçtɪç)	Dutiable
Haben Sie etwas Zollpflichtiges bei sich?	Have you anything dutiable with you?
Worauf wird Zoll bezahlt?	Upon what do you collect duties?
Nur auf Zigarren (tsi:'garən)	On cigars only
Ich habe weder Zigarren noch Zigaretten bei mir; ich rauche nicht. (tsi:ga'retən)	I carry neither cigars nor cigarettes; I do not smoke.
Bitte öffnen Sie diesen Koffer.	Please open this trunk.
Was enthält (ent'hɛlt) dieser Handkoffer? diese Reisetasche? ('raɪzətaʃə)	What does this suitcase, this bag, contain?
Nichts als Kleidungsstücke ('klaɪdʊŋsʃtʏkə)	Nothing but wearing apparel
Eintreffen ('aɪntrɛfən) **Ankommen** ('ankɔmən) }	**To arrive**
Die Ankunft ('ankʊnft)	The arrival
Um wieviel Uhr kommt dieser Zug in Leipzig an? Um wieviel Uhr trifft dieser Zug in Leipzig ein? }	When is this train due in Leipzig?
Der Zug hat sich anderthalb[1] ('andertalp) Stunden verspätet. (fɛr'ʃpɛtət)	The train is an hour and a half[1] late.

---

[1] For *one and a half* the usual German expression is anderthalb, as: er wohnt anderthalb Meilen von hier, *he lives a mile and a half from here;* geben Sie mir anderthalb Pfund Fleisch, *give me a pound and a half of meat.*

VOKABELN	VOCABULARY
Stehen Taxameter am Bahnhof?	Shall we find taxicabs at the station?
Jawohl; der Schutzmann wird Ihnen eine Marke mit der Nummer Ihrer Droschke geben. ('ʃʊtsman — 'markə — 'nʊməʀ)	Most certainly; the policeman will give you a check with the number of your cab.
Wo bekomme ich mein Gepäck?	Where do I get my baggage?
Sie brauchen sich nicht selbst zu bemühen. (bə'mʏːən)	You need not trouble yourself.
Geben Sie nur dem Gepäckträger Ihren Gepäckschein.	Just give your trunk check to the porter.
Er bringt das Gepäck direkt zu Ihrer Droschke.	He will bring the baggage directly to your cab.
Fahrer, nach dem Kaiserhof. ('kaɪzəʀhoːf)	Driver, to the Imperial Hotel.
Fahren Sie rasch; ich bin hungrig und müde.	Drive quickly; I am hungry and tired.

SPRICHWÖRTER

Viele wenig machen ein viel.

Wenn die Katze fort ist, tanzen die Mäuse.

Wer andern eine Grube gräbt, fällt selbst hinein.

Wer A sagt, muss auch B sagen.

Wer im Glashause sitzt, muss nicht mit Steinen werfen.

Wer nichts wagt, der gewinnt nichts.

Wer zuletzt lacht, lacht am besten.

Wie man sich bettet, so schläft man.

PROVERBS

Little and often make a heap at last.

When the cat is away the mice will play.

Who digs a trench for another, tumbles in himself.

He that says A must also say B.

He who lives in a glass house should not throw stones.

Nothing venture nothing gain.

He laughs best who laughs last.

As you make your bed so must you lie on it.

PART SIX

CONTENTS

IDIOMATISCHE AUSDRÜCKE	IDIOMATIC EXPRESSIONS
1. Ich kann nichts damit anfangen.	I can do nothing with it.
2. Das geht mich nichts an.	That's none of my business.
3. Es ist aus mit ihm.	It is all up with him (he is finished).
4. Es kommt ganz darauf an.	It all depends.
5. Jetzt geht mir ein Licht auf.	Now it begins to dawn on me.
6. Er sieht mir ganz danach aus.	That's just like him.
7. Es liegt mir viel daran.	It means a lot to me.
8. Er hat sich umgebracht.	He killed himself.
9. Wir schlugen einen anderen Weg ein.	We took a different path (way).
10. Auf keinen Fall	In no case
11. Machen Sie, dass Sie fortkommen!	Hurry and get out! Get out of here!
12. Das hat nichts zu sagen.	That doesn't matter.
13. Bitte, meine Herrschaften, zu Tisch!	Dinner is served.

SPECIAL NOTE: The numerals below refer to various sentences in this section — Idiomatic Expressions.

6. This idiomatic use of "danach" occurs with some other verbs, *e.g.*, schmecken, riechen. Die Butter ist nicht ganz frisch. Nein, sie schmeckt danach, *no, it tastes that way.* Es riecht hier nach frisch gebackenem Brot, *There is a smell of fresh baked bread.*

8. Er hat seinen Vater umgebracht means "um das Leben gebracht," *he killed his father.*

13. Herrschaften — *ladies and gentlemen* (very formal).

IDIOMATISCHE AUSDRÜCKE	**IDIOMATIC EXPRESSIONS**
14. Das stimmt.	That's correct.
15. Er wollte mich hinter das Licht führen.	He tried to pull the wool over my eyes.
16. Es fehlt mir an Geld.	I lack (am short of) money.
17. Man kann ihm nur Gutes nachsagen.	One can only speak well of him.
18. Mein seliger Vater pflegte zu sagen . . .	My late father used to say . . .
19. Sie haben recht.	You are right.
20. Ich habe mir sagen lassen . . .	I have been told (have heard).
21. Er hat das Mädchen sitzen lassen.	He jilted the girl.
22. Wir wollen die Sache unter vier Augen besprechen.	Let us talk the matter over in private.
23. Was treibst du denn da?	What are you up to? What are you doing here?
24. Der schöne Plan ist ins Wasser gefallen.	My beautiful plan came to naught.
25. Ich fuhr zusammen, als der Schuss fiel.	I jumped (was startled) when the shot was fired.
26. Er ist nichts weniger als dumm.	He is by no means stupid.

---

20. Lassen, *to let,* usually means *to have something done, i.e., cause it to be done;* but in this expression this meaning is no longer felt.

26. A tricky idiom because we say "he is nothing short of stupid," *i.e.,* he is *very* stupid. But the German says that he possesses no quality *in a lesser degree than* stupidity!

IDIOMATISCHE AUSDRÜCKE	IDIOMATIC EXPRESSIONS
27. Er hat ihm den Kopf gewaschen.	He gave him a (verbal) "dressing down."
28. Sie kommt alle acht Tage in die Stadt.	She comes to town once a week.
29. Mir macht es wenig aus.	To me it matters little.
30. Was gilt's?	What will you bet?
31. Das Spiel gilt nicht.	That play doesn't go, doesn't count.
32. Jetzt gilt's!	This is the crucial moment.
33. Hier gilt kein Zaudern.	This is no time for hesitation.
34. Man muss sich nach der Decke strecken.	One must cut one's coat according to the cloth.
35. Er hat sich aus dem Staub gemacht.	He "beat it," skipped out.
36. Die Pferde sind durchgegangen.	The horses ran away.
37. Ich bin auf alles (das Schlimmste) gefasst.	I am prepared for anything (for the worst).
38. Bitte, können Sie mir Feuer geben?	Will you please give me a light?
39. Er schlägt zwei Fliegen mit einer Klappe.	He kills two birds with one stone (Literally: two flies with one swatter).

30-33. Gelten, galt, gegolten, basically *to be valid.*

34. Literally: stretch (or not stretch!) oneself according to the length of the bed covers.

35. The picture is of someone running so fast that he seems to be trying to escape from his own dust.

IDIOMATISCHE AUSDRÜCKE	IDIOMATIC EXPRESSIONS
40. An der wird niemand einen Narren fressen.	Nobody will fall crazily in love with her.
41. Es geschieht dir recht.	It serves you right.
42. Ich habe mich ordentlich blamiert.	I have made a proper fool of myself.
43. Er ist um sein ganzes Vermögen gekommen.	He lost his whole fortune.
44. Er ist im Krieg umgekommen.	He lost his life in the war.
45. Das ist zum Schiessen!	That's a scream!
46. Er hat einen Korb bekommen.	He got the mitten.
47. Was ist los? Der Teufel ist los!	What's the matter? There's the devil to pay!
48. Er hat mich über den Löffel balbiert (barbiert).	He fleeced me, deceived me.
49. Nimm dich doch zusammen!	Pull yourself together (control yourself).
50. Man muss nicht mit der Tür ins Haus fallen.	One must not blurt things out, make a tactless approach.

---

45. There are endless variations of this exclamation: das ist zum Lachen. zum Heulen, zum Kugeln, zum Schiessen: (Literally: *(that's enough)* to *(make you)* *laugh, cry, roll over (with laughter), shoot!)*

48. Because in olden times barbers put a spoon in the cheek of wrinkled, senile old men and "shaved them over the spoon." The idiom assumes that such old dotards could easily be duped!

51. Herr Professor, ich finde es sehr schwer, alle diese Ausdrücke im Gedächtnis zu behalten.

52. Das ist ganz natürlich, Frau Baxter, besonders bei den Ausdrücken, die kein Bild oder keine Handlung enthalten.

53. Bitte, wollen Sie mir das etwas genauer erklären?

54. Nun, in dem Ausdruck "das geht mich nichts an" gebrauchen wir das Zeitwort "angehen" in einem mehr abstrakten Sinn. Eine wörtliche Übersetzung hilft nicht, und so müssen wir eben das Idiom als ganzes wie eine neue Vokabel auswendig lernen.

55. Die idiomatischen Ausdrücke dagegen, die uns ein Bild oder eine Handlung zeigen, z.B. "ein Mädchen sitzen lassen, einem den Kopf waschen, sich aus dem Staube machen, mit der Tür ins Haus fallen," sind Redensarten, welche die Bedeutung sozusagen dramatisieren; und weil wir sie interessant und manchmal komisch finden, behalten wir sie leicht.

DIE MUSIK—TOSCANINI

1. Haben Sie eben gesagt, dass Sie sich langweilen? Warum gehen Sie nicht ins Theater oder in Konzerte? Oder lieben Sie die Musik nicht?

2. Im Gegenteil, ich schwärme[1] für Musik. In New York gehe ich jede Woche in die Symphoniekonzerte.

3. Nun, da Sie so viel gute Musik gehört haben, werden Sie gewiss meiner Ansicht beistimmen, dass in dieser Kunst das alte Deutschland unerreicht bleibt.

4. Aber sicher! Meines Erachtens[2] haben Bach, Mozart, Beethoven, Brahms und Wagner nicht ihresgleichen.

5. Nun möchte ich wissen, ob Sie bereit sind, einer weiteren kategorischen Behauptung beizustimmen, nämlich dass der grösste moderne Interpret (ɪnter'pre:t) der deutschen Musik kein Deutscher war.

---

[1] Für etwas (oder jemand) schwärmen, is very difficult to render with dignity, — it means to be "crazy" about something or somebody, passionately fond of something.

51. Professor, I find it very difficult to remember all these expressions.

52. That is quite natural, Mrs. Baxter, especially in the case of expressions which do not contain any picture or action.

53. Won't you please explain this point a little further?

54. Well, in the expression "das geht mich nichts an" we use the verb "angehen" in a more abstract sense. A literal translation does not help, so we simply (**eben**) have to memorize (learn by heart) the idiom as a whole, as a new unit of vocabulary.

55. On the other hand (**dagegen**) the idioms that show us a picture or an action, *e.g.*, "to leave a girl sitting, to wash someone's head, to clear out of (one's own) dust, to fall with the door into the house," these are expressions which, so to speak, dramatize the meaning; and because we find them interesting, and sometimes amusing, we remember them easily.

MUSIC—TOSCANINI

1. Did I hear you say that you are bored? Why don't you go to the theater or to the concerts? Or do you not like music?

2. On the contrary, I am passionately fond of music. In New York I attend the symphony concerts every week.

3. Well, since you have heard so much good music, you will surely agree with my opinion that in this art the old Germany remains supreme. (**unerreicht**: unmatched)

4. Yes indeed! In my opinion Bach, Mozart, Beethoven, Brahms and Wagner have no equals.

5. Now I should like to see whether you are prepared to agree with a further categorical statement, namely that the greatest modern interpreter of German music is not a German.

---

² "Meines Erachtens" is another instance of the adverbial genitive. The phrase has the force of an adverb modifying the verb "haben."

6. Ich glaube, ich kann erraten,[1] wen Sie im Sinne haben, Herr Professor. Sie meinen gewiss den grössten Dirigenten der Gegenwart, den unvergleichlichen Toscanini!

7. Richtig! Toscanini war in der Tat eine der grössten musikalischen Erscheinungen unseres Zeitalters.

8. Beruht die Sage[2] von Toscaninis fabelhaftem Gedächtnis für Partituren auf Tatsachen?

9. Durchaus! Mit[3] neunzehn Jahren machte er mit einer Operntruppe in Brasilien eine Tournée als Cellist (bra'zi:liən—tʊr'ne:—tʃɛ'list). Ein paar Stunden vor einer Aufführung wurde[4] ihm aufgetragen, an Stelle des erkrankten Dirigenten die "Aida" zu dirigieren. Er machte es glänzend, und zwar völlig aus dem Gedächtnis! (a'i:da—di:ri:'gentən—'glentsənt)

10. Hatte Toscanini vielleicht, wie ein anderer grosser Musiker,[5] eine körperliche Schwierigkeit zu überwinden? ('mu:zɪkər—'kœrpərlɪçə—'ʃvi:rɪçkaɪt—ʏ:bər'vɪndən)

11. Sie denken an Beethovens Taubheit, nicht wahr? Ja, Toscanini war sehr kurzsichtig ('kʊrtszɪçtɪç), weshalb es für ihn sehr wichtig war, sich von der gedruckten Partitur unabhängig zu machen. (partɪ'tu:r)

12. Bitte, erzählen Sie mir etwas von der Karriere (karje:rə) des Meisters!

13. Nach zehn Jahren an der weltberühmten Scala in Mailand, wo er die Opern von Wagner und Weber einführte, folgte Toscanini 1908 einem Ruf an die Metropolitan Oper ('o:pər) in New York und erhob sie in fünfjähriger Tätigkeit ('fʏnfjɛ:rɪgər 'tɛ:tɪçkaɪt) auf die höchste künstlerische Stufe in ihrer Geschichte. Auch hier wurden[6] deutsche Opern aufgeführt wie nie zuvor.

---

[1] Raten means both *to advise,* and *to guess,* but erraten means *to guess the right answer:* Raten Sie, wie alt ich bin! — Sie sind 28. — Richtig, Sie haben es erraten! This is often the force of the prefix er- before verbs, as bitten (um), *to ask (for),* but erbitten, *to ask for and get.*

[2] In German a distinction is generally made between "die Sage," a *secular* tradition or legend, and "die Legende," the story of a saint, a religious legend: die Sage von Siegfried, but die Legende von der Heiligen Elisabeth.

[3] Note the idiomatic use of the preposition "mit" meaning *at the age of.* "Mit" governs only the dative case.

[4] The impersonal subject es is omitted.

6. I think I can guess what (whom) you have in mind, Professor. You are referring to the greatest conductor of modern times, the incomparable Toscanini!

7. Correct! Toscanini was indeed one of the great musical phenomena of our age.

8. Is the legend[2] of Toscanini's marvelous memory for musical scores based on fact?

9. Absolutely! At nineteen years (of age) he was on tour as cello player with an opera company in Brazil. A few hours before the performance he was asked to conduct "Aida," in place of the indisposed conductor. He did it brilliantly, and entirely from memory.

10. Did Toscanini perhaps have a physical handicap to overcome, like another great musician?

11. You are thinking of Beethoven's deafness. Yes, Toscanini was very near-sighted, for which reason (**weshalb**) it was very important for him to make himself independent of the printed score.

12. Please tell me something about the career of the maestro.

13. After ten years at the world-famous La Scala in Milan, where he introduced the operas of Wagner and Weber, Toscanini in 1908 accepted a call to the Metropolitan Opera in New York, and for five years kept it at the highest level in its history. Here, too, German operas were performed as never before.

---

[5] Carefully note the difference between Musiker, (*an accomplished*) *musician*, and Musikant (accent on last syllable), *inferior, cheap player, fiddler*.

[6] Study the two examples of the passive voice in the above sentences. The auxiliary of the passive is "werden," which means *to become*, hence the passive always expresses *an action* and its time, and not the state or condition resulting from that action: Passive: das Haus wurde 1910 gebaut, *The house was built* (*the building took place*) *in 1910;* das Haus war 1910 gebaut, *the house was there, built, in 1910* (*but the building might have been done years before*).

14. Nach einem weiteren Jahrzehnt an der Scala kam er dann zum zweitenmal nach Amerika, um die New Yorker Philharmonie zu leiten, die sich dann auch unter seinem Taktstock[1] zum berühmtesten Symphonieorchester der Welt entwickelte.

15. Ist er dann dauernd in Amerika geblieben?

16. Nein, noch einige Jahre hindurch blieb[2] seine Tätigkeit international. (ɪntərnatsjoːˈnaːl) Bayreuth (baɪˈrɔʏt) und Salzburg, die Gedenkstätten Wagners und Mozarts, erwiesen ihm beide die höchsten Ehren. Dann aber kam der schreckliche Zweite Weltkrieg, und nun machte Toscanini Amerika zu[3] seiner Heimat.

17. In diesen Jahren wurde seine Kunst vielen Millionen von Hörern zugänglich. Toscanini leitete das für ihn gegründete NBC-Orchester. Radio und Fernsehapparate brachten seine unvergleichliche Dirigierkunst in jedes Haus. Im Jahre 1954 legte der grösste aller Dirigenten im Alter von 87 Jahren den Taktstock aus der Hand. (ˈraːdjoː—ˈfɛrnzeːaparaːtə—diːriˈgiːʀkʊnst)

---

[1] Der Takt, the (musical) beat, hence *baton;* but Takt also means *tact:* taktlos, *tactless.*

[2] This sentence contains a number of ie and ei sounds. A simple guide is to note that each has the sound of its *second* component *in English:* ie is always pronounced like the *name* of the English letter e, and ei like the name of the English letter i.

In comparatively few words is the long i (ee) sound written as i: mir (meer), dir (deer); almost always it is ie: hier, sie, die, etc.

[3] This is an idiomatic use of zu: after verbs of making, choosing, appointing, like machen, wählen, etc. the "second object" is put in the dative with zu. Das Volk wählte ihn zum Präsidenten, *the people elected him president.*

14. Then after a second decade at La Scala, he came to New York a second time, to conduct the New York Philharmonic, which under his baton developed into the most famous orchestra in the world.

15. Did he then remain permanently in America?

16. No, for a few more years his activities remained international. Bayreuth and Salzburg, the shrines of Wagner and Mozart, both paid him their highest honors. But then came the terrible World War II, and now Toscanini made America his home.

17. During these years his art was made available to many millions of hearers. Toscanini conducted the NBC orchestra which had been founded for him. Radio and television took his art of conducting to every home. In 1954 this greatest of all conductors laid his baton down at the age of 87.

Lesestücke

Wie Toscanini Dirigiert

Herr Professor, das Gespräch auf der Schallplatte über Toscanini habe ich äußerst[1] interessant gefunden. Ich habe mir sagen lassen[2], Sie kennen ihn persönlich, und es wäre mir sehr lieb, wenn Sie mir noch einiges[3] über ihn erzählen wollten.

Ja gern, Herr Baxter. Vielleicht kann ich Ihrem Wunsche am besten entgegenkommen[4], indem ich mir die Eindrücke ins Gedächtnis rufe, die ich vor ungefähr einem Jahr gewonnen habe, als der berühmte Musiker mich einlud, einer Probe des Philharmonischen Orchesters beizuwohnen[5]. Es war wirklich ein Hochgenuß[6], den genialsten[7] Dirigenten unsrer Zeit sozusagen in m o t o zu sehen.

Schon das beinahe fühlbare[8] Schweigen, zwei Minuten vor seinem Eintritt, überzeugte mich, daß er sein Orchester in vollstem Sinne beherrschte. Eine Sekunde nachdem er das Podium betreten hatte, waren Dirigent und Orchester in vollem Schwung und strengten alle Kräfte an, um den feinsten Nuancen[9] der Musik gerecht zu werden[10]. Das Maß des Erfolgs[11] oder Mißerfolgs in diesem Bestreben bestimmt[12] nun das Benehmen[13] und die Bitten und Befehle des Meisters. Immer temperamentvoll, ist er freundlich oder grob, je nachdem[14]; aber dabei immer gerecht gegen einen jeden. Es kann vorkommen, daß er einem Cellisten, der bloß ein paar Takte[15] solo gespielt hat, eine Kußhand zuwirft und bravo ruft, dann aber drei Minuten später das ganze Orchester in drei oder vier Sprachen ausschimpft.[16]

---

[1] Extremely. — [2] Cf. note on p. 241, Idiom No. 20. — [3] Noch einiges: something more. — [4] Meet. — [5] Attend. — [6] Treat. — [7] Gifted, full of genius. — [8] Palpable. — [9] Shadings, effects. — [10] To do justice to. — [11] Success. — [12] Determines. — [13] Action, conduct. — [14] According to (circumstances). — [15] Bars. — [16] Scold, "call down".

Bei allen Proben verlangt Toscanini die strammste[1] Disziplin. Alle Orchester, die er geleitet hat, kennen sein Credo: „Im Leben demokratisch, in der Kunst autokratisch"; aber seine Leute lassen sich das gern gefallen[2], erstens weil er völlig unparteiisch ist, und zweitens weil er sich selber nicht verschont[3]. „Dieses Schwein (p o r c o) von einem Stock" rief er einmal zornig aus, indem er auf seinen Taktstock klopfte, „weigert[4] sich das auszusprechen, was ich hier in meinem Herzen fühle!"

„In sechs Tagen schuf Gott Himmel und Erde: sehr schwierig, nicht wahr? Aber viel leichter als ein Orchester dirigieren. Ich muß mir einen andern Beruf[5] wählen!"

Nur im äußersten Notfall[6] unterbricht[7] er sein Orchester und bringt es zum Schweigen[8]. „Das muß klingen, als ob es aus wei-ter Fer-ne[9] käme,—aber nicht zu weit: Brooklyn!" Die Erwähnung[10] Brooklyns verfehlt seine komische Wirkung nicht. Es löst[11] die Spannung, und alles[12] lacht. Und Toscanini wartet geduldig[13] mit stillem Lächeln, bis die Heiterkeit[14] verweht ist.

Manchmal erreicht er seinen Zweck[15] durch einen Vergleich[16]: „Sie spielen alle Musik, als ob sie von Wagner geschrieben wäre!" Oder er nimmt die Sache geographisch: „Diese Musik wird in der ganzen Welt schlecht gespielt: in London, in Paris, in Berlin, in Mailand,—und auch hier, jawohl, auch hier! Ich weiß ja, wie schwer es ist, intelligent zu sein, aber bitte, b i t t e, meine Herren, versuchen[17] Sie's doch!"

Bei allem berechtigten[18] Stolz auf die höchste Errungen= schaft[19] in seiner vergötterten[20] Kunst, bleibt Toscanini

---

[1] Rigid. — [2] Willingly submit to that. — [3] Spare. — [4] Refuses. — [5] Profession. — [6] Necessity. — [7] Unterbrechen, unterbrach, unterbrochen, to interrupt, stop. — [8] Silence. — [9] Die Ferne, distance. — [10] Mention. — [11] Relieves the tension. — [12] Everybody. — [13] Patiently. — [14] Mirth has "blown over." — [15] Purpose, object. — [16] Comparison. — [17] Try. — [18] Justifiable pride. — [19] Achievement. — [20] Idolized.

Ein Sommermärchen

Besten Dank, Herr Professor, für Ihre lebhafte Schil=
derung[1]. Was Sie mir soeben erzählt haben, kann doch wohl
als weiterer Beweis[2] dafür gelten, daß auch in der Kunst der
Humor eine wohltuende[3] und förderliche Wirkung hat.

Ganz gewiß; und da wir nun wieder auf die Musik zu
sprechen gekommen sind, möchte ich Sie mit einem „musika=
lischen "Märchen bekannt machen, das ich schon seit meiner
Kindheit kenne und an dem ich immer noch meine Freude habe.

Meinen Sie etwa die Bremer Stadtmusikanten?

Ach nein, Herr Baxter, aber es interessiert mich zu wissen,
daß Sie Grimms Märchen kennen. Wie sind Sie denn darauf
gekommen?

Fräulein Alice hat mir neulich eine neue Ausgabe[4] der
besten englischen Übersetzung von Grimms Märchen gezeigt,
und wir haben darüber gesprochen. Es ist ein stattlicher Band[5]
mit vielen herrlichen Illustrationen. Im Vorwort wird
behauptet[6], Grimms Märchen wären ebenso wichtig für
Erwachsene wie für Kinder, denn nächst der Bibel bildeten sie
das wichtigste Dokument unsrer modernen Weltkultur! Ob
das im Vorwort steht, oder ob ich es in einer englischen
Rezension[7] gelesen habe, kann ich mich nicht mehr genau
erinnern. Aber erzählen Sie mir doch, bitte, das Märchen,
das Sie im Sinne haben!

Nun, es ist von einem gemütlichen[8] alten Thüringer namens
Rudolf Baumbach gedichtet und ist eines von seinen „Som=
mermärchen". Er lebte in der zweiten Hälfte des 19. Jahr=
hunderts, in einer verhältnismäßig[9] ruhigen und sorgenfreien
Welt, in der er seinem Humor und Spieltrieb[10] freien Lauf
lassen konnte. Die Sprache ist einfach, wie es einem Märchen

---

[1] Description, portrayal. — [2] Proof. — [3] Pleasurable and beneficent effect. —
[4] Edition. — [5] Volume. — [6] Asserted. — [7] Review. — [8] Kindly, goodnatured. —
[9] Comparatively. — [10] Desire for play.

geziemt[1], und empfiehlt[2] sich schon deshalb als Leseübung für
Anfänger wie Sie, mit Verlaub[3], Herr Baxter. Der Titel
des Märchens ist „Der Fiedelbogen des Neck" und der
Wortlaut ungefähr wie folgt:

Es war einmal ein junger Knabe, der hieß Frieder und
hatte weder Vater noch Mutter. Er war ein bildschönes Kind,
und wenn er vor der Tür auf der Straße spielte, blieben die
Leute stehen und fragten: „Wem gehört der Kleine?" Dann
antwortete die alte, mürrische[4] Frau, die ihn mit dünnen
Brühen[5] und reichlichen Scheltworten aufzog[6]: „Er ist ein
lediges[7] Kind, und das beste wäre, wenn ihn der liebe Gott
zu sich ins Himmelreich nehmen wollte." Der Frieder aber
hatte keine Sehnsucht[8] nach dem Himmelreich; es gefiel ihm
hier unten ganz gut[9], und er wuchs auf wie die rotköpfigen
Disteln hinter dem Hause seiner Pflegemutter[10]. Spielkame=
raden hatte er keine. Wenn die andern Buben des Dorfes im
Bach Mühlen bauten und Rindenkähne[11] schwimmen[12] ließen,
saß der Frieder an der Berghalde[13] und pfiff[14] den Vögeln ihre
Weisen nach.

Bei dieser Beschäftigung[15] traf ihn eines Tages der alte
Klaus, der seines Zeichens[16] ein Vogelsteller war. Er fand
Gefallen an dem hübschen Jungen und schloß Freundschaft
mit ihm. Von der Zeit an sah man die beiden häufig vor der
Hütte des Vogelstellers neben einander sitzen wie zwei alte
Kriegskameraden. Klaus wußte[17] nicht nur wunderbare Wald=
geschichten zu erzählen, sondern er verstand auch die Fiedel
zu spielen, und unterwies[18] den Frieder in dieser Kunst,

---

[1] Befits. — [2] Commends itself. — [3] "Begging your pardon." — [4] Surly, crotch-
ety. — [5] Broths. — [6] Brought (him) up. — [7] Born out of wedlock. — [8] Desire,
yearning. — [9] He liked it very well here below. — [10] Foster mother; pflegen, to
care for. — [11] Boats of bark. — [12] "Sail" float. German has only this one word for
to swim and to float. — [13] Hillside. — [14] Whistled the songs (Weisen) of the birds
after them. — [15] Occupation. — [16] By trade a birdcatcher. — [17] "Knew how,"
transl. "could." — [18] Instructed.

nachdem er ihm eine alte, zusammengeleimte[1] Geige geschenkt hatte. Der Schüler machte auch seinem Meister alle Ehre, denn ehe ein Monat verging, spielte er bereits „O du lieber Augustin", „Was fang' ich armer Teufel an", und „Als der Großvater die Großmutter nahm". Darüber war der alte Vogelsteller tief gerührt[2] und sprach die prophetischen Worte: „Frieder, denk' an mich; ich sehe dich, wenn mir Gott das Leben schenkt[3], noch dereinst[4] am Kirchtag[5] als ersten Geiger.

Als Frieder fünfzehn Jahre alt geworden war, kamen die Nachbarn zusammen und hielten Rat[6] über ihn. Es sei Zeit, sagten sie, daß er etwas Ordentliches[7] lerne, um sich durch die Welt zu bringen, und als sie ihn fragten, was er werden wolle, antwortete er: „Ein Spielmann[8]." Da schlugen die Leute die Hände über den Köpfen zusammen und entsetzten sich[9]. Aus der Menge aber trat ein wohlbeleibter[10] Mann hervor, der faßte den Burschen an der Hand und sagte mit Würde[11]: „Ich will versuchen, ob ich aus ihm etwas Ordentliches machen kann." Und alle, die im Kreis herum standen, priesen[12] den Frieder glücklich, daß er einen solchen Lehrherrn gefunden.

Dieser[13] war aber auch nichts Geringes[14]. Er schor den Bauern Bart und Haar, setzte ihnen Schröpfköpfe[15] und riß[16] ihnen die kranken Zähne aus, manchmal auch die gesunden. Er war der Bader[17] des Ortes, und die Leute nannten ihn nicht anders als „Herr Doktor".

Am selbigen Tag noch wanderte der Frieder in das Haus seines nunmehrigen[18] Brotherrn, und schon am Abend begann er seine Tätigkeit damit, daß er das Bier für den Meister aus

---

[1] Glued-together, "patched up" violin. — [2] Deeply moved. — [3] To give as a gift. Here "spares." — [4] Some future day. — [5] Church anniversary. — [6] Counsel. — [7] Worth while, useful. — [8] Minstrel, musician. — [9] Were dismayed. — [10] Corpulent. — [11] Dignity. — [12] Called Frieder lucky (preisen, *to praise*). — [13] The latter. — [14] No mean (personage). — [15] Bled them (with cupping glass, Schröpfkopf). — [16] Reissen, riss, gerissen, *to pull, to tear*). — [17] Barber (lit., *bather*). — [18] "From now on," adj. derived *from* adverb "nunmehr."

der Schenke[1] holte. Allmählich[2] lernte er auch Seifenschaum schlagen[3], Schermesser abziehen[4] und was sonst zum Hand=werk gehört. Sein Meister war zufrieden mit ihm; nur das Geigenspiel, das Frieder in seiner freien Zeit mit Eifer pflog[5], war ihm zuwider, denn es zählte nach des Baders Ansicht[6] zu den brotlosen Künsten.

Ein paar Jahre verstrichen. Da kam der Tag heran, an welchem Frieder sein Gesellenstück[7] machen sollte. Wenn das zur Zufriedenheit des Meisters ausfiel, dann durfte er als Wanderbursche in die Welt ziehen und sein Glück suchen. Das Gesellenstück bestand aber darin, daß er seinem Herrn den Bart scheren[8] mußte, und das war kein Spaß[9].

Der wichtige Tag war da. Der Bader saß auf dem Stuhl, das weiße Tuch um den Hals, und lehnte den Kopf zurück. Frieder seifte ihm das Doppelkinn ein, zog das Messer auf dem Streichriemen ab und begann das Werk.

Da ertönten plötzlich vor dem Hause Saiten= und Pfeifen=klänge[10]; ein Bärenführer zog des Wegs. Dem Baderjungen, wie er die Musik hörte, fuhr es in die Hand[11], und auf der Wange[12] des Meisters saß[13] eine blutige Schramme, die reichte vom Ohrläppchen bis zum Naselflügel[14].

Oh weh, du armer Frieder! Der Stuhl, worauf der Bader gesessen, fiel rücklings[15] auf den Boden. Wütend sprang der Blutende in die Höhe und gab seinem Lehrling eine schallende Ohrfeige[16]. Dann riß er die Tür auf, deutete[17] mit dem Zeige=finger in die blaue Luft und schrie: „Geh' zum Kukuk[18]!"

---

[1] Tavern. — [2] Gradually. — [3] Whip lather. — [4] Strop razors. — [5] Pflegen, here to cultivate, practise, past tense "er pflog," but past tense "er pflegte" = he used to. — [6] View, opinion. — [7] "Journeyman test"; Lehrling, *apprentice*, Geselle, *journeyman*, Meister, *master*. — [8] Shave him. — [9] Joke. — [10] Sounds of (fiddle) strings and pipes. — [11] "It shot into his hand." — [12] Cheek. — [13] "sat," idiom. for there *was* a bloody gash. — [14] Nostril. — [15] Backwards. — [16] Resounding box on the ear. — [17] Pointed. — [18] As it is bad luck to call the devil (der Teufel) by name the cuckoo serves as a euphemism; as we might say: *Go to the deuce!*

Da packte der Frieder seine Siebensachen[1] zusammen, nahm seine Geige unter den Arm und ging zum Kukuk. Der Kukuk wohnte im Wald auf einer Eiche[2] und war zufällig zu Hause, als Frieder bei ihm vorsprach[3]. Er hörte den Bericht des Burschen geduldig bis zu Ende an, dann aber zuckte er die Flügel[4] und sprach:

„Junger Freund, wenn ich allen helfen wollte, die zu mir geschickt werden, hätte ich viel zu tun. Die Zeiten sind schwer, und ich muß froh sein, daß ich meine eignen Kinder leidlich untergebracht[5] habe. Den ältesten habe ich bei einer Bach=stelzenfamilie[6] in Kost gegeben[7], das zweite hat der Nachbar Rotschwanz[8] ins Haus genommen, das dritte Kind, ein Mädel, ist in Pflege bei einer alten Grasmücke[9], und für die zwei kleinsten sorgt der Zaunkönig[10]. Ich selbst muß mich regen[11] vom Morgen bis zum Abend um anständig[12] auszu= kommen. Seit vierzehn Tagen nähre[13] ich mich von haarigen Bärenraupen[14], und diese Kost[15] ist nichts für deinen Magen[16]. Nein, ich kann dir nicht helfen, so leid es mir tut.

Da ließ der Frieder traurig den Kopf hängen, sagte dem Kukuk Valet[17] und hob sich von hinnen[18]. Er war aber noch nicht weit gegangen, da rief ihm der Kukuk nach: „Halt, Frieder! Mir kommt ein guter Gedanke. Vielleicht kann ich dir doch helfen. Komm' mit!" sprach's, reckte[19] die Flügel und flog, den Weg zeigend, vor dem Frieder her[20].

Dieser hatte Mühe, seinem Führer zu folgen, denn das Unterholz[21] des Waldes war dicht, und Dornhecken waren auch reichlich vorhanden[22]. Endlich wurde es licht zwischen den Bäumen, und ein Wasser blinkte auf.

---

[1] Belongings. — [2] Oak tree. — [3] Called on him. — [4] Shrugged his wings! — [5] Provided for, lit., *brought them under (care)*, the well-known practise of this bird. — [6] Wagtail. — [7] Given or put to board (Kost). — [8] Redstart. — [9] Hedge sparrow. — [10] Wren. — [11] Move, bestir. — [12] Decently. — [13] I have been feeding on. — [14] Caterpillars. — [15] Fare. — [16] Stomach. — [17] Goodbye. — [18] Antiquated for *took himself off*, went away. — [19] Stretched. — [20] Flew along ahead of Frieder. — [21] Underbrush. — [22] Were there (lit. *at hand*) in abundance.

„Wir sind zur Stelle[1]," sprach der Kukuk und ließ sich auf eine Erle[2] nieder. Vor dem jungen Gesellen lag ein dunkel= grüner Weiher, der durch einen schäumenden Wasserfall gespeist[3] wurde. Schilfhalme[4] und gelbe Schwertlilien standen am Ufer und weiße Wasserrosen[5] mit großen Blättern schwammen auf der Fläche.

„Nun gib acht[6]," sprach der kluge Vogel. „Wenn die Sonne sich neigt[7] und den Staub[8] des Wasserfalls in sieben Farben leuchten[9] läßt[10], dann taucht der Neck[11] aus dem Grund des Weihers, wo er ein krystallenes Schloß hat, und sitzt am Ufer. Dann fürchte dich nicht sondern sprich ihn an. Das weitere wird sich finden[12]."

Da bedankte sich der Frieder bei dem Kukuk, und dieser flog mit raschem Flügelschlag waldeinwärts.

Als über dem Wasserfall die sieben Regenbogenfarben[13] leuchteten, kam der Neck wirklich aus der Tiefe. Er hatte ein rotes Röcklein an und einen weißen Kragen. Seine Haare waren grün und hingen ihm wie eine wirre Mähne[14] auf die Schultern nieder. Er setzte sich auf einen Stein, der sich über den Spiegel des Weihers erhob, ließ die Füße ins Wasser hängen und begann sein Haar mit den zehn Fingern zu strählen[15]. Das war ein mühsames Werk, denn in dem Haar= gewirr hingen Algen[16], Wasserlinsen[17] und kleine Schneck∘n= häuser[18], und der Neck verzog[19] bei dem Versuch, das Haar zu schlichten[20], schmerzhaft das Gesicht.

„Das ist der richtige Zeitpunkt, den Wassermann anzu= reden," dachte Frieder. Er faßte sich ein Herz[21], trat aus den

---

[1] On the spot, or *Here we are!* — [2] Alder. — [3] Lit. fed. — [4] Reeds. — [5] Water lilies. — [6] Watch carefully. — [7] Sinks lower. — [8] Lit. dust, here spray. — [9] Shine. — [10] Lets, causes. — [11] The watersprite will come up from the bottom (Grund) of the pond. — [12] The rest will take care of itself. — [13] Colors of the rainbow. — [14] A tangled mane. — [15] South German for kämmen, to comb. — [16] Seaweed. — [17] Duckweed. — [18] Snail-shells. — [19] Verzog das Gesicht, made a wry face. — [20] To smooth, straighten out. — [22] Took heart, *i.e.*, screwed up his courage.

Erlenhecken, die ihn bisher verborgen[1] hatten, hervor, zog den Hut und sprach: „Guten Abend, Herr Neck!"

Bei dem Klang der Stimme plumpte der Neck wie ein geschreckter Frosch[2] ins Wasser und tauchte unter[3]. Bald aber streckte er wieder den Kopf hervor und sprach unfreundlich: „Was willst du?"

„Mit Verlaub[4], Herr Neck", hob der Frieder an, „ich bin ein gelernter Bader, und es wäre mir eine große Ehre, wenn ich Euch das Haar strählen dürfte."

„Ei", sprach der Neck erfreut und stieg aus der Flut, „du kommst mir gelegen[5]. Was habe ich für Mühe und Plage mit meinem Haar, seit mich die Lorelei, meine Muhme[6], schnöd[7] verlassen hat! Was habe ich nicht alles für die undankbare Person[8] getan! Und eines Morgens ist sie fort, und mein goldener Kamm[9] ist auch fort, und jetzt sitzt sie, wie ich höre, auf einem Felsen im Rhein und hat ein Verhältnis mit einem Schiffer in einem kleinen Schiffe. Da wird der goldene Kamm bald verjubelt[10] sein."

Mit diesen Worten nahm der Neck auf einem Stein Platz. Frieder zog seinen Scherbeutel[11] hervor, band dem Wasser=mann ein weißes Tuch um den Hals und kämmte und salbte[12] ihm das Haar, daß es geschmeidig[13] wurde wie Seide; dann zog er ihm einen schnurgeraden Scheitel[14], der ging von der Stirn[15] bis auf den Nacken, nahm ihm das Tuch ab und machte einen Kratzfuß[16], wie er es von seinem Meister gelernt hatte. Der Neck stand auf und betrachtete[17] sich wohlgefällig[18] im Wasserspiegel. „Was bin ich schuldig?" fragte er dann.

---

[1] Concealed. — [2] Frightened frog. — [3] Dived under. — [4] Beg your pardon. — [5] Opportunely. — [6] Cousin. — [7] Meanly deserted me. — [8] Accent on second syllable; it now has a shady meaning, not to be used in referring to persons in good standing. — [9] All this is a humorous "extension" of Heine's poem "Die Lorelei." — [10] Squandered. — [11] Bag of barber's tools. — [12] Oiled. — [13] Soft and smooth. — [14] Part (in the hair) — [15] Forehead. — [16] Curtsy. — [17] Looked at himself. — [18] With pleasure.

Frieder hatte schon die übliche[1] Redensart „nach Belieben"
auf den Lippen, aber es fiel ihm noch zur rechten Zeit ein,
daß man den Augenblick nützen und das Eisen schmieden müßt,
solange es glüht[2]. Darum räusperte[3] er sich und erzählte dem
Neck seine Lebensgeschichte.

„Also[4] ein Spielmann möchtest du gerne werden?" fragte
der Neck, als Frieder schwieg. „Nimm einmal[5] deine Fiedel
zur Hand und laß mich etwas von deiner Kunst hören!"

Da nahm der Gesell seine Geige, stimmte[6] die Saiten und
spielte sein bestes Stück: „Als der Großvater die Großmutter
nahm", und wie er mit einem zierlichen Schnörkel[7] geendigt
hatte, schaute er erwartungsvoll[8] auf den Neck.

Dieser verzog grinsend das Gesicht und sagte: „Nun höre
auch mich!" Dann griff er in das Röhricht[9] und zog eine
Geige und einen Fiedelbogen hervor, setzte sich zurecht[10] und
hob an zu spielen.

So etwas hatte der arme Frieder noch nie gehört. Erst
klang es wie wenn der Abendwind im Schilfgras spielt, dann
klang es wie Tosen[11] eines Wasserfalls und zuletzt wie sanft
gleitende Flut[12]. Die Vögel in den Zweigen verstummten[13],
die Bienen ließen ihr Summen, und die Fische hoben die
Köpfe aus dem Weiher, um den süßen Tönen zu lauschen.[14]
Dem Burschen aber standen die hellen Tränen in den Augen.

„Herr Neck", sprach er mit aufgehobenen Händen, als der
Wassermann den Bogen ruhen ließ, „Herr Neck, nehmt mich
in die Lehre[15]!"

„Das geht nicht," antwortete der Neck. „Schon meiner
erwachsenen Nixentöchter wegen[16] geht es nicht. Es ist aber
auch nicht nötig. Willst du mir deinen Kamm überlassen[17], so
sollst du ein Geiger werden, wie es keinen zweiten gibt."

---

[1] Customary. — [2] The Germans say: one must forge the iron while it glows. —
[3] He cleared his throat. — [4] So (*never* also). — [5] Transl. by "just": Just take your
fiddle. — [6] Tuned. — [7] Artistic flourish. — [8] Expectantly. — [9] Reeds. — [10] In
position. — [11] Roaring. — [12] Gently flowing water. — [13] Were silent. — [14] To
listen. — [15] Take me as your apprentice. — [16] Wegen, on account of (with genitive) may stand before or after its noun. — [17] Give, leave to me.

„Meinen ganzen Scherbeutel, wenn Ihr wollt," rief der Frieder und reichte ihn dem Wassermann.

Dieser nahm mit einem raschen Griff[1] den dargebotenen Beutel und war im Weiher verschwunden.

„Halt, halt!" rief ihm der Bursche nach, aber sein Rufen war vergebens. Er wartete eine Stunde, aber wer nichts von sich hören ließ, das war der Neck[2].

Der arme Frieder seufzte[3] tief auf, denn es war ihm klar, daß der falsche Wassergeist ihn betrogen[4] hatte; und mit schwerem Herzen wandte[5] er sich, um zu gehen—wohin, das wußte er nicht. Da sah er zu seinen Füßen am Rand des Weihers den Fiedelbogen des Neck liegen. Er bückte[6] sich nach ihm, und wie er ihn in der Hand hielt, verspürte[7] er einen Ruck, der ging von den Fingerspitzen bis in das Schulterblatt hinauf, und es drängte[8] ihn, den Bogen zu versuchen.

„Was fang ich armer Teufel an", wollte er spielen aber es war, als ob eine unsichtbare Macht[9] die Hand lenkte[10]; den Saiten entquollen[11] Töne, so süß und silberrein, wie es Frieder nur einmal in seinem Leben gehört hatte, nämlich kurz zuvor, da der Neck die Fiedel strich[12]. Die Vögel kamen herangeflattert und saßen horchend im Geäst[13], die Fische sprangen über die Flut, und aus dem Wald traten die Hirsche[14] und die Rehe[15] und sahen den Spielmann mit klugen[16] Augen an. Und der Frieder wußte nicht, wie ihm geschah[17]. Was ihm durch die Seele zog und was sein Herz bewegte, das fand seinen Weg in die Hand und aus der Hand in das Saitenspiel und klang in süßen Tönen aus.

---

[1] Grasp, *i.e.*, he snatched the proffered bag. — [2] An odd turn, for emphasis: the very one who wasn't heard from, was the watersprite. — [3] Aufseufzen: to heave a deep sigh. — [4] Deceived. — [5] He turned. — [6] Stooped (to get it). — [7] He felt a jerk, or twitch. — [8] He felt the urge. — [9] Power. — [10] Guided. — [11] From the strings flowed tones (die Quelle, a spring of water). — [12] Streichen, strich, gestrichen, to stroke; here, played. — [13] Prefix Ge- forms many neuter collective nouns. Der Ast, the branch; das Geäst, all the branches. Der Berg, the mountain; das Gebirge, (range of) mountains. — [14] Stags. — [15] Deer. — [16] Knowing. — [17] Did not know what had come over him.

Aus dem Weiher aber tauchte[1] der Neck auf und nickte beifällig[2] mit dem Kopf. Dann verschwand[3] er und ließ sich nicht mehr sehen.

Und der Frieder schritt fiedelnd aus dem Wald hinaus und zog durch alle Reiche der Erde und spielte vor Königen und Kaisern. Das gelbe[4] Gold regnete in seinen Hut, und er wäre ein steinreicher[5] Mann geworden, wenn er kein richtiger[6] Spielmann gewesen wäre. Ein richtiger Spielmann aber wird kein reicher Mann.

Seinen Scherbeutel hatte er hingegeben. Darum ließ er sich das Haupthaar wachsen wie weiland[7] der starke Simson[8]. Die andern Spielleute machten[9] es ihm nach, und sie tragen von jener Zeit an langes, wirres[10] Haar bis auf diesen Tag.

---

[1] Auftauchen, emerge; untertauchen, to dive down, submerge. Distinguish carefully from tauschen, to trade or exchange, and täuschen, to deceive. — [2] Approvingly. — [3] Disappeared. — [4] Yellow. — [5] Enormously rich, one of the many picturesque superlatives of which the German is fond. "In a dark night: in einer schwarzen Nacht; in a very dark night: in einer rabenschwarzen Nacht; in a still blacker night: in einer kohlrabenschwarzen Nacht; and in the blackest night ever: in einer kohlpechrabenschwarzen Nacht, where *pitch*, *coal*, and *raven* all combine to express the blackness of the night! — [6] Genuine. — [7] Archaic word for früher, *formerly*. — [8] In the English Bible, Samson. — [9] Nachmachen, to imitate. — [10] Bushy, tangled.

SPRICHWÖRTER

Der Sinkende greift selbst nach einem Strohhalm.

Der Weg zur Hölle ist mit guten Vorsätzen gepflastert.

Alte Liebe rostet nicht.

Schnell begonnen ist halb gewonnen.

Bittere Pillen vergoldet man.

Das Werk lobt den Meister.

Die süssesten Trauben hängen am höchsten.

Wissen ist Macht.

PROVERBS

The drowning man snatches at a straw.

The way to Hell is paved with good intentions.

True love does not rust with age.

Well begun is half done.

Bitter pills are gilded.

The work proves the craftsman.

The sweetest grapes hang on top of the tree.

Knowledge is power.

PART SEVEN

CONTENTS

DER RUNDFUNK IN EUROPA UND IN AMERIKA

1. Haben Sie gestern das herrliche Symphoniekonzert aus New York am Radio gehört, Frau Baxter?

2. Nein, Herr Professor, mein kleiner Fünfröhrenempfänger[1] reicht für solche Entfernungen nicht aus. Er ist überhaupt nicht für Kurzwellenempfang eingerichtet. ('kʊrtsvɛlənempfaŋ)

3. Hatten Sie nicht die Absicht, sich einen stärkeren Apparat anzuschaffen? (apa'ra:t)

4. Ich habe mich entschlossen zu warten, bis ich wieder in New York bin. Wenn ich es mir dann leisten kann, kaufe ich mir vielleicht einen Apparat mit Fernseher. ('fɛrnse:əʀ)

5. Ja, das Fernsehen ist wohl die grösste Errungenschaft[2] auf diesem Gebiet. Ihr Amerikaner wart darin eigentlich bahnbrechend, ('ba:nbreçənd) nicht wahr?

6. Jawohl, Herr Professor; und ich glaube, dass der Rundfunk eine grössere und wichtigere Rolle in unserm öffentlichen und privaten Leben spielt als irgendwo anders in der Welt. ('rʊntfuŋk)

7. Wie unterscheidet sich der amerikanische Rundfunk und seine Leitung von dem europäischen? ('laɪtʊŋ—ɔʏro:'peɪʃən)

8. Vor allem halten wir an der Redefreiheit fest. Die Leitung des amerikanischen Rundfunks ist nicht in den Händen der Regierung, wie in Europa. Die grossen Rundfunkgesellschaften sind Privatunternehmungen.[3] ('re:dəfraɪhaɪt—'rʊntfuŋkgəzɛlʃaftən—pri:'vatʊntərne:muŋən)

9. Aha! Das erklärt wohl das fortwährende Einschalten kleiner Geschäftsanzeigen in die Sendungen, was sich wahrscheinlich für die Fabrikanten der angepriesenen[4] Waren recht gut bezahlt macht. (a:'ha—'fɔrtvɛ:rənt—gə'ʃɛftsantsaɪgən—fabri:'kant)

---

[1] Empfangen, empfing, empfangen, *to receive;* der Empfang, *the reception;* der Empfänger, *receiving set;* der Sender, *broadcasting station;* die Sendung, *the broadcast;* der Ansager, *the announcer.*

[2] From ringen, *to struggle, to strive,* erringen, *to gain by striving;* -schaft forms fem. abstract nouns, therefore Errungenschaft is what has been gained by striving, *i.e., achievement.*

RADIO IN EUROPE AND AMERICA

1. Did you hear the splendid symphony concert from New York on the radio yesterday, Mrs. Baxter?

2. No, Professor, my little five-tube receiving set is not equal to such distances, in fact it is not equipped for short wave.

3. Didn't you intend to get yourself a more powerful set? (Literally: Had you not the intention to acquire for yourself [**sich**] a stronger apparatus?)

4. I have decided to wait until I get back to New York. Then, if I can afford it, I may buy myself a television set.

5. Yes, television is doubtless the greatest achievement in this field. You Americans were really the pioneers in this, were you not?

6. Yes indeed, Professor, and I believe that radio plays a more important part in our public and private life than anywhere else in the world.

7. How does the American radio and its management differ from the European?

8. First of all, we hold tenaciously to freedom of speech. The direction of our American radio is not in the hands of the Government, as in Europe, for our great radio corporations are private enterprises.

9. Aha! Probably (**wohl**) that explains the continual insertion of bits of advertising in the broadcasts, which is doubtless very profitable for the manufacturers of the wares advertised.

---

[3] Privatunternehmungen is formed like the English equivalent *private enterprises;* nehmen, *to take*.

[4] From the verb preisen, pries, gepriesen, *to praise*.

10. Zugegeben, dass solche Reklame uns manchmal auf die Nerven ('nɛrfən) fällt,[1] doch nehmen wir diese gern in Kauf, weil sie es unsern Rundfunkgesellschaften ermöglicht,[2] von Zeit zu Zeit dem Publikum die glänzendsten Darbietungen ('glɛntsɛntstən 'da:rbi:tʊŋən) zu bringen; zum Beispiel, einmal wöchentlich die Metropolitan Oper und viele der hervorragenden Symphonie-orchester.

11. Sie haben soeben von dem grossen Einfluss des Radios auf die öffentliche Meinung des Volkes gesprochen.

12. Dabei dachte ich an unsere grossen Rundfunk-Diskussionen, in denen z.B. alle brennenden Tagesfragen, wirtschaftliche oder politische, von hervorragenden Persönlichkeiten in einem soge-nannten Forum **pro et contra** diskutiert werden. (dɪsku:'ti:rt)

13. Aber gibt es denn gar[3] keine obrigkeitliche[4] Kontrolle?[5] ('o:brɪç-kaɪtlɪçə kɔn'trɔlə)

14. Allerdings, aber nur in betreff des Anstands[6] und der öffentlichen Moral. Anstössige ('anʃtø:sɪgə) Ausdrücke und gehässige (gə-'hɛsɪgə) persönliche Angriffe sind natürlich ausgeschlossen.

15. Fast ebenso wichtig ist der Einfluss[7] unseres amerikanischen Rundfunks auf das Volk in seinem religiösen und patriotischen Fühlen und Denken.[8] (relɪgɪ'ø:zən—patrɪ'o:tɪʃən)

16. Wie meinen Sie das, Frau Baxter?

---

[1] Almost the same as the English, *it gets on our nerves.*

[2] Möglich, *possible*, made into a verb ermöglichen, *to make possible.*

[3] The primary meaning of "gar" is (of food) cooked through, tender, "done," but in combinations with negatives it usually means "at all": gar keine, *none at all*, gar nichts, *nothing whatsoever;* sometimes it is the shortened form of "sogar," *even,* nun meint er gar, ich müsste ihm helfen, *now (to top it all) he thinks I must help him.*

[4] Obrigkeitlich, interesting because derived from the stem ob- (oben, *above*) by three endings: -ig, -keit, -lich. The word means *governmental.*

[5] Kontrolle means *supervision, check-up,* not *control.*

10. Granted that one occasionally gets tired of the advertising, but we willingly (**gern**) take it into the bargain, because it enables our broadcasting companies from time to time to offer the public the most distinguished programs; for example, the Metropolitan Opera once a week, and many outstanding symphony orchestras.

11. You were just speaking of the great influence of radio on public opinion.

12. I was thinking of our great radio discussions, in which any of the burning questions of the day (**Tagesfragen**), economic or political, are debated from both sides by eminent authorities. This we call a forum.

13. But is there no governmental check whatsoever?

14. To be sure, but only in regard to propriety and public morals. Offensive expressions and vituperative personal attacks are, of course, forbidden (excluded).

15. Almost as important is the influence of our American radio upon the religious and patriotic thought and sentiment of our people.

16. Will you please enlarge a little on that, Mrs. Baxter? (Literally: How mean you that, Mrs. Baxter?)

---

⁶ One of the many derivatives, by prefix, from the verb stehen, stand, gestanden. Others are

der Aufstand, *revolt*	der Gegenstand, *object, thing*
der Ausstand, *strike*	der Umstand, *circumstance*
der Bestand, *amount*	der Vorstand, *directorate*
der Beistand, *assistance*	der Zustand, *condition, state*

⁷ "Einfluss" is derived from the verb fliessen, floss, geflossen, *to flow:* der Fluss, *the river;* flüssig, *liquid* (adjective); die Flüssigkeit, *the liquid* (noun); fliessend, *fluently,* er spricht fliessend Deutsch, *he speaks German fluently.*

⁸ Note that in making verbal nouns, the German uses the infinitive (written with a capital), whereas English uses the gerund: Fühlen und Denken, *feeling and thinking.*

17. Nun, Weihnachten und Ostern und andere religiöse Gedenktage werden in ganz Amerika mit Gesang, Instrumentalmusik, und Ansprachen oder Predigten "von Küste zu Küste," wie wir sagen, am Radio gefeiert und auf diese Weise dem ganzen Volk zum Bewusstsein gebracht wie nie zuvor in unsrer Geschichte. ('vaɪnaxtən—'oːstɛrn—'preːdɪçtən)

18. Dasselbe gilt auch für die Gedenktage der Begründer unsrer Nation, besonders Washingtons und Lincolns, so dass der Rundfunk in unserm amerikanischen Volksleben tatsächlich eine enorm wichtige Rolle spielt, sowohl in der Bewahrung und Verbreitung unsrer nationalen Überlieferungen wie auch in der Erziehung der neuen Ankömmlinge[1] zu vaterlandsliebenden Bürgern. (eː'nɔrm—natsjoː'naːlən ʏbəʀ'liːfərʊŋən)

---

[1] The suffix -ling, when (as above) attached to *verbal* stems, denotes the agent or the object (ankommen, *to arrive*, hence in this case *immigrants, new arrivals*); attached to *adjectives*, one who possesses the quality, Fremdling, *stranger*, Jüngling, *a youth.*

17. Well, Christmas and Easter, and other days of special religious observance, are celebrated on the radio in song, instrumental music, and addresses or sermons from coast to coast, as we say, and are in this manner brought to the consciousness of our people as never before in our history.

18. The same thing holds for the anniversaries of the founders of our nation, especially Washington and Lincoln; so that the radio actually (**tatsächlich**) plays an enormously important role in the life of our American people, not only in the preservation and propagation of our national traditions, but also in the education of our new arrivals for patriotic citizenship.

Lese= und Sprechübungen

Grüß Gott,[1] Herr Baxter! Nun, wie geht's?

Ach, es geht wie man's treibt,[2] Herr Professor, ganz leidlich! Und wie geht es Ihnen?

Mir geht es ganz gut, danke, nur war ich ein wenig besorgt,[3] als Sie letzten Donnerstag Ihre deutsche Stunde schwänzten[4],—ich dachte, vielleicht wären Sie unpäßlich[5] oder es wäre Ihnen etwas zugestoßen.[6]

O nein, Herr Professor, so schlimm war es nicht. Ich muß Sie aber um Verzeihung[7] bitten, denn ich hätte Ihnen mitteilen[8] sollen, daß ich letzte Woche auf einige Tage verreisen würde. Nun werde ich aber mein Bestes tun, um das Versäumte nachzuholen.[9]

Nun, was Sie versäumt haben mögen, kümmert[10] mich nicht allzu sehr. Aber ich war die ganze Zeit sehr neugierig, Ihren Bericht[11] über das erste „englische Frühstück" mit Fräulein Alice zu hören!

Ach ja, richtig! Das hatte ich Ihnen versprochen. Nun, ich kann berichten, daß unsere Vereinbarung[12] sich als glänzender Erfolg[13] erwiesen hat, und daß ich in der jungen Dame eine recht begabte[14] Schülerin gefunden habe.

Und wie hat sich der Unterricht in der ersten Stunde gestaltet?[15]

Ich glaube nicht, daß wir gerade in der Stimmung[16] waren, die Sache zu Anfang sehr ernst zu nehmen.

Ihre englische Lehrerin hatte den Unterricht damit angefangen, daß sie ihr englische Kinderreime vorsagte,[17] und diese

---

[1] A South German form of greeting: God greet you! — [2] A jocular reply: How goes it? It goes as you drive it—not too badly! (ganz leidlich, quite tolerably). — [3] Worried. — [4] Student slang: to "cut" a class. — [5] Indisposed. — [6] Happened. — [7] Pardon. — [8] Inform. — [9] To make up what I have missed. — [10] Troubles. — [11] Report. — [12] Arrangement. — [13] Brilliant success. — [14] Gifted, talented. — [15] Shaped. — [16] Mood. — [17] Recited.

wollte mir Fräulein Alice nun ins Deutsche übersetzen, ungefähr so:

> Der kleine Hans Horner saß in einer Ecke
> Und aß seine Weihnachtspastete.
> Er steckte den Daumen hinein
> Und holte eine Pflaume heraus
> Und sagte: Bin ich nicht ein braver Junge!

Das fand ich nun furchtbar ulfig,[1] und bat sie, es mit einem zweiten Kinderreim zu versuchen.[2] Da kam sie mir mit dem folgenden:

> Die alte Mutter Hubbard ging an den Schrank,
> Um ihrem armen Hund einen Knochen zu holen;
> Aber als sie da ankam, fand sie den Schrank leer,
> Und so bekam der arme Hund keinen (Knochen).

Wir haben uns schief gelacht[3] über die komische Wirkung[4] dieser trockenen[5] Übersetzungen in Prosa. Aber wir waren beide der Meinung, daß im Erlernen einer Fremdsprache das Übersetzen nicht die Hauptrolle spielen[6] darf.

Das führte dann zu einer Besprechung[7] der Frage, inwiefern der Erwachsene[8] eine Fremdsprache in der Art und Weise lernen sollte, wie ein Kind seine Muttersprache lernt. Was meinen Sie, Herr Professor?

Ich bin der Meinung, daß wir auch hier das Praktische im Auge behalten[9] sollten. Vor allem dürfen wir nicht vergessen, wie sehr langsam und wie unbewußt das Kind seine Muttersprache lernt.

Bitte, erklären Sie mir das Wort „unbewußt!"

„Unbewußt" ist abgeleitet von wissen, wußte, gewußt, welches Sie als unregelmäßiges Zeitwort gelernt haben, und das "to know" bedeutet; „bewußt" bedeutet "know-

---

[1] Comical. — [2] To try, to attempt. — [3] Colloquial: we laughed ourselves crooked (schief), *i.e.*, we laughed ourselves sick. — [4] Effect. — [5] Dry. — [6] Play the chief part, or role. — [7] Discussion. — [8] Adult. — [9] Keep in view.

ingly," "consciously"; „unbewußt" ist daher "unconsciously," und so lernt das Kind seine Muttersprache. Wenn wir uns aber überlegen[1], wie sehr langsam ein Kind seinen Wortschatz[2] in der eigenen Sprache vermehrt[3], so bin ich überzeugt[4], daß wir Erwachsene sehr bald die Geduld[5] verlieren würden, wenn wir in demselben Tempo arbeiten müßten. Wir möchten den Unterricht und das Lernen möglichst beschleunigen[6]; und dazu gibt es verschiedene Mittel[7], wovon sich die Sprechmaschine mit Schallplatten wohl am besten bewährt[8] hat. Aber erzählen Sie weiter!

Also, als unsre englische Stunde zu Ende war,—und ich muß sagen, meine Schülerin ist in diesem Punkt sehr gewissenhaft[9],—hatte Fräulein Alice noch eine Stunde frei und bestand darauf[10], ich müßte mich so lange im Deutschen üben. Ich glaube bestimmt[11], es lag in ihrer neckischen[12] Natur, sich ein wenig revanchieren[13] zu wollen dafür, daß sie sich mit ihrem Radebrechen[14] der englischen Sprache, wie sie meinte, eine Blöße gegeben[15] hatte. Wie dem auch sei[16], unsre Heiterkeit[17] übertrug[18] sich sofort aufs Deutsche. Meine junge Lehrerin war in bester Laune[19] und erzählte mir eine lustige Geschichte nach der andern. Zwar konnte ich die Pointe (den Witz) nicht immer kapieren,[20] besonders wo es sich um ein Wortspiel handelte[21]; aber jedesmal half mir Fräulein Alice mit einem kleinen Wink,[22] so daß ich mich nicht nur köstlich amüsierte, sondern auch sehr viel lernte, besonders über die Verschiedenheiten[23] im Volkscharakter, dem Naturell, der deutschen Stämme[24].

---

[1] Consider. — [2] Vocabulary, *i.e.*, stock of words. — [3] Increases. — [4] Convinced. — [5] Patience. — [6] Accelerate as much as possible. — [7] Various means. — [8] Proved itself. — [9] Conscientious. — [10] Insisted (upon it). — [12] Teasing, playful. — [13] Not *to revenge*, but in a milder sense: *to get even with me.* — [14] "Murdering." — [15] Sich eine Blöße geben, idiom: to make a fool of oneself, show one's ignorance. — [16] Be that as it may. — [17] Mirth. — [18] Transferred itself. — [19] Humor. — [20] Catch on to. — [21] (Where it) involved a pun. — [22] Hint (not *wink!*). — [23] Differences. — [24] Races, tribes.

Gegensätze zwischen Norddeutschen und Süddeutschen

Das ist ein interessantes Thema, Herr Baxter, das ich noch etwas weiter ausführen[1] möchte. Gerade diese Verschiedenheiten haben es von jeher für die Deutschen sehr schwer gemacht, sich politisch zu einigen[2]; denn der gemütliche Schwabe oder Bayer[3] hat für das stramme, schneidige Wesen[4] des Preußen nicht viel übrig[5].

Der Norddeutsche hat ein starkes Talent für Organisation, besonders für Staatswesen[6], Politik und Geschichte[7]. Ich erinnere Sie daran, daß die älteste deutsche Geschichte, die Sächsische Chronik, von einem Norddeutschen verfaßt[8] wurde. Aber auch die modernen Historiker Niebuhr und Mommsen stammten aus dem Norden. Als Beispiel für das staatsmännische Talent brauche ich Ihnen bloß Bismarck zu nennen.

Dagegen fehlt dem Norddeutschen ein stark entwickelter[9] Sinn für die schöne Form: er hat nur wenig große Kunst erzeugt[10], wenn auch Adolf Menzel als der größte deutsche Maler[11] des 19. Jahrhunderts bezeichnet werden muß. Schon im 12.–16. Jahrhundert finden wir berühmte[12] Künstler im Süden, wie Schongauer, Holbein, Dürer, in Berlin dagegen erst im 19. Jahrhundert. Und wenn der Minnesang im Mittelalter, und im späten Mittelalter der Meistergesang, im Norden einen weniger gedeihlichen Boden[13] fanden als im Süden (Walther von der Vogelweide) so haben wir ihm (dem Norden) dafür zahlreiche[14] wissenschaftliche Entdeckungen[15] zu verdanken,—um nur die beiden Namen Kirchoff und Helmholz zu nennen. Und daß Immanuel Kant aus Königsberg einer der größten Philosophen der Welt war, wird überall anerkannt[16].

---

[1] Discuss, elucidate. — [2] Unite. — [3] Easy-going Swabian or Bavarian. — [4] The rigid, sharp bearing. — [5] Für etwas nicht viel übrig haben: not to have much (liking) left (übrig) for something. Understatement meaning: to dislike something very much. — [6] Statecraft. — [7] History. — [8] Written. — [9] Developed. — [10] Art. — [11] Painter. — [12] Famous. — [13] A less fertile soil. — [14] Numerous. — [15] Scientific discoveries. — [16] Recognized.

Der Dichter[1] Emanuel Geibel, selber ein Norddeutscher aus Lübeck, hat diesen Gegensatz[2] zwischen Nord und Süd sehr treffend[3] in einem Distichon ausgesprochen:

Was ich bin und weiß, dem verständigen Norden[4] verdank[5] ich's;

Doch das Geheimnis[6] der Form hat mich der Süden gelehrt.

Wenn aber der Leipziger das Wort preußisch als Synonym für zornig gebraucht: man möchte preußisch werden (wouldn't that make you mad!), so bezeichnet[7] er damit das Harte, manchmal Herrschsüchtige[8] im Charakter des Nachbars. Sogar die deutschen Laute spricht er „härter" als der Südländer: das Wort Glas, z.B. klingt fast wie englisch "glass," gegen das breitere, tiefere „a" des Süddeutschen.

Hat denn der Norddeutsche gar keinen Humor, Herr Professor?

O doch! Wir dürfen nicht vergessen, daß Till Eulenspiegel und Baron von Münchhausen beide aus dem Norden stammen. Doch sollten wir vielleicht auch hier unterscheiden zwischen Humor und Witz und beim verstandesmäßigen Norddeutschen den Witz, beim gemütvollen[9] Südländer aber den Humor suchen.

Was meinen Sie, Herr Professor, ist eigentlich[10] der Unterschied zwischen Witz und Humor?

Diese Frage wurde einmal von ich weiß nicht mehr wem so beantwortet: „Man m a ch t einer Witz, aber man h a t Humor." Demnach[11] wäre der Witz ein lachenerregender[12] Einfall, während der Humor als eine Eigenschaft der Persönlichkeit[13] oder doch als die Einstellung[14] eines Menschen zum Leben und zu seiner Umwelt[15] betrachtet[16] werden kann.

---

[1] Poet. — [2] Contrast. — [3] Excellently, exactly. — [4] The rational Northland. — [5] Owe. — [6] Secret. — [7] Characterizes. — [8] Domineering (tendency). — [9] Soulful. — [10] Really. — [11] Accordingly. — [12] Laugh provoking. — [13] A characteristic of the personality. — [14] Attitude. — [15] Environment. — [16] Regarded.

Vielleicht könnte man sagen, der Humor ist die Fähigkeit[1], das Leben und besonders sich selber nicht allzu ernst zu nehmen. Goethe hat darauf[2] einen hübschen Spruch[3] gedichtet:

> Ich liebe mir den heitren Mann
> Am meisten unter meinen Gästen.
> Wer sich nicht selbst zum besten haben kann,
> Der ist gewiß nicht von den besten.

Wollen Sie mir freundlichst erklären, was der Ausdruck „zum besten haben" bedeutet?

Recht gern, Herr Baxter, doch haben wir es hier wieder mit einem idiomatischen Ausdruck zu tun, der sich nicht wört=lich übersetzen läßt. Jemand zum besten haben bedeutet „sich über ihn lustig machen", "kid", ihn necken "tease", zum Narren halten "make a fool of". Der genaue Sinn der Goetheschen Zeile[4] wäre also: "He who cannot *enjoy a joke at his own expense* is certainly not a good sport (one of the best)."

Unterscheiden Sie jedoch sorgfältig zwischen diesem Aus=druck und dem ähnlichen[5] mit „geben": etwas zum besten geben. Wir nehmen an[6], sie haben eine Anzahl Freunde zu einem musikalischen Abend eingeladen und wollen jemand zum Singen auffordern.[7] Dann würden Sie wahrscheinlich diesen Ausdruck gebrauchen und sagen: „Fräulein Förster wird uns nun Brahms' Wiegenlied[8] zum besten geben."

Nicht wahr, „zum besten" bedeutet hier "for the pleasure or benefit of the company"?

Ganz richtig! Und nun noch ein letztes Beispiel: eine Veranstaltung zum besten des hiesigen[9] Waisenhauses: "a program (event) for the benefit of the Orphans' Home of this city."

Dürfte ich Sie bitten, noch einmal auf das Thema Witz und Humor zurückzukommen[10]?

---

[1] Capacity, ability. — [2] About this. — [3] Short verse, or epigram. — [4] Line (Zeile) by Goethe. — [5] Similar (one). — [6] Annehmen: assume. — [7] Request. — [8] Lullaby, literally Cradle Song. — [9] Adjective derived from the adverb "hier." — [10] Come back to.

Heines Witz und Goethes Humor

Der Witz, d.h. das Lachenerregende, beruht[1] im weitesten
Maße auf inkongruenten Gegensätzen,[2] die wir unbewußt oder
doch ohne Überlegung[3] komisch finden. Einen Jungen auf
Rollschuhen[4] finden wir ganz natürlich; aber Lessings „dicker,
roter, freundlicher Prälat[5]" auf Rollschuhen würde augen=
blicklich[6] unser Zwerchfell[7] erschüttern. Diese Inkongruenz
mag nun zwischen Personen, Dingen oder Ideen auftreten,[8]
immer ist die Möglichkeit vorhanden, daß sie lachenerregend
wirkt.

Schon die Philosophen von Aristoteles bis Bergson haben
sich um eine Definition des Witzes den Kopf zerbrochen,[9] doch
keinem ist es gelungen,[10] das Rätsel völlig zu lösen.[11] Aristoteles
findet das Lachhafte in der Degradation oder Erniedrigung
des Einzelnen[12] vor der Gesellschaft.[13] Die Komödie, behauptet
er, macht den Menschen schlimmer, als er ist, deshalb lachen
wir ihn aus.[14] Hierher gehört vielleicht die Ansicht Bacons,
daß ein physischer Fehler,[15] der dem unglücklichen Individuum
ein groteskes Aussehen gibt, z.B. ein altes Weib mit einem
Kropf[16] oder ein verwachsenes[17] Kind mit einem Höcker,[18] uns
am sichersten zum Lachen reizt. Auf das Unmenschliche in
dieser älteren Auffassung[19] des Komischen hat der große
deutsche Dichter Gerhart Hauptmann hingewiesen in einem
sehr feinen Aufsatz betitelt „Die Heiligung[20] des Leids",
worin er behauptet, erst durch das Christentum sei das
L a c h e n über die Leiden unsrer Mitmenschen durch das
M i t l e i d[21] ersetzt worden.

---

[1] Derives from. — [2] Contrasts, opposites. — [3] Or at least without reflecting. —
[4] Roller skates. — [5] A pompous church dignitary (prelate) in Lessing's drama
"Nathan The Wise." — [6] Immediately. — [7] Diaphragm. Das Zwerchfell erschüttern: to make one split one's sides with laughter. — [8] Occur. — [9] Have racked
their brains for a definition. — [10] None has succeeded. — [11] To solve the problem
(riddle) completely. — [12] The individual (the single one). — [13] Society. — [14] Aus-
lachen: to laugh to scorn. — [15] Defect. — [16] Goiter. — [17] Deformed. — [18] Hunch-
back. — [19] Conception. — [20] Sanctification. — [21] Pity, sympathy.

Sie hatten von Goethe gesprochen, Herr Professor. Bitte führen[1] Sie das noch etwas weiter aus!

Recht gern. Goethe, das Frankfurter Kind, war kein Witzbold, wie Heinrich Heine aus Düsseldorf, aber ein goldener Humor war ihm eigen[2]. Dafür spricht schon die Tatsache[3], daß Goethe ein großer Kinderfreund war. Ich getraue[4] mir zu behaupten, wer Kinder nicht liebt und sich nicht gern mit ihnen beschäftigt, der hat überhaupt[5] keinen Humor.

Es kommen mir zwei Gedichte in den Sinn, eins von Heine und eins von Goethe, welche meines Erachtens[6] den Unter=schied zwischen Witz und Humor deutlich und interessant kennzeichnen[7]. Beide haben die Reise der drei Weisen (der drei Könige) aus dem Morgenland (The wise men from the east) nach Bethlehem zum Gegenstand[8]. Heines Gedicht lautet wie folgt:

Die heil'gen drei Könige aus Morgenland,
Sie frugen[9] in jedem Städtchen:
„Wo geht der Weg nach Bethlehem,
Ihr lieben Buben und Mädchen?"

Die Jungen und Alten, sie wußten es nicht,
Die Könige zogen weiter;
Sie folgten einem goldenen Stern,
Der leuchtete lieblich und heiter.

Der Stern blieb stehen über Josephs Haus,
Da sind sie hineingegangen;
Das Öchslein[10] brüllte, das Kindlein schrie,
Die heil'gen drei Könige sangen.

---

[1] Ausführen, to develop. — [2] Was characteristic of him. — [3] Fact. — [4] Venture. — [5] At all. — [6] In my opinion. — [7] Mark, or illustrate. — [8] As (their) subject. — [9] Old preterite for "fragten." — [10] Öchslein, little ox, for toying effect.

Mir ist es ganz klar: das einzige, was den Dichter in dieser schönen Legende von der Anbetung[1] des Jesuskindleins anzog, war der witzige Einfall von dem haarsträubenden[2] fünf= stimmigen[3] Konzert. Daß nun dieser pietätlose[4] Witz bei vielen Menschen Anstoß[5] erregen konnte, mochte dem „großen deutschen Spottvogel"[6] Heinrich Heine völlig gleichgültig[7] sein, denn vor dem Heiligen hatte er wenig Respekt.

Sie sehen also, Herr Baxter, daß der Heinesche Witz oft eine zynische[8] Eigenschaft zeigt, die der Dichter manchmal bis zur Frechheit steigert. So soll[9] er auf seinem Sterbebett, nach langen Jahren qualvollen Leidens, im Rückblick[10] auf seine vielen Vergehen und Sünden, bemerkt haben: "Dieu me pardonnera; c'est son métier." Gott wird mir schon ver= geben; das ist ja sein Geschäft!

Daß Heine eine tief unglückliche Natur war, ist keine Frage; aber ebenso sicher ist es, daß er sich immer wieder aus seiner weltschmerzlichen Stimmung[11] zu retten suchte, indem er darüber witzelte, oder seine Leiden vor den Augen der Menschen durch die Pose noch zu erhöhen suchte. Dadurch hat er wohl großenteils unser Mitleid verscherzt[12]; denn man wird schließ= lich irre an ihm, und muß sich fragen: was ist echt, und was ist Pose in Heines Weltschmerz?[11] Und doch, man muß es ihm lassen[13]: er konnte „sich selbst zum besten haben", eine Fähig= keit,[14] die vor allem Goethe sehr hoch schätzte.[15]

Nun aber Goethes Gedicht[16] „Epiphaniasfest", das er zum[17] 6. Januar, 1781 gedichtet, und das Hugo Wolf, der deutsche Liederkomponist, zu Weihnachten[18] 1888 im Hause seines

---

[1] Adoration. — [2] Hair raising. — [3] Five-part. — [4] Irreverent. "Pietät" never means *piety*, but reverence, respect. — [5] Offense. — [6] Mocking-bird. — [7] In- different. — [8] Cynical. — [9] Idiomatic use of modal "sollen": he is said to have remarked. — [10] Looking back. — [11] Melancholy mood. One of the few words adopted in its German form by the English language. — [12] Frittered away, forfeited. — [13] One must admit (ihm, in his favor). — [14] Ability, capacity. — [15] Valued, rated. — [16] Note: das Gedicht, poem; die Dichtung, fiction or poetry; der Dichter, author of a Dichtung (not necessarily verse). — [17] For. — [18] Christ- mas.

Freundes Köchert bei Wien in Musik setzte. Es wurde dann am Epiphaniastag 1888, der mit dem Geburtstag der Frau Köchert zusammenfiel,[1] von ihren drei Kindern mit verteilten Rollen gesungen. Hugo Wolfs Musik, besonders die Begleitung[2] für den Abmarsch der drei Könige am Schluß, ist ebenso humorvoll wie das Gedicht selber.

Die heil'gen drei König' mit ihrem Stern,
Sie essen, sie trinken, und bezahlen nicht gern;
Sie essen gern, sie trinken gern,
Sie essen, trinken, und bezahlen nicht gern.

Die heil'gen drei König' sind kommen allhier,[3]
Es sind ihrer drei und sind nicht ihrer vier;
Und wenn zu dreien der vierte wär',
So wär' ein heil'ger drei König mehr.

Ich erster bin der weiß' und auch der schön',
Bei Tage solltet ihr erst mich sehn!
Doch ach mit allen Spezerein[4]
Werd' ich sein Tag kein Mädchen mir erfrein.[5]

Ich aber bin der braun' und bin der lang',
Bekannt bei Weibern wohl und bei Gesang.
Ich bringe Gold statt Spezerein,
Da werd' ich überall willkommen sein.

Ich endlich bin der schwarz' und bin der klein'
Und mag auch wohl einmal recht lustig sein.
Ich esse gern, ich trinke gern,
Ich esse, trinke und bedanke mich gern.

---

[1] Coincided. — [2] Accompaniment. — [3] Antiquated for "sind hierher gekommen." — [4] For "Spezereien," spices. — [5] Win, *i.e.*, marry. "Freien" is an older word: to woo, or to marry. Der Freier, the suitor, wooer.

Die heil'gen drei König' sind wohl gesinnt[1],
Sie suchen die Mutter und das Kind;
Der Joseph fromm sitzt auch dabei,
Der Ochs und Esel liegen auf der Streu.

Wir bringen Myrrhen, wir bringen Gold,
Dem Weihrauch sind die Damen hold[2];
Und haben wir Wein von gutem Gewächs,[3]
So trinken wir drei so gut als ihrer sechs.

Da wir nun hier schöne Herrn und Fraun,
Aber keine Ochsen und Esel schaun,
So sind wir nicht am rechten Ort
Und ziehen unseres Weges weiter fort.

Ist das nicht ein reizendes kleines Drama, Herr Professor!

Jawohl, und anmutig[4], wie so viele von Goethes Gedichten. Doch hat auch Heine gelegentlich[5] Lieder gedichtet, die nicht mit der bekannten Heineschen „kalten Douche" enden, d.h. mit einem zynischen oder witzigen Einfall die ganze poetische Stimmung zerstören, sondern das Lied im ernsten, gehobenen[6] Ton ausklingen lassen. Davon können Sie sich leicht überzeugen[7], wenn Sie sich die kleine Auswahl[8] seiner Lyrik auf unseren Schallplatten[9] anhören.

Goethe hat sein Verhältnis[10] zur Muse der Dichtung am besten selbst bezeichnet, indem er einmal sagte: Ich habe meine Gedichte nicht gemacht: sie machten mich. Das klingt vielleicht ein wenig paradox, aber wir wissen, was er damit sagen wollte: er dichtete nur aus einem inneren Drang[11] oder aus eigenem Erlebnis[12], mit andern Worten, weil er mußte! Ja, er behauptete sogar „Alles, was von mir bekannt geworden, ist Bruchstück[13] einer großen Konfession."

---

[1] Wohl gesinnt: kindly people. — [2] The ladies are fond of incense! — [3] Vintage, growth (wachsen, to grow). — [4] Charming. — [5] Occasionally. — [5] Lofty or dignified. — [7] Convince. — [8] Selection (wählen, to choose). — [9] Phonograph records. — [10] Relationship. — [11] Urge. — [12] Experience. — [13] Fragment.

Um nun unsere kleine Plauderei[1] über die Verschiedenheiten zwischen den Norddeutschen und Süddeutschen zum Abschluß[2] zu bringen, möchte ich Ihnen ein paar Stellen aus Goethes Gesprächen anführen, in denen er recht unterhaltend[3] auf gewisse Unterschiede in der Aussprache der deutschen Laute Bezug nimmt.[4] Goethe war lange Jahre Direktor des Nationaltheaters in Weimar und war stets bemüht[5], die Aussprache seiner Schauspieler[6] zu verbessern. Darüber sagt er in einem Gespräch mit Eckermann:

Ich habe in meiner langen Praxis Anfänger aus allen Gegenden Deutschlands kennen gelernt. Die Aussprache der Norddeutschen ließ im ganzen wenig zu wünschen übrig.[7] Sie ist rein, und kann in mancher Hinsicht[8] als musterhaft[9] gelten. Dagegen habe ich mit geborenen[10] Schwaben, Österreichern und Sachsen oft meine Not[11] gehabt. Auch Eingeborne unserer lieben Stadt Weimar haben mir viel zu schaffen gemacht. Bei diesen entstehen[12] die lächerlichsten Mißgriffe[13] daraus, daß sie in den hiesigen Schulen nicht angehalten[14] werden, das B von P und das D von T durch eine markierte Aussprache stark zu unterscheiden. Man sollte kaum glauben, daß sie B, P, D, und T überhaupt für vier verschiedene Buchstaben halten, denn sie sprechen nur immer von einem weichen und einem harten B und von einem weichen und harten D und scheinen dadurch stillschweigend[15] anzudeuten, daß P und T gar nicht existieren.

Aus einem solchen Munde klingt denn Pein[16] wie Bein, Paß wie Baß, und Teckel wie Deckel. So spielte in diesen Tagen ein hiesiger Schauspieler die Rolle eines Liebhabers[17],

---

[1] Chat. — [2] Conclusion. — [3] Entertainingly. — [4] Auf etwas Bezug nehmen, to refer to something. — [5] And always (stets) endeavored. — [6] Actors. — [7] Left little to be desired. — [8] In many respects. — [9] Model. — [10] Born, native. — [11] "A lot of trouble." — [12] Arise. — [13] Mistakes. — [14] Urged, required to. — [15] Tacitly. — [16] Pain—leg; pass—bass; Teckel, a small dog—Deckel, lid. — [17] Lover.

der sich eine kleine Untreue[1] hatte zu Schulden kommen[2] lassen, worüber ihm die erzürnte junge Dame allerlei heftige Vorwürfe[3] macht. Ungeduldig[4] hatte er zuletzt auszurufen: „O ende!" (make an end of it!). Er konnte aber das T von D nicht unterschieden und rief: „O ente" (O Ente! Oh you duck!), welches denn ein allgemeines[5] Lachen erregte.

Dann erinnere ich mich an eine junge Sängerin, die das T und D gleichfalls nicht unterscheiden konnte. Sie hatte zu singen: Ich will dich den Eingeweihten[6] übergeben. Da sie aber das T wie D sprach, so klang es, als sagte sie: Ich will dich den Eingeweiden (intestines) übergeben. . . .

Gleicherweise wird hier das „ü" häufig wie „i" ausgesprochen, wodurch nicht weniger die schändlichsten[7] Mißverständnisse veranlaßt werden. Dieser Art ist mir neulich im Theater ein sehr spaßhafter Fall vorgekommen, wo eine Dame in einer mißlichen Lage[8] einem Manne folgen soll, den sie vorher nie gesehen. Sie hatte zu sagen: Ich kenne dich zwar[9] nicht, aber ich setze mein ganzes Vertrauen[10] in den Edelmut[11] deiner Züge. Da sie aber das „ü" wie „i" sprach, so sagte sie: Ich kenne dich zwar nicht, aber ich setze mein ganzes Vertrauen in den Edelmut deiner Ziege (goat). Es entstand ein großes Gelächter.

Auch werden Sie im hiesigen Theater wahrscheinlich sehr oft Kartenhaus für Gartenhaus, Kasse für Gasse[12], und Kunst für Gunst[13] bereits[14] gehört haben oder noch künftig[15] hören. Dergleichen Verwechselung von G und K hören wir übrigens nicht bloß von Schauspielern, sondern auch wohl von sehr gelehrten Theologen. Mir passierte[16] einst persönlich ein Fall[17] der Art, den ich Ihnen doch erzählen will.

---

[1] Infidelity. — [2] Had been guilty of. — [3] Reproaches. — [4] Impatient *he was to exclaim*. — [5] General, universal. — [6] Leave you to the *initiated* ones. — [7] Most terrible (lit., disgraceful). — [8] In a difficult situation (Lage). — [9] To be sure. — [10] Trust, confidence. — [11] The nobility of your features (countenance). — [12] Narrow street, alley. — [13] Favor. — [14] Already. — [15] In the future. — [16] Happened. — [17] A case of this kind.

Als ich nämlich vor einigen Jahren[1] mich einige Zeit in Jena aufhielt[2], ließ sich eines Morgens ein Studiosus der Theologie bei mir melden[3]. Nachdem er sich eine Weile mit mir ganz hübsch unterhalten, rückte[4] er beim Abschied gegen mich mit einem Anliegen ganz eigener Art hervor. Er bat mich nämlich, ihm doch am nächsten Sonntage zu erlauben, statt meiner predigen zu dürfen[5]. Ich merkte sogleich, woher der Wind wehte, und daß der hoffnungsvolle Jüngling einer von denen sei, die das G und K verwechseln. Ich erwiderte ihm also mit aller Freundlichkeit, daß ich ihm in dieser Angelegenheit[6] zwar persönlich nicht helfen könne, daß er aber sicher seinen Zweck[7] erreichen werde, wenn er die Güte haben wolle, sich an den Herrn Archidiaconus K o e t h e zu wenden[8].

---

[1] Some years ago. — [2] Sich aufhalten, to stay, as in a town. — [3] Had (liess) himself announced (melden). — [4] He came out with a request (Anliegen) of a very strange sort. — [5] To be allowed to preach in my place (lit., statt meiner, instead of me). — [6] Matter. — [7] Purpose, object. — [8] Address himself to, apply to.

VOKABELN	VOCABULARY
Hotel—Zimmer—Möbel	**Hotel—Rooms—Furniture**

Das Hotel[1] (ho:'tɛl)	The hotel
Ein Hotel ersten Ranges ('raŋəs)	A first-class hotel
Ein Hotel zweiten Ranges	A second-class hotel
Ich kann Ihnen dies Hotel empfehlen (ɛmp'fe:lən)	I can recommend you this hotel
Die Pension[1] (paŋ'zjo:n)	The boarding-house
Der Wirt (vɪrt)	The landlord
Die Wirtin	The landlady
Der Portier[1] (pɔr'tje:)	The doorman
Der Kellner ('kɛlnəʀ)	The waiter
Das Stubenmädchen ('ʃtu:bən-mɛtɕən)	The chamber-maid
Der Hausknecht ('haʊsknɛɕt)	The man-servant; boots; porter
Rein machen (raɪn)	To clean
Bitte, machen Sie mein Zimmer sofort rein.	Please clean my room at once.
Bitte, machen Sie mein Bett.	Please make my bed.
Putzen Sie meine Schuhe. ('pʊtsən—'ʃu:ə)	Shine (polish) my shoes.
Abbürsten ('apbʏrstən)	To brush off
Bitte bürsten Sie mich ein wenig ab.	Please brush me off.
Der Fahrstuhl ('fa:rʃtu:l) Der Aufzug ('aʊftsu:k)	The elevator

Das Zimmer	**The Room**
Die Stube ('ʃtu:bə)	The room
Das Vorderzimmer ('fɔrdəʀtsɪməʀ)	The front room

---
[1] These words are from the French.

VOKABELN	VOCABULARY
Das Hinterzimmer ('hɪntəʀtsɪməʀ)	The rear room
Liegt dieses Zimmer nach vorn oder hinten?	Does this room lie to the front or to the rear?
Dieses Zimmer liegt nach hinten, ich kann Ihnen aber, wenn Sie es wünschen, ein Vorderzimmer geben.	This room lies to the rear, but I can give you a front room if you wish it.
Der Stock (ʃtɔk) Die Etage[1] (e:'ta:ʒə)	The floor; the story
In welchem Stock liegt dies Zimmer?	On which floor is this room located?
Geben Sie mir zwei zusammenhängende Zimmer.	Give me two connecting rooms.
Das Speisezimmer ('ʃpaɪzətsɪməʀ) Der Speisesaal ('ʃpaɪzəza:l)	The dining-room
Das Fremdenzimmer ('frɛmdəntsɪməʀ)	The parlor
Das Empfangszimmer (ɛmp'faŋstsɪməʀ)	The reception room
Das Wohnzimmer ('vo:ntsɪməʀ)	The sitting room
Das Schlafzimmer ('ʃla:ftsɪməʀ)	The bedroom
Die Tür; die Türen (tʏ:ʀ— 'tʏ:rən)	The door; the doors
Wo führt diese Türe hin?	Where does this door lead to?
Diese Tür führt in das Empfangszimmer.	This door leads to the reception room.
Das Fenster ('fɛnstəʀ)	The window
Einfenstrig ('aɪnfɛnstrɪç)	With one window
Zweifenstrig ('tsvaɪfɛnstrɪç)	With two windows

---

[1] The g in *Etage* is pronounced like z in azure.

VOKABELN

Geben Sie mir ein zweifenstriges Zimmer; die einfenstrigen Stuben sind zu dunkel.

Der Fussboden ('fu:sbo:dən)

Der Teppich ('tɛpɪç)

Haben Sie keine Teppiche auf dem Fussboden?

Wir haben nur kleine Teppiche.

Teppiche über dem ganzen Fussboden gibt es in Deutschland nur sehr selten. ('zɛltən)

Die Wand; die Wände (vant— 'vɛndə)

Die Decke ('dɛkə)

Das Bett—Die Betten

Eng

Weit

Sind die deutschen Betten alle so eng?

Schlafen, schlief, geschlafen ('ʃla:fən—ʃli:f—gə'ʃla:fən)

Haben Sie gut geschlafen?

Ich schlafe gewöhnlich sehr gut, aber in der vergangenen Nacht habe ich sehr schlecht geschlafen (gə'vø:nlɪç — vɛr-'gaŋənən—naxt)

Das Bett machen.

Bitte machen Sie mein Bett sofort.

Ich bin sehr müde und möchte sofort zu Bett gehen.

VOCABULARY

Give me a room with two windows; rooms with one window are too dark.

The floor

The rug

Have you no rugs on the floor?

We have only mats.

Carpets over the whole floor are but rarely found in Germany.

The wall; the walls

The ceiling

The Bed—The Beds

Narrow

Wide

Are all German beds so narrow?

To sleep, slept, slept

Did you rest well?

I generally sleep very well, but last night I slept very badly.

To make the bed.

Please make my bed at once.

I am sleepy and want to retire immediately.

VOKABELN

VOCABULARY

Um wie viel Uhr ist er zu Bett gegangen? (gə'gaŋən)

At what time did he go to bed?

Er ist um zehn Uhr schlafen gegangen (*or* zu Bett gegangen).

He retired at ten o'clock.

Ich habe mich verschlafen (fɛr'ʃla:fən)

I overslept.

Wecken ('vɛkən)

To awaken; to call.

Wecken Sie mich bei Zeiten; ich will mit dem ersten Zug abreisen.

Call me in time; I want to leave by the first train.

Das Kissen ('kɪsən)

The pillow.

Das Laken ('la:kən)

The sheet

Geben Sie mir reine Bettwäsche.

Give me clean sheets.

Die Bettdecke ('bɛtdɛkə)

The blanket

Der Tisch (tɪʃ)

The table

Das Tischtuch ('tɪʃtʊx)

The tablecloth

Der Stuhl; die Stühle (ʃtu:l—ʃtʏ:lə)

The chair; the chairs

Der Schaukelstuhl ('ʃaʊkəlʃtu:l)

The rocking-chair

Der Schrank; die Schränke (ʃraŋk—'ʃrɛŋkə)
Der Kleiderschrank ('klaɪdəʀʃraŋk)

The wardrobe, the wardrobes

Die Kommode (kɔ'mo:də)

The chest

Die Schieblade ('ʃi:pla:də)
Die Schublade ('ʃʊpla:də)

The drawer

Der Spiegel ('ʃpi:gəl)

The mirror

Das Sofa ('zo:fa)

The sofa

Die Lampe ('lampə)

The lamp

Der Lampenschirm ('lampənʃɪrm)

The lampshade

VOKABELN	VOCABULARY
Das Licht (lıçt)	The light
Das Zündholz ('tsʏnthɔlts) Das Streichholz ('ʃtraıçhɔlts) }	The match
Zündhölzchen ('tsʏnthœltsçən) Streichhölzchen ('ʃtraıçhœltsçən) }	Matches
Eine Schachtel ('ʃaxtəl)	A box
Eine Schachtel Streichhölzchen	A box of matches
Die Gardine; die Gardinen (gar'di:nə)	The curtain; the curtains
Toilette machen Sich anziehen ('antsi:ən) Sich ankleiden ('anklaıdən) }	To dress; to make one's toilet
Er zieht sich an. Er kleidet sich an. }	He is dressing.
Haben Sie sich noch nicht ange- kleidet?	Have you not yet dressed?
Sind Sie noch nicht angezogen (*or* angekleidet)?	Are you not yet dressed?
Sie kleidet sich um.	She is changing her dress.
Ich kleide mich aus.	I am undressing.
Der Geschmack (gə'ʃmak)	The taste
Sie kleidet sich mit vielem Ge- schmack.	She dresses with great taste.
Geschmackvoll (gə'ʃmakfəl)	Tasteful
Geschmacklos (gə'ʃmaklo:s)	Tasteless
Dieser Hut steht Ihnen gut.	This hat is becoming to you.

Finden Sie, dass dieser Hut mir
  gut steht?
	Do you think this hat is becom-
	  ing to me?

Ich finde, dass er Ihnen sehr gut steht.	I think it very becoming.
Die Farbe ('farbə)	The color

VOKABELN	VOCABULARY
Diese Farbe steht mir nicht.	This color is not becoming to me.
Das Gesicht (gə'zıçt)	The face
Die Gesichtsfarbe (gə'zıçtsfarbə)	The complexion
Zart (tsart)	Delicate
Rosig ('ro:zıç)	Rosy
Sie hat eine zarte, rosige Gesichtsfarbe; diese grelle Farbe kann sie nicht tragen. ('grɛlə)	She has a delicate, rosy complexion; she cannot wear this strong color.
Diese Farbe ist zu grell (zu matt). (mat)	This color is too strong (too indistinct)
Dies ist die passende Farbe. ('pasəndə)	This is the fitting color.

Waschen
('vaʃən)

To Wash

Ich wasche mir die Hände und das Gesicht. (gə'zıçt)	I am washing my hands and face.
Er wäscht sich das Haar. (vɛʃt—ha:r)	He is washing his hair.
Rein	Clean
Schmutzig ('ʃmʊtsıç)	Dirty
Der Schmutz ('ʃmʊts)	The dirt
Ich wasche mir den Schmutz von der Reise ab.	I am washing off the dirt from the journey.
Der Waschtisch. ('vaʃtıʃ)	The washstand
Die Seife ('zaıfə)	The soap

SPRICHWÖRTER	PROVERBS
Gleich und gleich gesellt sich gern.	Birds of a feather flock together.
Hunde, die viel bellen, beissen nicht.	Dogs that bark the loudest are slowest to bite.
Keine Rosen ohne Dornen.	No rose without a thorn.
Liebe ist blind und macht blind.	Love is blind and makes its victims blind.
Man muss das Eisen schmieden, solange es warm ist.	You must strike the iron while it is hot.
Neue Besen kehren gut.	New brooms sweep clean.
Schöne Worte machen den Kohl nicht fett.	Fine words butter no parsnips.

PART EIGHT

CONTENTS

EIN GESCHÄFTSBRIEF UND "AUF WIEDERSEHEN!"

1. Herr Professor, ich habe hier einen Brief von einem Herrn Ferdinand Keller von der Firma Keller und Meyer und wollte Sie fragen, ob Sie diese Firma kennen?

2. Das ist doch die bekannte Kunsthandlung Keller und Meyer, Hauptgeschäftsstelle hier in München, mit Filialen[1] in Dresden und Wien. ('haʊptgəʃeftsʃtɛlə—fiːlɪˈaːlən—ˈdreːstən—viːn)

3. Herr Meyer schreibt:

"Sehr geehrter Herr Baxter! Durch einen langjährigen Freund, Herrn Robert Pearson aus New York, ist es uns zur Kenntnis gekommen, dass Sie im Interesse Ihres Kunstgeschäftes zur Zeit unsre Stadt München besuchen, um sich in der älteren und neueren deutschen Kunst weiter zu orientieren.

"Wenn unsre Firma Ihnen dabei in irgend einer Weise förderlich[2] sein kann, sind wir gern bereit, Ihnen unsre Dienste zur Verfügung zu stellen. Es dürfte Sie vielleicht interessieren, unsre Galerien[3] zu besichtigen, in denen wir gerade während des laufenden Monats eine Ausstellung alter Kupferstiche zeigen, darunter einige recht seltene Dürer und Schongauer.

"In der angenehmen Erwartung, Ihre persönliche Bekanntschaft machen zu dürfen,[4] bin ich mit vorzüglicher Hochachtung

Ihr ergebener

Ferdinand Keller."

Nun, das finde ich ausserordentlich liebenswürdig, Herr Professor.

4. Das ist es auch, und ich würde sofort von dem freundlichen Anerbieten Gebrauch machen.

---

[1] "Filiale," branch (of a business or office).

[2] Note that "fördern means *to further*, but "fordern," *to demand*.

[3] A number of words in German are spelled so nearly like English that they must be watched: *e.g.*, Galerie, Parlament, Brillant, Adresse, and others.

A BUSINESS LETTER AND "AUF WIEDERSEHEN!"

1. Professor, I have a letter here from a Mr. Ferdinand Keller, of the firm of Keller and Meyer, and I wanted to ask you if you know this firm.

2. That must be the well-known firm of art dealers, Keller and Meyer, with its main establishment here in Munich and branch houses in Dresden and Vienna.

3. Mr. Meyer writes:

"My dear Mr. Baxter: Through a friend of long standing, Mr. Robert Pearson of New York, it has come to our knowledge that you are just now visiting our city of Munich in the interests of your business as a dealer in art, in order to orient (inform) yourself further in the older as well as the more modern (periods of) German art.

If our firm can in any wise be of assistance to you in this, we shall be very glad to put our facilities (services) at your disposal. Perhaps it would interest you to inspect our galleries,[3] in which during the current month we are showing an exhibition of old engravings, among them some very rare Dürers and Schongauers.

Trusting that I may have the pleasure of making your personal acquaintance, I remain,

Sincerely yours,

Ferdinand Keller."

Well, I think that is extraordinarily kind, Professor.

4. So it is, and I should make use of the kind offer at once.

---

[4] It will be noted that a more formal style is used in business correspondence, in which the modal auxiliaries are frequently overworked. But the trend is now toward greater simplicity.

5. Das will ich tun. Ich rufe[1] Herrn Keller heute noch an, um mich mit ihm zu verabreden. (fɛr'apreːdən)

6. Die Firma Keller und Meyer ist eine unsrer ältesten Kunsthandlungen in Süddeutschland, eine Aktiengesellschaft mit beschränkter Haftung (m.b.H.), und da Sie durch einen gemeinsamen Freund eingeführt sind und in keiner Weise miteinander in Konkurrenz stehen, hege ich nicht den geringsten Zweifel, dass man Ihnen gern einen Einblick in ihre ganze Organisation und Geschäftsführung gewähren[2] wird.

7. Ja, eine solche Orientierung wäre vielleicht noch wertvoller für mich als die Ausstellung der alten Kupferstiche.

8. Die Verhältnisse in einem Kunstgeschäft sind wohl ganz verschieden von denen in der Industrie, wo es sich zum Beispiel um Erzeugung und Vertrieb von Massenprodukten handelt?

9. Selbstverständlich. Erstens bin ich vorläufig alleiniger Inhaber, also keine Aktiengesellschaft mit beschränkter Haftung![3] Auch ist die Konkurrenz weniger scharf; denn sowohl die Einkaufspreise als auch die Verkaufspreise und der Absatz sind auf unserm Handelsgebiet mehr oder weniger schwankend. (kɔnkʊ'rɛnts)

10. Habe ich Sie richtig verstanden, Herr Baxter: Sie wollen möglichst bald nach Ihrem Besuch bei Keller und Meyer zurück nach Amerika?

11. Jawohl, ich möchte nun wieder ohne Verzug meine geschäftlichen Pflichten zu Hause übernehmen und alle diese neuen Eindrücke ordnen und auswerten.

12. Dann wäre wohl die heutige Unterrichtsstunde unsre letzte.

13. Ja, leider, zu meinem aufrichtigen Bedauern. Tausend Dank, Herr Professor, für Ihren gediegenen Unterricht und ebenso herzlichen Dank für Ihre unerschöpfliche Geduld und Liebenswürdigkeit. (ʊnɛr'ʃœpflɪçə—'liːbənsvʏrdɪçkaɪt)

14. Keine Ursache,[4] Herr Baxter! Kommen Sie glücklich nach Hause, machen Sie gute Geschäfte und behalten Sie uns in freundlichem Andenken. Leben Sie wohl!

---

[1] Anrufen, *to call on the telephone.*
[2] Gewähren, *to grant, permit.*

5. I shall do that, and I shall give Mr. Keller a ring this very day and make an appointment.

6. Keller and Meyer are one of our oldest art firms in South Germany; and since you have been introduced by a mutual (common, **gemeinsamen**) friend, and are not in any way in competition with them, I have (**hege**: entertain) not the least doubt that they would be glad to allow you to gain an insight into their entire organization and (method of) carrying on their business.

7. Yes, such an orientation would perhaps be more valuable to me than the exhibition of old engravings.

8. I suppose (**wohl**) conditions are very different in your line, the art business, from those in industry, where it is a matter, for example, of the manufacture and distribution of mass products.

9. Of course. First of all, I am for the time being (**vorläufig**) sole proprietor, and not a stock company with limited liability. Moreover, competition (in our line of business) is less keen, for cost prices as well as sales prices and volume of sales (**Absatz**) are more or less fluctuating.

10. Did I understand you to say (Literally: have I understood you correctly), Mr. Baxter, that as soon as possible after your visit to Keller and Meyer you want (to get) back to America?

11. Yes, I should now like to resume my business duties at home without delay, and organize and put to use all these new impressions.

12. Then to-day's lesson would doubtless be the last.

13. Yes, unfortunately, and to my sincere regret. A thousand thanks, Professor, for your excellent instruction, and just as hearty thanks for your inexhaustible patience and kindness.

14. Don't mention it, Mr. Baxter! A safe trip home! May your business flourish! And keep us in kindly remembrance! Good-bye.

---

[3] "Mit beschränkter Haftung" (m. b. H.) is the exact equivalent of our expression "limited" after the name of a firm, and means *with limited liability*.

[4] The full sense is, you have no reason (Ursache) to thank me.

Lesestücke

(Fortsetzung)

Im ganzen kann man sagen, tragen die norddeutschen Mundarten[1] das Gepräge[2] des Flachlandes und der Meeresküste, die süddeutschen sind das Spiegelbild[3] des Gebirgslandes; jene haben die weicheren Formen, diese fast durchweg die härteren und schärferen Laute. Die oberdeutschen Mundarten werden gesungen, d.h. es findet in ihnen ein mannigfacher Wechsel[4] in Höhe und Tiefe, Stärke und Schwäche der Töne statt, ein Anschwellen und Sinken der Stimme, wodurch die Sprache eine weit bedeutendere Modulation für das Ohr darbietet[5], als die des Niederdeutschen. Der Niederdeutsche spricht mehr glatt weg und eintöniger[6], ohne die Stimme merklich zu heben oder zu senken. Im ganzen ist seine Sprache ebenmäßiger[7], einförmiger wie sein Land, die des Oberdeutschen farbiger[8], volltönender, weit mannigfaltiger, wie seine Bodenfläche[9] und die Natur seiner Umgebung[10].

Nun habe ich Sie aber schon mehr als genug über dieses Thema unterhalten, Herr Baxter. Ich will nicht[11] hoffen, daß Sie sich dabei zu sehr gelangweilt[12] haben.

---

[1] Dialects. — [2] Stamp, character. — [3] Reflection. — [4] Alternation. — [5] Offers. — [6] Monotonous. — [7] More even. — [8] More colorful. — [9] Surface of the ground. — [10] Surroundings. — [11] Note the idiomatic placing of the negative. — [12] Bored.

Nymphen und Nixen

Im Gegenteil, Herr Professor, ich habe Ihre Aus=
führungen[1] überaus interessant und lehrreich[2] gefunden. In
diesem Zusammenhang[3] möchte ich, wenn Sie gestatten[4], noch
eine Frage an Sie richten. Ich hatte mir nämlich die griechi=
schen Nymphen immer als harmlose, menschenfreundliche
Kreaturen gedacht, die niemand etwas zu leide tun; und nun
lese ich in Goethes Ballade „Erlkönig hat mir ein Leids
getan," und auch in Heines Gedicht hat die Lorelei den
Schiffer in den Tod gelockt[5]. Ist dieser Unterschied in der
Beseelung (Personifikation) der Natur vielleicht auch auf die
Verschiedenheit in Landschaft und Klima zurückzuführen?

Nach meiner Ansicht, ganz gewiß. Denn die nordischen
Nixen und die Nymphen des sonnigen Griechenland sind in
gleicher Weise Erzeugnisse[6] der Volksphantasie und ver=
körpern[7] sozusagen das Naturgefühl[8] der verschiedenen
Völker. Nun ist aber die Natur im kalten Norden dem
Menschen viel weniger zugetan[9] als im Süden. Ihm scheint
die Sonne nicht so lange oder so warm wie dem Bewohner
der Mittelmeerländer[10]. Oft muß der Nordländer seinen
kargen[11] Lebensunterhalt dem stürmischen Meer oder dem
unfruchtbaren Boden mit Lebensgefahr abgewinnen. Ihm
wachsen die Trauben[12] nicht in den Mund, wie man zu sagen
pflegt[13]. Unter grauem Himmel muß er „im Schweiß seines
Angesichts[14] sein Brot essen", wie es in der Bibel heißt.

Der Bewohner des sonnigen Südens dagegen steht in
einem viel intimeren und vertraulicheren[15] Verhältnis zu
„seiner" Natur. Die freundliche Sonne zeitigt[16] für ihn
Früchte im Überfluß[17] und erleichtert ihm das Bedürfnis[18] nach

---

[1] Discussion. — [2] Instructive. — [3] Connection. — [4] With your permission. —
[5] lured. — [6] Products. — [7] Embody. — [8] Nature-sense. — [9] "zugetan sein," to be
kind. — [10] Mediterranean countries. — [11] Scant subsistence. — [12] Grapes. —
[13] As the saying goes. — [14] "In the sweat of his brow" (Angesicht: *face, countenance*). — [15] Confidential. — [16] Ripens. — [17] Abundance. — [18] Need for pro-
tection and shelter.

Schutz und Obdach. Hier ist die Natur die milde[1] und liebevolle
Nährmutter[2] des Menschen, und es scheint mir deshalb ganz
logisch, daß die Verkörperung der Natur durch die Volksphantasie den gleichen Gegensatz, nämlich zwischen der
tückischen[3], oft gefährlichen Nixe und der anmutigen[4],
menschenfreundlichen Nymphe aufweisen sollte.

Nun möchte ich Ihnen aber als weitere Lektüre[5] einige
Proben deutscher Prosa vorlegen, an denen Sie sich im Lesen
der deutschen Sprache üben können. Doch möchte ich Sie daran
erinnern, daß im Folgenden vieles dazu geeignet[6] ist, auch
Ihre mündliche Beherrschung[7] der Sprache zu erweitern.
Besonders gilt[8] das von ersten Auszug[9], aus den Lebenserinnerungen[10] unseres großen Deutschamerikaners, des berühmten Achtundvierzigers[11], Carl Schurz.

Carl Schurz wurde 1829 in Liblar bei Köln geboren,
studierte auf der Universität Bonn und nahm an der Revolution von 1848 teil. Bei Rastatt wurde er gefangen genommen, entfloh[12] aber in die Schweiz. Im Sommer 1850 ging
er heimlich nach Berlin und befreite auf abenteuerliche[13] Weise
seinen Freund Professor Kinkel aus dessen Gefängnis[14] in
Spandau. Im Jahre 1852 kam er nach Amerika, beteiligte
sich sofort am öffentlichen Leben und trug[15] zum raschen
Emporkommen der Republikanischen Partei und zu Lincolns
Sieg[16] in den Wahlen von 1860 sehr viel bei.

Präsident Lincoln ernannte ihn darauf zum Gesandten[17] in
Spanien; aber schon 1862 kehrte er nach Amerika zurück, um
in die Armee der Union einzutreten. Er rückte rasch zum

---

[1] Indulgent. — [2] Nähren: to feed, to nurture. — [3] Malicious. — [4] Charming. —
[5] Reading matter (never *lecture*). — [6] Suited. — [7] Oral command. — [8] Is true,
applies. — [9] Extract. — [10] Memoirs. — [11] A term applied to the distinguished
Germans who came to the United States as a result of the German revolution
of 1848. — [12] Entfliehen, entfloh, entflohen, to flee. — [13] Adventurous. — [14] Prison
(when "dessen" is used instead of the possessive "seinem," it means "the latter's."
to avoid ambiguity). — [15] Beitragen, to contribute. — [16] Victory. — [17] Ambassa-
dor.

Generalmajor auf und befehligte eine Division am Potomac. 1869–75 vertrat[1] er den Staat Missouri als Senator in Washington und war vier Jahre lang, 1877–81, Sekretär des Inneren unter dem republikanischen Präsidenten Hayes. Zu seinen hervorragenden Leistungen[2] zählt auch die Leitung[3] von verschiedenen einflußreichen Zeitungen und Zeitschriften[4] in englischer Sprache. Carl Schurz starb 1906 in New York.

Seit 1930 besteht[5] in New York eine „Carl-Schurz-Memorial-Foundation"; auch wurde an der Universität des Staates Wisconsin eine Carl-Schurz-Professur[6] gegründet. Er galt und gilt heute noch als unser bester Vertreter[7] des Deutschamerikanertums. Lassen wir ihn aber selber erzählen:

Aus den Lebenserinnerungen von Carl Schurz

Meine Kindheit war im ganzen doch eine sonnige, glückliche Zeit gewesen, bei der die Erinnerung gerne verweilt,[8] und deren weitere Beschreibung in etwas breiter Ausführlichkeit[9] mir verziehen werden muß. Ich schätze mich glücklich, meine früheste Jugend auf dem Lande verlebt zu haben, wo der Mensch nicht allein der Natur sondern auch dem Menschen näher steht als im Gedränge[10] der Stadt. Ebenso schätze ich mich glücklich, in einfachen, bescheidenen Verhältnissen aufgewachsen zu sein, die den Mangel[11] nicht kannten, aber auch nicht den Überfluß; die keine Art von Luxus zum Bedürfnis werden ließen; die es mir natürlich machten, genügsam[12] zu sein und auch die kleinsten Freuden zu schätzen[13]. . . .

War der Sommer an Freuden reich, so war es der Winter nicht weniger. Er brachte nicht allein Eisbahn[14] und Schneeballkämpfe, sondern mir auch den ersten Kunstgenuß.

---

[1] Represented. — [2] Achievements. — [3] Direction. — [4] Journals. — [5] There exists, *i.e.*, there is. — [6] Professorship. — [7] Representative. — [8] Likes to dwell. — [9] Detail. — [10] Crowding. — [11] Want, poverty. — [12] Easily satisfied. — [13] Appreciate. — [14] Coasting.

Von allen freudigen Aufregungen[1] meiner Kindheit übertraf[2] keine die, in welche die Ankunft des Puppentheaters in Liblar mich versetzte; die Begierde[3], mit welcher ich den Ausrufer begleitete, der mit Trommelschlag die Bewohner des Dorfes an die Türen lockte, um dem verehrten Publikum das bevorstehende[4] Schauspiel anzukündigen[5]; die Angst, es möchte mir nicht erlaubt werden, das Theater zu besuchen; die Ungeduld[6], bis die große Stunde endlich kam. Die Bühne[7] war in einem kleinen Saal aufgeschlagen, wo es sonst zuweilen Tanzvergnügen gab. Die Preise für Sitzplätze gingen von vier Pfennigen[8] für Kinder auf dem geringsten[9] Platz bis zu zweieinhalb Silbergroschen[10] für die vordersten Bänke. Einige Talgkerzen[11] bildeten die Beleuchtung. Aber die Mitte des dunklen Vorhanges[12], der uns die Mysterien der Bühne verbarg[13], war mit einer Rosette von Ölpapier in verschiedenen Farben geschmückt, die, von hinten mit einer Lampe beleuchtet, hell und bunt erglänzte und mir den Eindruck des Geheimnisvoll-Wunderbaren gab. Ein Schauer[14] der Erwartung überlief mich, als endlich eine Schelle[15] dreimal erklang, tiefe Stille im Saal eintrat und sich der Vorhang erhob.

Die Szene war mit mehr oder weniger perspektivischen Kulissen[16] eingerichtet[17] und die Figuren wurden von oben mit Drähten[18] geführt. Das erste Stück, das ich sah, war „Die schöne Genovefa". Die schöne Genovefa ist die Gemahlin des Landgrafen Siegfried. Der Graf will ins heilige Land ziehen, um das Grab Christi den Ungläubigen[19] abzunehmen. Er übergibt die Sorge für die Burg und die Gräfin seinem

---

[1] Excitements. — [2] Übertreffen, übertraf, übertroffen, to surpass. — [3] Eagerness. — [4] Coming. — [5] Announce. — [6] Impatience. — [7] Stage. — [8] About one penny. — [9] Cheapest. — [10] About 5 cents. — [11] Tallow candles. — [12] Curtain. — [13] Concealed. — [14] Thrill. — [15] Small bell. — [16] Wings (of a stage). — [17] Arranged, equipped. — [18] Wires. — [19] (From the) unbelievers, infidels.

Burgvogt[1] Golo, dem er volles Vertrauen schenkt. Kaum ist der Graf davongeritten, als der böse Golo den Gedanken faßt, sich selbst zum Landgrafen zu machen und die schöne Genovefa zu heiraten. Die schöne Genovefa stößt ihn mit Abscheu[2] zurück. Da läßt der böse Golo sie in ein tiefes Burgverlies[3] werfen und befiehlt einem Knechte, sie zu töten. Der Knecht verspricht es, erbarmt[4] sich aber der schönen Genovefa und führt sie aus ihrem Kerker[5] in einen großen, einsamen Wald, während er dem bösen Golo sagt, daß der Mord vollbracht[6] sei.

Die schöne Genovefa nährt sich im Walde von Kräutern[7] und Beeren und findet Obdach in einer Felsenhöhle[8]. Da gebiert sie ein Knäblein, den Sohn des Landgrafen Siegfried. Dem Kinde gibt sie den Namen Schmerzenreich. Als sie nun die Gefahr, mit dem Kinde verhungern[9] zu müssen, vor sich sieht und der Verzweiflung[10] nahe ist, da betet sie inbrünstig[11] zu Gott um Rettung[12], und siehe, es kommt eine Hirschkuh[13] mit vollem Euter[14] und bietet hinreichende[15] Nahrung für Mutter und Kind. Täglich erscheint die treue Hirschkuh wieder, und Schmerzenreich wächst allmählich auf zu einem kräftigen Knaben. Plötzlich kommt der Landgraf Siegfried vom heiligen Lande zurück, zum großen Schrecken des bösen Golo, der gehofft hatte, sein Herr werde in der Ferne[16] den Tod finden.

Da die andern Burgleute ihn sofort wiedererkennen, über= gibt Golo ihm das Schloß und erzählt ihm eine abscheuliche[17] Lügengeschichte[18] über Genovefa, die verdientermaßen[19] ge= storben sei. Der Graf ist tief betrübt[20]. Er zieht zur Jagd[21] in den Wald hinaus, und stößt auf eine Hirschkuh, die er verfolgt und die ihn immer tiefer in die Einsamkeit[22] lockt bis zu der Felsenhöhle, in welcher die schöne Genovefa mit Schmerzen=

---

[1] Governor of the castle. — [2] Disgust. — [3] Castle dungeon. — [4] Takes pity on. — [5] Prison. — [6] Accomplished, done. — [7] Herbs. — [8] Rocky cave. — [9] To starve. — [10] Despair. — [11] Fervently. — [12] Rescue. — [13] Hind. — [14] Udder. — [15] Sufficient. — [16] In the far-off land. — [17] Despicable. — [18] Story of lies. — [19] Who had deserved to die. — [20] Sad. — [21] The hunt. — [22] Solitude.

reich wohnt. Die Gatten[1] erkennen sich wieder, die Wahrheit kommt an den Tag, die schöne Genovefa und Schmerzenreich werden im Triumph in die Burg zurückgebracht, und der schändliche Golo wird verdammt, in demselben Kerker, in den er einst Genovefa geworfen, des bittern Hungertodes zu sterben.

Das Puppentheater führte[2] noch zwei andere Stücke auf, eins vom Prinzen Eugen—ein Heldenstück[3], in welchem große Schlachten[4] geschlagen[5] und die papiernen Türken reihenweise[6] niedergeschossen wurden—und ein Feen= und Zauberstück[7] mit allerlei erstaunlichen Verwandlungen[8]. Diese Dinge waren recht hübsch, aber mit der Genovefa ließen sie sich nicht vergleichen[9]. Der Eindruck, den die Genovefa auf mich machte, war überwältigend. Ich vergoß heiße Tränen bei dem Abschied[10] des Grafen Siegfried von seiner Gemahlin und noch mehr bei ihrem Wiedersehen; ich konnte kaum einen Jubelschrei unterdrücken[11], als die Gatten wieder in ihre Burg einzogen und den schändlichen Golo seine wohlverdiente Strafe erreichte. Ich glaube nicht, daß jemals in meinem Leben bei der Betrachtung eines Schauspiels[12] meine Phantasie tätiger, die Illusion vollständiger und die Wirkung auf Geist[13] und Gemüt[14] unmittelbarer[15] und mächtiger gewesen ist. Diese Puppe mit dem Federhut war mir der leibhaftige[16] Graf Siegfried, diese mit dem roten Gesicht und dem schwarzen Bart der böse Golo, diese im weißen Kleide mit den gelben Haaren die schöne Genovefa und jenes kleine rötliche Ding mit den zappelnden Beinen[17] die wahrhafte Hirschkuh.

Dies blieb so, als ich im folgenden Winter die schöne Genovefa wieder sah. Ich wußte nun, wie die Sache aus=

---

[1] Husband and wife. — [2] Aufführen, to put on (a play). — [3] Heroic play. — [4] Battles. — [5] Fought. — [6] In rows. — [7] A play about fairies and magic. — [8] Transformations. — [9] Vergleichen, to compare. — [10] Farewell. — [11] Suppress a shout of joy. — [12] In watching a play. — [13] Mind. — [14] Emotions. — [15] More direct. — [16] Incarnate, living. — [17] Wiggling legs.

laufen[1] würde, und als ich den Grafen Siegfried von seiner Gemahlin Abschied nehmen sah, um ins heilige Land zu ziehen, konnte ich mich kaum enthalten[2], ihm zuzurufen, er möchte doch ja nicht fortgehen, da sonst etwas ganz Entsetzliches[3] passieren werde. Wie glücklich ist doch jener naive Zustand, in dem man so voll genießt, da sich die Einbildung[4] so rückhaltlos[5] der Illusion hingibt, ohne im geringsten durch eine kritische Neigung[6] gestört zu werden.

Gerade diese meine Genußfähigkeit[7] empfing schon früh einen bösen Stoß[8]. Als ich, etwa neun Jahre alt, in Brühl zur Schule ging, hielt sich dort eine wandernde Truppe auf, die leichtere Schauspiele und Komödien aufführte. Ihr Hauptstück war Körners „Hedwig, die Banditenbraut". Mein Oheim Ferdinand, der einmal in Brühl über Nacht bleiben mußte, führte mich hin. Es war das erstemal, daß ich wirkliche lebende Menschen auf der Bühne sah. Die Hauptrolle, die des Bösewichts[9] Rudolf, wurde mit all den zähnefletschenden[10] Fratzen gespielt, deren man sich auf einem solchen Landtheater versehen[11] konnte; da ich das jedoch damals noch für bare Münze[12] nahm, so blieb ein starker Eindruck nicht aus. Aber unwillkürlich[13] fühlte ich mich zum Nachdenken angeregt[14] über das, was vor meinen Augen vorging, und ich konnte nicht zu einer so befriedigenden Illusion kommen wie früher im Puppentheater mit seiner schönen Genovefa.

Diese zur Kritik neigende Stimmung empfing einen furchtbaren Anstoß[15], als ich die Banditenbraut, diesmal in Gesellschaft meines Vaters, zum zweiten Male sah. Im letzten Akt soll dem Text nach Hedwig den über eine Falltür[16] gebückten

---

Come out, end. — [2] Resist, restrain (myself from). — [3] Something frightful. — [4] Imagination. — [5] Completely, unreservedly. — [6] Inclination. — [7] Capacity for enjoyment. — [8] Jolt. — [9] Villain. — [10] Lit. teeth-gnashing grimaces. — [11] Expect. — [12] At its face value. — [13] Involuntarily. — [14] Stimulated, *i.e.*, moved to reflect (nachdenken). — [15] Impetus. — [16] Trap-door.

Böfewicht Rudolph mit einem Flintenkolben[1] niederſchmet=
tern. Auf der Bühne in Brühl war dies jedoch ſo geändert
worden, daß Hedwig den Böſewicht nicht mit der Flinte
erſchlagen[2], ſondern erſchießen[3] ſollte. Als nun in der Vor=
ſtellung[4] die Schauſpielerin in der Rolle der Hedwig die
Flinte abdrückt[5], verſagt[6] das Schloß[7] mit einem leiſen Klick.
Rudolf bleibt über die Falltür gebückt ſtehen, in der Hoffnung,
möglichſt bald getötet zu werden. Hedwig ſpannt[8] den Hahn
noch einmal und drückt ab, aber wieder umſonſt. Die arme
Schauſpielerin ſteht ratlos[9] da. Im Zuſchauerraum[10] die
tiefſte Stille der Erwartung. Nun kommt hinter den Kuliſſen
ein Ruf hervor in dem lauten Flüſterton[11], der ein ganzes
Haus füllt, und in unverkennbar[12] reinſtem Brühler Dialekt:
„Hau en met dä Kollef op dä Kop! Hau en!“ (Hau[13] ihn
mit dem Kolben auf den Kopf! Hau ihn!) worauf Hedwig
die Flinte gemächlich[14] umdreht und Rudolf, der geduldig[15]
mehrere Minuten lang auf einen jähen[16] Tod gewartet hatte,
mit dem Kolben auf den Kopf ſchlägt. Rudolf ſtürzt hin, das
Publikum bricht in ein wieherndes[17] Gelächter aus, und der
erſchlagene Böſewicht, wie er auf der Bühne liegt, kann ſich
nicht enthalten[18], daran teilzunehmen.

Im Zuſchauerraum wollte das Lachen nicht aufhören[19]. Ich
hätte lieber weinen mögen. Auf mich hatte dieſer Vorfall eine
wahrhaft verblüffende[20] Wirkung. Mit der reinen Hingabe[21] an
die Illuſion und ſo auch mit der reinen Luſt an dramatiſchen
Darſtellungen war es nun zu Ende, wenigſtens bis mir
künſtleriſche Leiſtungen[22] einer höheren Art entgegentraten;
und dieſe kamen glücklicherweiſe bald während meiner Schul=
zeit auf dem Gymnaſium in Köln.

---

[1] Butt-end of a musket. — [2] To kill by a blow. — [3] Shoot dead. — [4] Performance. — [5] Pulls the trigger. — [6] Fails (to work). — [7] Lock (of the musket). —
[8] Cocks the gun once more and pulls the trigger. — [9] Perplexed. — [10] Lit. "spec-
tator room." — [11] Translate: stage whisper. — [12] Unmistakably. — [13] Hit him on
the head with the butt! — [14] Slowly, deliberately. — [15] Patiently. — [16] Sudden. —
[17] "Horse laugh," "das Wiehern" is the neighing of a horse. — [18] Resist, lit.
"abstain from." — [19] Cease. — [20] Bewildering. — [21] Surrender. — [22] Artistic
achievements.

Die März-Revolution 1848.

Von allen Seiten kamen aufregende Nachrichten[1]. In Köln herrschte
drohende Gährung[2]. In den Wirtshäusern[3] und auf den Strassen
erklang die Marseillaise, die damals noch in ganz Europa als die
allgemeine Freiheitshymne galt. In Koblenz, Düsseldorf, Aachen,
Krefeld, Kreve und anderen rheinischen Städten fanden ähnliche
Demonstrationen statt[4]. In Süddeutschland—Baden, Rheinhessen,
Württemberg, Bayern—flammte der Geist der neuen Zeit wie ein
Lauffeuer auf. In Sachsen erzwang die trotzige[5] Haltung der Bürger-
schaft von Leipzig das Nachgeben[6] des Königs. Von Wien kam grosse
Kunde[7]. Die Studenten der Universität waren es dort, die den Kaiser
von Österreich zuerst mit freiheitlichen Forderungen bestürmten.
Blut floss, und der Sturz Metternichs war die Folge. In den grossen
Städten Preussens war eine gewaltige Regung. In der preussischen
Hauptstadt Berlin wogte das Volk auf den Strassen, und man sah
entscheidungsvollen Ereignissen entgegen. Es gab blutige Zusammen-
stösse zwischen dem Volk und dem Militär, das zur Verstärkung der
Polizeimacht herangezogen war. Ein Kaufmann und ein Student
wurden in einem solchen Getümmel[8] getötet, und mehrere Personen,
darunter einige Frauen, verwundet. Die bittere Stimmung[9], welche
diese Vorfälle[10] erregten, wurde einigermassen beschwichtigt[11] durch
das Gerücht[12], dass sich der König Friedrich Wilhelm von Preussen
endlich zu wichtigen Zugeständnissen[13] entschlossen habe, die am 18.
März öffentlich verkündigt werden sollten. Er hatte sich in der Tat
zu einem Erlass[14] verstanden[15], durch den die Pressezensur als abge-
schafft[16] erklärt und die Aussicht auf weitere liberale Reformen
eröffnet werden sollte.

Am Nachmittag des verhängnisvollen[17] 18. März versammelte sich
eine ungeheure Volksmasse auf dem freien Platz vor dem königlichen
Schloss, um die glückliche Verkündigung zu hören. Der König
erschien auf dem Balkon und wurde mit begeisterten Zurufen
begrüsst. Er versuchte zur Menge zu sprechen, konnte aber nicht
gehört werden. Doch da man allgemein glaubte, dass alle Forderungen
des Volks bewilligt[18] seien, war man bereit zu einem Jubelfest[19].

---

[1] News reports. — [2] Ferment. — [3] Taverns, inns. — [4] Stattfinden, to take
place. — [5] Defiant. — [6] Erzwang das Nachgeben, translate: forced (the king) to
yield. — [7] News. — [8] Riot. — [9] Feeling. — [10] Incidents. — [11] Appeased. —
[12] Rumor. — [13] Concessions. — [14] Edict. — [15] Agreed. — [16] Abolished. — [17] Fate-
ful. — [18] Granted. — [19] Demonstration of joy (Jubel).

Da erhob sich ein Ruf, die Entfernung[1] der Truppen fordernd, die um das Schloss her aufgestellt waren und den König von seinem Volk zu trennen[2] schienen. Offenbar erwarteten die Versammelten, dass auch dieses Verlangen gewährt würde, denn mit grosser Anstrengung[3] wurde ein Durchgang für die Truppen durch die dichtgedrängte[4] Menge eröffnet. Da erscholl ein Trommelwirbel[5], der jedoch zuerst für ein Signal zum Abzug der Truppen gehalten wurde. Aber, statt abzuziehen[6], drangen nun Linien von Kavallerie und Infanterie auf die Menge ein, offenbar zu dem Zweck, den Platz vor dem Schloss zu säubern[7]. Dann krachten zwei Schüsse von der Infanterie her, und nun wechselte die Szene plötzlich und furchtbar wie mit Zauberschlag[8].

Mit dem wilden Schrei: "Verrat[9]! Verrat!" stob[10] die Volksmasse, die noch einen Augenblick vorher dem König zugejubelt hatte, auseinander, sich in die nächsten Strassen stürzend, und allenthalben erscholl der zornige Ruf: "Zu den Waffen! Zu den Waffen!" Bald waren in allen Richtungen die Strassen mit Barrikaden gesperrt[11]. Die Pflastersteine[12] schienen von selbst aus dem Boden zu springen und sich zu Brustwehren aufzubauen, auf denen dann schwarz-rot-goldene Fahnen[13] flatterten—und hinter ihnen Bürger aus allen Klassen, Studenten, Kaufleute[14], Künstler, Arbeiter, Doktoren, Advokaten[15]—hastig bewaffnet mit dem, was eben zur Hand war— Kugelbüchsen, Jagdflinten, Pistolen, Spiessen, Säbeln, Äxten, Hämmern usw. Es war ein Aufstand ohne Vorbereitung, ohne Plan, ohne System. Jeder schien nur dem allgemeinen Instinkt zu folgen. Dann wurden die Truppen zum Angriff befohlen[16]. Wenn sie nach heissem Kampf eine Barrikade genommen hatten, so starrte ihnen eine andere entgegen—und wieder eine, und noch eine. Und hinter den Barrikaden waren die Frauen geschäftig, den Verwundeten beizustehen[17] und die Kämpfenden mit Speise und Trank zu stärken, während kleine Knaben eifrig dabei waren, Kugeln zu giessen oder Gewehre[18] zu laden. Die ganze schreckliche Nacht hindurch donnerten die Kanonen und knatterte das Gewehrfeuer in den Strassen der Stadt.

---

[1] Removal. — [2] Separate. — [3] Effort, exertion. — [4] Closely packed crowd (Menge). — [5] The roll of drums. — [6] Marching off. — [7] To clear. — [8] Stroke of magic. — [9] "We are betrayed!" lit. "Treason!" — [10] Stob auseinander, scattered in all directions. — [11] Blocked. — [12] Paving-stones. — [13] Flags. — [14] Businessmen, The singular is Kaufmann. — [15] Lawyers. — [16] Ordered to attack. — [17] Attend, assist. — [18] Muskets.

Der König schien zuerst entschlossen zu sein, den Aufstand um jeden Preis niederzuschlagen. Aber als die Strassenschlacht nicht enden wollte, kam ihm ihre furchtbare Bedeutung peinlich zum Bewusstsein. Mit jedem einlaufenden Bericht stieg[1] seine qualvolle[2] Aufregung. In einem Augenblick gab er Befehl, den Kampf abzubrechen, im nächsten ihn fortzusetzen[3]. Endlich kurz nach Mitternacht schrieb er mit eigener Hand eine Proklamation "An meine lieben Berliner." Er sagte darin, dass das Abfeuern der beiden Schüsse, das die Aufregung hervorgerufen habe. ein blosser Zufall gewesen sei, dass aber "eine Rotte von Bösewichtern[4], meist aus Fremden bestehend" durch trügerische Entstellung[5] dieses Vorfalles gute Bürger getäuscht und zu diesem entsetzlichen Kampf verführt hätten. Dann versprach er die Truppen zurückzuziehen, sobald die Aufständischen die Barrikaden fortgeräumt[6] haben würden, und schloss mit diesen Sätzen: "Hört die väterliche Stimme Eures Königs, Bewohner Meines treuen und schönen Berlins, und vergesst das Geschehene[7], wie Ich es vergessen will und werde in Meinem Herzen, um der grossen Zukunft[8] willen, die unter dem Friedenssegen Gottes[9] für Preussen und durch Preussen für Deutschland anbrechen[10] wird. Eure liebreiche Königin und wahrhaft treue Mutter und Freundin, die sehr leidend darniederliegt[11], vereint ihre innigen tränenreichen Bitten mit den Meinen. Friedrich Wilhelm." Aber die Proklamation verfehlte ihren Zweck. Sie war von Kanonendonner und Musketenfeuer begleitet, und die kämpfenden Bürger nahmen es übel[12], vom Könige eine "Rotte von Bösewichtern oder deren leichtgläubige Opfer[13]" genannt zu werden.

Endlich, am Nachmittag vom Sonntag, dem 19. März, wurde der Rückzug der Truppen befohlen. Es wurde Friede gemacht mit dem Verständnis, dass die Armee Berlin verlassen, und dass Preussen Pressefreiheit und eine Konstitution haben solle auf breiter demokratischer Grundlage[14].

Nachdem das Militär aus Berlin abmarschiert war, geschah etwas, das an wuchtigem[15] dramatischem Interesse wohl niemals in der Geschichte aller Revolutionen übertroffen[16] worden ist. Stille, feier-

---

[1] Steigen, to rise, to increase. — [2] Agonizing. — [3] Continue. — [4] Gang of scoundrels. — [5] Distortion. — [6] Cleared away. — [7] What has happened. — [8] Future. — [9] Under God's blessing (Segen) of peace (Frieden). — [10] Arise, dawn. — [11] Who is very ill. — [12] Etwas übel nehmen, to take something amiss. — [13] Or their credulous (gullible) victims. — [14] Basis. — [15] Powerful. — [16] Surpassed.

liche Züge[1] von Männern, Frauen und Kindern bewegten sich dem
königlichen Schlosse zu. Die Männer trugen auf ihren Schultern
Bahren[2] mit den Leichen[3] der in der Strassenschlacht getöteten
Volkskämpfer—die verzerrten Züge[4] und die klaffenden Wunden der
Gefallenen unbedeckt, aber mit Lorbeer[5] und Blumen umkränzt. So
marschierten die Züge langsam und schweigend in den inneren
Schlosshof[6], wo man die Bahren in Reihen stellte—eine grausige
Leichenparade[7]—und dazwischen die Männer, teils noch mit zer-
rissenen Kleidern und pulvergeschwärzten und blutbefleckten
Gesichtern, und in den Händen die Waffen, mit denen sie auf den
Barrikaden gekämpft; und bei ihnen Weiber und Kinder, die ihre
Toten beweinten. Auf den dumpfen Ruf[8] der Menge erschien
Friedrich Wilhelm IV. in einer oberen Galerie, blass und verstört[9],
an seiner Seite die weinende Königin. "Hut ab!" hiess es, und der
König entblösste sein Haupt vor den Leichen da unten. Da erklang
aus der Volksmasse heraus eine tiefe Stimme und begann den Choral:
"Jesus meine Zuversicht[10]", und alles[11] stimmte ein in den Gesang.
Als er beendigt war, trat der König mit der Königin still zurück, und
die Leichenträger mit ihrem Gefolge schritten in grimmer Feierlichkeit langsam davon.

Dies war in der Tat für den König eine furchtbare Strafe[12]; aber
zugleich eine schlagende Antwort auf den Satz in seiner Proklamation
an die "lieben Berliner", in dem er die Volkskämpfer "eine Rotte von
Bösewichtern" oder deren verführte[13] Opfer genannt hatte. Wären
wirklich solche "Bösewichter" oder "Anarchisten" in der jetzigen
Bedeutung des Wortes in jener Menge gewesen, so würde Friedrich
Wilhelm IV. schwerlich die schreckliche Stunde überlebt[14] haben, als
er allein und schutzlos dastand, und vor ihm die Volkskämpfer frisch
vom Schlachtfelde, mit dem vom Anblick ihrer Toten geweckten
Groll[15] im Herzen und mit Waffen in ihren Händen. Aber ihr Ruf in
jenem Augenblick war nicht: "Tod dem Könige!" sondern "Jesus
meine Zuversicht."

Am 21. März erschien der König wieder unter dem Volke, zu
Pferd, mit einer schwarz-rot-goldenen Binde um den Arm und einer

---

[1] Processions. — [2] Biers. — [3] Corpses. — [4] Distorted features. — [5] Laurel. —
[6] Courtyard. — [7] Gruesome funeral parade. — [8] Sullen call. — [9] Pale and dis-
tracted. — [10] "Jesus my Trust." — [11] Alles: all the people. — [12] Punishment. —
[13] Misled. — [14] Survived. — [15] Rancor.

schwarz-rot-goldenen Fahne folgend, die man auf sein Verlangen[1] vor
ihm hertrug. Er sprach mit freier Ungebundenheit[2] zu den Bürgern
und erklärte, "er wolle sich an die Spitze der Bewegung für ein
einiges Deutschland stellen"; er beteuerte[3], dass er "nichts im Auge
habe, als ein konstitutionelles und geeinigtes Deutschland". An der
Universität wendete er sich zu den versammelten Studenten und
sagte: "Ich danke Ihnen für den glorreichen Geist, den Sie in diesen
Tagen bewiesen haben. Ich bin stolz darauf, dass Deutschland solche
Söhne besitzt." Es war allgemein verstanden, dass ein neues und
verantwortliches[4] Ministerium gebildet worden sei, bestehend aus
Mitgliedern der liberalen Opposition; dass eine preussische National-
versammlung berufen werden sollte, eine frei gewählte, um dem
Königreich Preussen eine Verfassung[5] zu geben; und dass von dem
Volke aller deutschen Staaten ein deutsches Nationalparlament
gewählt werden und sich in Frankfurt versammeln sollte, um das
ganze Deutschland unter einer konstitutionellen Nationalregierung
zu vereinigen.

Dies war die grosse Kunde, die von Berlin aus über das ganze
Land ging. So schien die Sache der bürgerlichen Freiheit einen
entschiedenen Sieg gewonnen zu haben. Die Könige und Fürsten,
zuvörderst[6] der König von Preussen, hatten feierlich gelobt[7], dieser
Sache zu dienen. Der Jubel des Volkes kannte keine Grenzen.

In neuerer[8] Zeit hat man sich in Deutschland vielfach daran
gewöhnt[9], das Jahr 1848 das "tolle Jahr[10]" zu nennen und die "Ge-
dankenlosigkeit" zu verspotten[11], mit welcher damals grossartige
Programme entworfen[12], umfassende[13] Forderungen gestellt, weitaus-
schauende[14] Bewegungen ins Werk gesetzt und dann grausamen
Enttäuschungen und Katastrophen entgegengeführt wurden.

Aber wen sollte das jetzt noch, im Rückblick gesehen, wunder-
nehmen?[15] Hier war ein Volk, das, obgleich in Wissenschaft[16], Philosophie, Natur und Kunst hoch entwickelt[17], in politischen Dingen unter
strenger Vormundschaft[18] gelebt hatte. Dieses Volk hatte nur aus
der Ferne beobachten können, wie andere Nationen ihr Selbstbe-

---

[1] At his request. — [2] In a free and easy manner. — [3] Assured (them). — [4] Re-
sponsible. — [5] Constitution. — [6] First and foremost. — [7] Note: loben, *to praise*,
but geloben, *to vow*. The past participial form is the same for both. — [8] In recent
times. — [9] Accustomed. — [10] The mad year. — [11] Deride. — [12] Designed, planned.
— [13] Comprehensive. — [14] Far-reaching. — [15] Astonish. — [16] Science. — [17] Developed. — [18] Under strict guardianship.

stimmungsrecht[1] oder ihren tätigen Anteil[2] an der Regierung ausübten[3], und diese fremden Nationen hatte es bewundern und vielleicht beneiden gelernt. Es hatte das Wirken freier Institutionen in Büchern studiert und in Zeitungsberichten verfolgt, sich nach dem Besitz solcher Institutionen gesehnt und nach ihrer Einführung im eigenen Lande gestrebt. Aber bei all diesem Beobachten, Lernen, Sehnen und Streben hatte das herrschende System der Bevormundung es von aller Erfahrung in der Ausübung des politischen Selbstbestimmungsrechtes ausgeschlossen. Es hatte nicht praktisch[4] lernen dürfen, was die politische Freiheit wirklich sei. Es hatte die Lehren[5], welche aus dem Gefühl der Verantwortlichkeit[6] im politischen Handeln entspringen, nie empfangen. Freie Staatseinrichtungen lagen ausserhalb seiner Lebensgewohnheiten; ja, sie waren für dieses Volk nur abstrakte Begriffe.

Es ist müssig[7], sich in Spekulationen zu ergehen über das, was hätte sein können, wenn das, was war, anders gewesen wäre. Aber eins ist doch gewiss: Hätten die Fürsten, unbeirrt[8] von den Umtrieben[9] der reaktionären Parteien auf der einen und von den gelegentlichen Exzessen auf der andern Seite, mit unentwegter[10] Treue und mit Aufbietung all ihrer Macht das getan, was sie dem Volk in jenen Märztagen versprochen hatten, so würden die wesentlichsten[11] der im Jahre 1848 angestrebten Ziele sich damals schon als durchaus erreichbar erwiesen haben. Sicherlich tut man dem deutschen Volke Unrecht, wenn man die Misserfolge der Jahre 1848 und 1849 auf die Rechnung seiner Führer schreibt.

---

[1] Right of self-determination. — [2] Participation. — [3] Exercised. — [4] Note that in the case of the modal auxiliaries and also lassen, sehen, hören, the normal past participle (here gelernt) takes the form of the infinitive (lernen) when preceded by a complementary infinitive (beneiden). — [5] Teachings. — [6] Responsibility. — [7] Idle, futile. — [8] Undisturbed. — [9] Intrigues. — [10] Unswerving. — [11] Most essential.

VOKABELN	VOCABULARY
Ein Stück Seife (ʃtʏk)	A cake of soap
Wohlriechend (ˈvoːlriːçənt)	Perfumed
Das Wasser	The water
Das Waschbecken (ˈvaʃbɛkən)	The basin
Die Wasserkanne (ˈvasərkanə)	The pitcher
Das Handtuch (ˈhantux)	The towel
Die Handtücher (ˈhantʏːçəʀ)	The towels
Abtrocknen (ˈaptrɔknən)	To dry; to wipe
Ich trockne mir die Hände ab.	I am wiping my hands.
Trocknen Sie sich die Hände an diesem Handtuch ab.	Wipe your hands with this towel.
Nass (nas)	Wet
Das Glas; die Gläser (glaːs—ˈgleːzəʀ)	The glass; the glasses
Sich den Mund ausspülen (mʊnt ˈausʃpyːlən)	To rinse one's mouth
Ich spüle mir den Mund aus.	I am rinsing my mouth. (Literally: I rinse to me the mouth out.)
Der Zahn; die Zähne (tsaːn—ˈtsɛːnə)	The tooth; the teeth
Die Zahnbürste (ˈtsaːnbʏrstə)	The tooth-brush
Bürsten	To brush
Ich bürste mir die Zähne.	I am brushing my teeth.
Die Haarbürste (ˈhaːrbʏrstə)	The hair-brush
Die Nagelbürste (ˈnaːgəlbʏrstə)	The nail-brush
Er bürstet sich das Haar.	He is brushing his hair.
Der Kamm (kam)	The comb
Der Staubkamm (ˈʃtaʊpkam)	The finecomb
Kämmen (ˈkɛmən)	To comb

VOKABELN	VOCABULARY
Ich kämme mir das Haar.	I am combing my hair.
Der Scheitel ('ʃaɪtəl)	The parting (of the hair)
Ich mache mir den Scheitel.	I am parting my hair.
Das Öl (ø:l)	The oil
Feilen ('faɪlən)	To file
Ich feile mir die Fingernägel. ('fɪŋəʀne:gəl)	I am filing my fingernails.
Pudern ('pu:dəʀn)	To powder
Der Puder ('pu:dəʀ)	The powder
Die Puderquaste ('pu:dəʀkvastə)	The powder-puff
Sie hat sich das Gesicht gepudert.	She has powdered her face.
Sich baden ('ba:dən) Ein Bad nehmen	To take a bath
Er badet sich Er nimmt ein Bad	He is taking a bath
Das Badezimmer ('ba:dətsɪməʀ)	The bathroom
Die Badewanne ('ba:dəvanə)	The bathtub
Sich rasieren (ra'zi:rən)	To shave
Ich rasiere mich stets selbst.	I always shave myself.
Das Rasiermesser (ra'zi:rmɛsəʀ)	The razor
Mein Rasiermesser ist stumpf (ist nicht scharf); ich muss es schleifen lassen. (ʃtʊmpf— ʃlaɪfən)	My razor is dull (is not sharp); I must have it ground.
Dieses Messer schneidet nicht. ('ʃnaɪdət)	This knife does not cut.
Ich kann mich nicht selbst rasieren.	I cannot shave myself.
Der Barbier (bar'bi:ʀ)	The barber
Die Barbierstube (bar'bi:rʃtu:bə)	The barber-shop

VOKABELN

Bitte seifen Sie mir das Kinn gut
ein.

Rasieren Sie mich gerade herun-
ter. (hɛ'rʊntəʀ)

Rasieren Sie nicht gegen den
Strich. (ʃtrɪç)

Meine Haut ist sehr zart.

Schneiden Sie mir das Haar.

Die Schere ('ʃeːrə)

Die Kleidung
('klaɪdʊŋ)

Das Kostüm

Der Anzug; die Anzüge ('antsuːk
—'antsʏːgə)

Der Rock; die Röcke
(rɔk—'rœkə) }

Das Kleid; die Kleider

Sich einen Rock (ein Kleid, einen
Anzug) machen lassen

Der Schneider ('ʃnaɪdəʀ)

Die Schneiderin ('ʃnaɪdərɪn)

Bei welchem Schneider haben Sie
sich diesen Anzug machen
lassen?

Können Sie mir eine gute Schneiderin empfehlen?

Meine Schneiderin arbeitet vor-
züglich. ('arbaɪtət foːr'tsʏːklɪç)

Mass nehmen (maːs)

VOCABULARY

Please lather my chin thoroughly.

Shave straight down.

Do not shave against the grain.

My skin is very tender.

Cut my hair.

The scissors

The Clothing

The (ladies') suit

The suit; the suits

The coat; the coats
The skirt; the skirts

The dress; the dresses

To have a coat (a dress, a suit)
made

The tailor

The dressmaker

By what tailor did you have
(lassen) this suit made?

Can you recommend a good
dressmaker to me?

My dressmaker does excellent
work.

To measure; to take one's
measure.

VOKABELN	VOCABULARY
Bitte nehmen Sie mir Mass zu einem Kleide.	Please take my measure for a dress.
Die Mode ('mo:də)	The fashion
Trägt man die Kleider jetzt so? (trɛ:kt)	Are dresses of this fashion now worn?
Ja, das ist die neuste Mode.	Yes, that is the latest fashion.
Das Modejournal ('mo:dəʒurna:l)	The fashion magazine
Garnieren (gar'ni:rən)	To trim
Ja, so garniert man sie jetzt.	Yes, this is the way they are trimmed nowadays.
Die Blume; die Blumen ('blu:mə)	The flower; the flowers
Die Spitzen ('ʃpɪtsən)	The lace
Der Samt (zamt)	The velvet
Anprobieren ('anprobi:rən)	To try on
Wann soll ich zum Anprobieren kommen?	When shall I come to try on?
Sie können es übermorgen anprobieren.	You can try it on the day after to-morrow.
Die Bluse ('blu:zə)	The blouse
Bitte probieren Sie die Bluse an.	Please try on the blouse.
Sitzen ('zɪtsən) Passen ('pasən) }	To fit
Die Bluse sitzt (passt) Ihnen sehr gut.	The blouse fits you very well.
Abändern ('apɛndərn)	To alter; to change
Ändern Sie diese Bluse ab; sie sitzt nicht.	Alter this blouse; it does not fit.
Der Ärmel ('ɛrməl)	The sleeve
Die Schulter ('ʃultəʀ)	The shoulder

VOKABELN

Dieser Rock sitzt schlecht in den Schultern. Sie müssen ihn abändern.

Die Ärmel sind zu eng (zu weit; zu lang; zu kurz). (kʊrts)

Falten werfen ('faltən 'vɛrfən)

Der Ärmel wirft hier Falten; bitte ändern Sie ihn ab.

Der Kragen ('kra:gən)

Der Kragen ist zu niedrig. ('ni:drɪç)

Der Kragen ist nicht hoch genug.

Besetzen (bə'zɛtsən)

Der Besatz (bə'zats)

Wann wird mein Kleid fertig?

Ihr Kleid wird morgen ganz bestimmt fertig.

Haben Sie diesen Rock fertig gekauft?

VOCABULARY

This coat fits badly in the shoulders. You must alter it.

The sleeves are too narrow (too wide; too long; too short).

To wrinkle

The sleeve wrinkles here; please alter it.

The collar

The collar is too low.

The collar is not high enough.

To trim

The trimming

When will my dress be done?

Your frock will be done tomorrow without fail.

Did you buy this coat readymade?

SPRICHWÖRTER

Aus den Augen, aus dem Sinn.

Besser ein lebender Hund als ein toter Löwe.

Blut ist dicker als Wasser.

Hunger ist der beste Koch.

Der Mensch denkt, Gott lenkt.

Ehrlich währt am längsten.

Eine Schwalbe macht keinen Sommer.

Es fällt keine Eiche von einem Streiche.

Es ist nicht alles Gold, was glänzt.

Gebranntes Kind scheut das Feuer.

PROVERBS

Out of sight out of mind.

A living dog is better than a dead lion.

Blood is thicker than water.

Hunger is the best sauce.

Man proposes, God disposes.

Honesty is the best policy.

One swallow does not make a summer.

You can't fell an oak with a single stroke.

All is not gold that glitters.

The burnt child dreads the fire.

PART NINE

CONTENTS

Wie Studiosus Leutnant Schurz einen Pfarrer verhaftete[1]

In Baden hatte sich die gesamte[2] Infanterie und Artillerie sowie der grösste Teil der Kavallerie des Grossherzogtums Baden der Volksbewegung angeschlossen[3] und präsentierte ein wohlausgerüstetes[4] Armeekorps von etwa 15 000 Mann. Zugleich[5] war die Festung[6] Rastatt mit ihren Waffen-, Munitions- und Montierungsvorräten[7] in die Hände der Aufständischen[8] gefallen. Freilich hatten sich mit wenigen Ausnahmen die Offiziere zum Grossherzog gehalten und von den Truppen getrennt; aber ihre Stellen waren mit avancierten Unteroffizieren[9] besetzt[10] worden, und unter diesen gab es tüchtige[11] Leute. So erschien denn der badische Aufstand[12] in ziemlich stattlicher Rüstung.[13]

Mir wurde von der provisorischen Regierung[14] ein Leutnantspatent verliehen, und ich wurde Aide-de-Camp im Stabe[15] des Artilleriechefs; aber bis zum Ausbruch der Feindseligkeiten[16] wurde ich auch in politischen Angelegenheiten beschäftigt. So hatte ich zuweilen bei Volksversammlungen[17] mitzuwirken, welche man zur Anfeuerung des patriotischen Eifers[18] veranstaltete; und einmal wurde mir sogar der Auftrag, als Kommissar der provisorischen Regierung die Verhaftung eines katholischen Pfarrers zu bewerkstelligen[19], der seinen Einfluss in seiner Gemeinde[20]—einem grossen Bauerndorf von etwa 3 000 Einwohnern—offen dazu benützte, die jungen Leute von dem Eintritt in die Volkswehr abzuhalten[21]. Dies galt nun für eine Art von Hochverrat[22] an der neuen Ordnung der Dinge. Da der Pfarrer für desperat genug gehalten wurde, sich dem Verhaftsbefehl der provisorischen Regierung gegenüber zur Wehr zu setzen, wurde mir eine Abteilung Volkswehr von ungefähr 50 Mann mitgegeben, um mir bei der Ausführung[23] meines Auftrags Hülfe zu leisten.

Diese bewaffnete Macht[24] sah allerdings[25] nicht sehr achtunggebietend[26] aus. Der sie kommandierende Leutnant war in gewöhnlichen Zivilkleidern, aber mit einem befiederten Kalabreserhut[27],

---

[1] Arrested. — [2] Entire. — [3] Joined. — [4] Well equipped. — [5] At the same time. — [6] Fortress. — [7] With its supplies (Vorräten) of arms, munitions, and equipment. — [8] Revolutionaries. — [9] Noncommissioned officers. — [10] Filled. — [11] Capable. — [12] Uprising. — [13] Rather impressively outfitted. — [14] Provisional government. — [15] Staff. — [16] Hostilities. — [17] Popular meetings. — [18] Zeal. — [19] Accomplish, bring about. — [20] Parish. — [21] Discourage, prevent the young men from joining the *revolutionary forces*. — [22] High treason. — [23] Execution of my orders. — [24] Force. — [25] To be sure. — [26] Awe-inspiring, lit., commanding respect. — [27] Broad-brimmed hat with feathers (befiedert).

einer schwarz-rot-goldenen Schärpe[1] und einem Säbel ausgestattet.
Bei der Mannschaft gab es nur eine einzige militärische Uniform,
und zwar die eines französischen Nationalgardisten, der aus Strassburg herübergekommen war, um das Revolutionsvergnügen in der
Pfalz[2] mitzumachen. Die übrigen Leute trugen ihre bürgerlichen
Kleider etwa mit einem Federschmuck auf dem Hut. Musketen
fanden sich in der Truppe weniger als ein Dutzend, darunter einige
mit alten Feuersteinschlössern[3]. Der Rest der Bewaffnung bestand
aus Spiessen und geradegestellten Sensen[4]. Ich selbst zeichnete mich
als Regierungskommissar durch eine über Schulter und Brust
geworfene schwarz-rot-gelbe Schärpe und einen Schleppsäbel[5] aus.
Ausserdem trug ich im Gürtel eine Pistole ohne Munition.

So ausgerüstet marschierten wir über Land dem Dorfe zu, in dem
der hochverräterische Pfarrer sein Wesen trieb[6]. In der Nähe des
Dorfes angelangt, machten wir Halt, und da unter meinen Leuten
niemand war, der in dem Dorfe Bescheid wusste[7], so wurden drei
Mann ohne Waffen vorausgeschickt, um die Lage des Pfarrhauses
auszukundschaften[8]. Zwei von ihnen sollten, um es zu beobachten,
dort bleiben, und der dritte zu uns zurückkehren um der Expedition
als Wegweiser zu dienen. So geschah es[9].

Als ich an der Spitze meiner bewaffneten Macht in das Dorf
einmarschierte, fand ich die Strassen wie ein Bild stillen Friedens.
Es war ein schöner, sonniger Sommernachmittag. Die männliche
Bewohnerschaft[10], Ackerbauer[11], arbeitete auf dem Felde. Nur einige
alte Leute und kleine Kinder liessen sich an den Türen der Häuser
oder an den Fenstern sehen, unsern abenteuerlichen Aufzug[12] mit
blöder Verwunderung[13] anstarrend. Ich muss gestehen, dass ich mir
einen Augenblick recht sonderbar vorkam; aber meine amtliche
Pflicht liess mir keine Wahl[14].

Rasch wurde mit einer Abteilung meiner Truppe das Pfarrhaus
umzingelt[15], damit mir mein Hochverräter nicht etwa durch eine
Hintertür entwischen[16] könne. Die Hauptmacht blieb in Reih und
Glied[17] auf der Strasse stehen. Ich selbst klopfte an die Tür des
Hauses und befand mich bald in einer einfachen aber behaglich

---

[1] Sash. — [2] The Palatinate. — [3] Flint locks. — [4] Spears and straight-set scythes.
— [5] Long sabre (schleppen, *to drag*, die Schleppe, *the train on a dress*). — [6] Was
carrying on his (nefarious) doings (Wesen). — [7] Knew his way about. — [8] Spy
out. — [9] So it was done. — [10] Inhabitants. — [11] Farmers. — [12] Fantastic pro-
cession. — [13] Dumb amazement. — [14] Choice. — [15] Surrounded. — [16] Slip away,
escape. — [17] Rank and file.

ausgestatten Stube, dem Pfarrer gegenüber. Er war ein noch junger Mann, etwa 35 Jahre alt, kräftige, untersetzte Gestalt[1], wohlgebildeter Kopf mit lebhaften, klug blitzenden Augen. Ich suchte eine strenge, martialische Miene[2] anzunehmen und machte ihn sofort in kurzen Worten mit meinem Auftrag[3] bekannt, legte ihm, wie ich gehört und gelesen hatte, dass es beim Verhaften üblich[4] sei, die Hand auf die Schulter, und nannte ihn meinen Gefangenen. Zu meinem Erstaunen[5] brach er in ein helles Lachen aus, das echt[6] schien.

"Mich verhaften wollen Sie?" rief er. "Das ist nicht übel[7]. Sie sind offenbar Student. Ich bin auch Student gewesen. Ich kenne das[8]. Die ganze Geschichte ist ja nur ein Witz. Trinken Sie eine Flasche Wein mit mir." Dabei öffnete er die Stubentür und rief einem Dienstmädchen zu, sie möge Wein bringen.

Es verdross[9] mich, dass er in mir sogleich den Studenten entdeckt hatte, und dass ihm der Ausdruck amtlicher Autorität in meinen Mienen nicht imponieren[10] wollte. "Machen Sie sich fertig, Herr Pastor," entgegnete ich in möglichst strengem Ton. "Dies ist kein Spass[11]. Sie haben in Ihrer Gemeinde die Organisation der Volkswehr[12] verhindert. Solch verräterisches[13] Treiben kann die provisorische Regierung nicht dulden[14]. Im Namen der provisorischen Regierung habe ich Sie verhaftet. Sie müssen mit. Machen Sie keine Umstände. Ihr Haus ist von Soldaten umzingelt. Zwingen Sie mich nicht, Gewalt[15] zu brauchen!"

"Gewalt! Das möchte ich sehen!" rief er aus, und in seinen Augen flammte etwas auf wie Zorn und Herausforderung[16]. Aber er bezwang[17] sich und fuhr in ernstem aber ruhigem Ton fort: "So grosse Eile[18] hat es doch wohl nicht, dass Sie nicht noch ein Wort anhören könnten. Da kommt das Mädchen mit dem Wein, und wenn ich doch fort muss, erlauben Sie mir noch ein Glas mit Ihnen zu trinken, auf Ihr Wohl[19]! Es ist ja richtig; ich habe meine armen Bauernburschen nicht in die Volkswehr wollen eintreten lassen, um sich für nichts und wieder nichts totschiessen zu lassen. Sie denken doch auch nicht,

---

[1] Thick-set man. — [2] Expression, air. — [3] Commission. — [4] Customary. — [5] Astonishment. — [6] Genuine. — [7] That's not bad. — [8] I know all about that. — [9] Verdriessen, verdross, verdrossen, to annoy. — [10] Impress, overawe. — [11] Joke. — [12] People's Army. — [13] Traitorous doings. — [14] Tolerate. — [15] Force. — [16] Challenge. — [17] Controlled himself. — [18] Hurry (es hat keine Eile, *there's no hurry*). — [19] To your health.

dass dieser kopflose[1] Aufstand gewinnen kann. In wenigen Tagen werden die Preussen Ihre provisorische Regierung über die Grenze[2] gejagt[3] haben. Wozu denn dieser Unsinn[4], der noch vielen Leuten das Leben kosten kann?" Dabei zog er den Pfropfen aus der Flasche und schenkte zwei Gläser voll. Ich hatte nicht Zeit zu überlegen[5], ob ich, durstig wie ich war, mit meinem Gefangenen trinken sollte oder nicht, als ich die Glocke des nahen Kirchturms heftig anschlagen hörte, und dann immer heftiger und rascher. Das konnte nichts anderes sein als Sturmgeläute[6]. Hatten die Bauern von der ihm drohenden Gefahr Wind bekommen und rief diese Sturmglocke sie zu seinem Schutz zusammen? Der Pfarrer schien die Sache sogleich zu verstehen. Ein schlaues[7] Lächeln flog über seine Züge.

"Wie viel Mann haben Sie denn da draussen?" fragte er.

"Genug", antwortete ich.

Ich öffnete das Fenster und sah, wie von allen Seiten Bauern herbeikamen mit Dreschflegeln[8], Heugabeln[9] und Knütteln[10] bewaffnet. Meine Leute standen noch in Reih und Glied auf der Strasse. Einige fingen an, sich ein wenig ängstlich nach den herbeieilenden Bauern umzusehen. Ich befahl dem Leutnant, unsere Mannschaft[11] mit dem Rücken[12] gegen das Haus zu stellen und niemand herein zu lassen. Im Falle eines Angriffs solle er die Tür bis aufs äusserste verteidigen[13]. Ich wies[14] ihn an, denselben Befehl den Leuten zu schicken, welche die Hintertür des Pfarrhauses bewachten. Die Menge[15] der herzueilenden Bauern schwoll immer mehr an. Drohende Ausrufe liessen sich hören. Die Situation wurde offenbar bedenklich[16]. Ob die Handvoll Volkswehrleute dem grossen Haufen fanatischer Bauern gewachsen[17] sein würde, schien sehr fraglich.

Der Pfarrer lächelte noch immer. "Meine Pfarrkinder[18] lassen sich für mich totschlagen", sagte er. "Es scheint mir, dass Ihre bewaffnete Macht in der Gewalt dieser Bauern ist."

Da schoss mir ein glücklicher Gedanke durch den Kopf. "Jedenfalls[19] sind Sie, Herr Pastor, in meiner Gewalt," antwortete ich, indem ich meine Pistole aus dem Gürtel[20] zog und den Hahn spannte.

---

[1] Crazy uprising (Aufstand). — [2] Border. — [3] Chased. — [4] Nonsense. — [5] Consider, reflect. — [6] An alarm. — [7] Sly. — [8] Threshing flails. — [9] Pitchforks. — [10] Clubs. — [11] Collective neuter noun (-schaft) meaning *all our men.* — [12] Their backs (but note that German uses the *singular*). — [13] Defend. — [14] Anweisen, to direct. — [15] Crowd, mob. — [16] Grave. — [17] Equal to, able to cope with. — [18] Parishioners. — [19] At any rate. — [20] Belt.

Der Pfarrer würde noch mehr gelächelt haben, hätte er gewusst, dass die Pistole nicht geladen war. Er hielt sie offenbar für gefährlich und sein Lächeln verschwand[1] plötzlich.

"Was wollen Sie von mir?" fragte er.

"Ich will", sagte ich mit einer äusserlichen Kaltblütigkeit, "ich will, dass Sie unverzüglich[2] an dieses Fenster treten und Ihre Bauern recht eindringlich[3] ermahnen[4], sofort ruhig nach Hause zu gehen. Sie werden hinzusetzen[5], dass Sie mit der Regierung Geschäfte im Interesse Ihrer Gemeinde haben, dass Sie in Begleitung[6] Ihres Freundes hier, das bin ich, nach der Stadt gehen werden, um diese Geschäfte abzumachen[7], und dass diese bewaffneten Volkswehrmänner dazu gekommen sind, Sie unterwegs gegen alle Gefahr und Belästigung[8] zu schützen. Während Sie diese Rede an die Bauern halten, stehe ich mit dieser Pistole hinter Ihnen. Machen Sie Ihre Sache gut, Herr Pastor! Die provisorische Regierung wird es Ihnen anrechnen[9]."

Der Pfarrer sah mich einen Augenblick verdutzt[10] an und lächelte wieder; aber es war ein verlegenes[11] Lächeln. Die Pistole in meiner Hand gefiel ihm augenscheinlich[12] nicht. Dann trat er wirklich ans Fenster und wurde von den Bauern mit lauten Ausrufen empfangen. Er gebot[13] Ruhe und sagte genau das, was ich ihm vorgeschrieben hatte. Er machte seine Sache vortrefflich. Die Bauern gehorchten[14] ihm ohne Zaudern[15], und es wurde still auf der Strasse. Der Pfarrer und ich tranken nun unsere Flasche Wein in aller Gemütlichkeit[16]. Bei eintretender Dämmerung[17] verliessen wir das Haus durch die Hintertür und wanderten miteinander über Land der Stadt zu, wie zwei alte Freunde, in heiterem Gespräch, die bewaffnete Macht[18] ein paar[19] hundert Schritte hinter uns. Unterwegs spielte ich mit meiner Pistole, indem ich sie in die Luft warf und mit der Hand wieder auffing.

---

[1] Disappeared. — [2] Without delay. — [3] Urgently. — [4] Exhort, advise. — [5] Add. — [6] Accompanied by. — [7] Settle, transact. — [8] Annoyance. — [9] Set it down to your credit. — [10] Dumbfounded. — [11] Embarrassed. — [12] Evidently. — [13] Commanded, asked for quiet (Ruhe). — [14] Obeyed. — [15] Hesitation. — [16] One of the most difficult words to translate: where people are jolly, kindly, good-natured, and make you feel at home, you describe the place and the atmosphere as "gemütlich." English "we had an awfully good time" would almost certainly be expressed by "es war sehr gemütlich." — [17] Twilight. — [18] The armed force. — [19] Note that "ein Paar" means *a pair* only when written with a *capital;* otherwise it means *a few, a couple of;* er hat ein paar gute Freunde, *he has a few good friends.*

"Nehmen Sie sich doch in acht," sagte der Pfarrer, "die Pistole könnte losgehen[1]."

"Unmöglich, Herr Pastor," antwortete ich. "Sie ist ja gar nicht geladen."

"Was," rief er, "nicht geladen? Und ich—na, das ist ein kapitaler Spass!"

Wir blickten einander an und brachen beide in helles Gelächter aus. Ich berichtete der provisorischen Regierung, wie der Pfarrer mir und meinen Leuten aus der Patsche[2] geholfen, und er wurde sehr glimpflich[3] behandelt und bald wieder nach Hause geschickt. Man hatte auch an viel wichtigere Dinge zu denken.

Carl Schurz in London (1855)*

Im Jahre 1855 musste ich wegen der Gesundheit meiner Frau eine Reise nach Europa unternehmen. Wie brachten[4] einige Zeit in London zu, wo ich vor meiner Rückreise nach Amerika noch ein erfreuliches Erlebnis hatte, das ich mich nicht enthalten kann zu beschreiben. Frau Kinkel nahm mich mit in ein Konzert, in welchem Jenny Lind, die sich damals schon von der Bühne zurückgezogen hatte, die grosse Arie der Agathe aus Webers "Freischütz" singen sollte[5], und für welches auch Richard Wagners Ouvertüre zum "Tannhäuser" angesagt[6] war. Wagner selbst sollte dirigieren. Wie ich im ersten Teil dieser Erinnerungen schon sagte, war Frau Kinkel eine der höchstgebildeten und vollendetsten Musikkennerinnen, die ich gekannt habe. Ich verdankte ihr nicht nur mein Verständnis für Beethoven, Bach, Gluck und andere klassische Komponisten, sondern sie hatte mich auch mit Chopin und Schumann bekannt gemacht, deren Schöpfungen[7] sie mit anmutsvoller Vollendung vortrug[8].

Ihre musikalischen Prinzipien und ihr Geschmack[9] blieben aber sehr streng der alten Schule getreu und sie verabscheute[10] Wagner, da sie glaubte, dass er in verwegener[11], fast verbrecherischer[12] Weise das musikalische Gewissen[13] demoralisierte.

Sie versäumte[14] nicht, mir auf dem Weg zum Konzert eine gründliche Vorlesung[15] zu halten über Wagners Schändlichkeiten: seine Verachtung[16] der heiligsten Gesetze der Harmonie, seine unmöglichen

---

* Carl Schurz had emigrated to America in 1852.

[1] Go off. — [2] Out of a "hole." — [3] Kindly, leniently. — [4] Zubringen, to spend (time). — [5] Was to sing. — [6] Announced (cf. in radio, der Ansager, *the announcer*). — [7] Lit., creations, here compositions. — [8] Rendered, played with charming perfection. — [9] (Musical) taste. — [10] Despised. — [11] Daring. — [12] Criminal. — [13] Conscience. — [14] She did not fail. — [15] Lecture. — [16] Contempt.

Übergänge von einer Tonart[1] in die andere, seine schneidenden[2] Dissonanzen, sein leidenschaftliches[3] Haschen nach sinnlichen Effekten usw. Ich hatte noch nie eine Note Wagnerscher Musik gehört; nur einige seiner Schriften hatte ich gelesen, deren Ton mir keinen günstigen Eindruck machte. Meine persönliche Berührung[4] mit Wagner in Zürich war mir nicht sympathisch gewesen; im Gegenteil, ich teilte die Meinung über Wagner, die dort unter den Flüchtlingen vorherrschte[5], dass er eine äusserst anmassende[6], hochmütige[7], dogmatische und abstossende[8] Persönlichkeit sei, von der man sich am besten fernhalte.

Ich war daher keineswegs darauf vorbereitet, mich von den Reizen[9] seiner Schöpfungen hinreissen zu lassen. Als ich ihr dies sagte, war mein Mentor augenscheinlich beruhigt.

In Bezug auf die Leistung[10] der Jenny Lind waren Frau Kinkel und ich ganz einer Meinung. Ihre Gestalt[11], obgleich noch äusserst anmutig, war schon etwas matronenhaft geworden. Ihre Stimme hatte vielleicht nicht mehr ganz die ursprüngliche[12], vogelähnliche, trillernde Leichtigkeit, aber sie hatte noch den halbverschleierten[13] Klang, als ob etwas Geheimnisvolles sich dahinter berge, den sammetartigen[14] Schmelz, das eigenartige, magnetische Vibrieren, dessen Ton allein dem Zuhörer Tränen entlocken konnte. Sie war noch immer die Nachtigall. Sie zu hören war tiefer, reiner, traumhafter Genuss.

Endlich kam die Tannhäuser-Ouvertüre. Frau Kinkel, die ihr Entzücken über Jenny Linds Vortrag der Freischütz-Arie in den beredtesten[15] Worten ausgedrückt hatte, wurde unruhig. "Jetzt halten Sie sich gut zusammen,[16]" sagte sie, indem sie mich mit einem Blick ansah, der ihre Besorgnis verriet[17]. Der einleitende Pilgerchor, wie er vom Orchester herauftönte, gefiel mir sehr, ohne mich jedoch als etwas Überwältigendes zu berühren. Als aber dann die Violinen einsetzten mit dem geheimnisvollen[18], sich immer steigernden Aufruhr[19] der Leidenschaft, die frommen[20] Töne des Pilgerchors durch wilden Aufschrei und unheimliches Rasen[21] übertönend, dann in

---

[1] Key. — [2] Strident. — [3] Passionate striving (haschen, lit., to snatch at). — Contact. — [5] Prevailed among the refugees. (Flüchtling, from Flucht, *flight*, from fliehen, *to flee*). — [6] Presumptuous. — [7] Proud. — [8] Repulsive. — [9] Charms. — [10] Performance. — [11] Figure. — [12] Original, former. — [13] Half veiled. — [14] Velvety smoothness. — [15] Most eloquent. — [16] Control yourself. — [17] Betrayed (verraten) her anxiety. — [18] Mysterious. — [19] Ever increasing surge. — [20] Religious, devout. — [21] Uncanny ravings.

klagendes Stöhnen der Erschöpfung[1] versinkend, da konnte ich mich kaum mehr beherrschen. Es war mir, als müsse ich aufspringen und schreien.

Frau Kinkel bemerkte meine Erregung, legte ihre Hand auf die meine, als wolle sie mich auf meinem Sitz zurückhalten, und flüsterte mir zu: "Ach ja! Ich sehe, wie es auch Sie ergreift[2]! Aber hören Sie denn nicht, dass es alles verkehrt[3] ist?" Ich konnte ihr nicht antworten, sondern fuhr fort mit Entzücken zu lauschen. Ich hörte nicht, dass alles verkehrt war; und hätte ich bemerkt, dass etwas nicht mit den angenommenen Regeln des Generalbasses[4] übereinstimmte, es wäre mir einerlei gewesen. Ich war ganz überwältigt von der schwellenden, rollenden Harmonie, von der Brandung[5] der Leidenschaft, die über Felsen stürzte und zerschellte[6], von den klagenden Stimmen der Trauer und Verzweiflung, den innigen[7] Tönen der Liebe und Wonne, die über der Begleitung schwebten, welche die Melodie wie in einer poetischen Wolke umfloss[8].

Als die letzten Noten der Tannhäuser-Ouvertüre verklungen waren, sass ich ganz still, unfähig ein Wort auszusprechen. Ich fühlte nur, dass sich mir eine ganz neue musikalische Welt erschlossen und offenbart hatte[9], deren Zauber ich nicht widerstehen konnte. Meine gute Freundin, Frau Kinkel, bemerkte recht wohl, wie es um mich stand[10]. Sie sah mich traurig an und sagte mit einem Seufzer: "Ich sehe, ich sehe, Sie sind jetzt auch gefesselt[11]. Und so geht es[12]. Was soll noch aus unserer Kunst werden[13]!"

Ich war wirklich gefesselt, und ich blieb es auch. Es traf sich, dass viele Jahre, vielleicht dreissig, verflossen, ehe ich wieder Wagnerische Musik hörte, ausgenommen einige Bearbeitungen[14] für das Klavier, die natürlich nur eine schwache Wiedergabe der Orchesterpartitur waren, und eine einzige Vorstellung von "Lohengrin" im kleinen

---

[1] Plaintive moans of exhaustion. — [2] Grips, moves, excites. — [3] Verkehrt means *wrong, the wrong way, upside down* or *inside out*, hence sometimes *perverted*, preposterous. — [4] "Thorough bass," here "the accepted principles of harmony." — [5] Surf (as of the sea). — [6] Which hurled itself (stürzte) over rocks and broke upon them (zerschellte). — [7] Heartfelt. — [8] Which flowed around the melody like a cloud of poetry. — [9] Revealed. — [10] Lit., "how things stood with me." — [11] "Fettered," captivated. — [12] Well, so it goes. — [13] What is to become of. — [x] Adaptations.

Wiesbadener Theater. Als ich aber endlich, während der denkwür-
digen deutschen Opernsaisons in New York, die im Winter 1884
anfingen, das Glück hatte, die wundervollen Vorstellungen des
Nibelungenringes, von "Tristan und Isolde" und den "Meister-
singern" zu geniessen, und noch später, als ich "Parsifal" in Bayreuth
hörte, waren die Eindrücke, die ich empfing, nicht weniger tief und
mächtig als bei der ersten Gelegenheit, die ich eben beschrieben habe.
Es lag mir nicht daran[1], Wagners Theorien des Musikdramas zu
studieren oder, indem ich die gedruckten Partituren entzifferte[2],
mich in die geheimnisvollen Tiefen seiner harmonischen Ausarbeitung
zu stürzen. Ich gab[3] mich einfach den Empfindungen[4] hin, die in
mir durch das, was ich hörte und sah, erregt wurden. Die Wirkung
auf mich war ganz frei von dem Einfluss vorgefasster[5] Meinung und
von aller Affektation; sie kam ungerufen, unvorbereitet, natürlich
und unwiderstehlich.

Ich verlor nicht meine Genussfähigkeit[6] für Bach, Beethoven,
Mozart, Schubert, Chopin und andere Tondichter. Aber hier war
etwas ganz Besonderes, etwas ganz Eigenartiges[7]. Wie konnte ich
Wagner mit Beethoven "vergleichen"? Ebenso gut hätte ich versuchen können, zwischen dem Parthenon und dem Kölner Dom[8]
Vergleiche zu ziehen, oder zwischen einem dieser Bauten[9] und den
Niagarafällen[10]. Wagners musikalische Sprache hat mich immer
berührt wie die Ursprache der ewigen Elemente. Es ist schwer, was
ich sagen möchte, durch ein Beispiel zu erklären, aber ich will es
versuchen. Unter den Trauermärschen in der musikalischen Literatur
haben Beethovens und Chopins meine Gefühle immer am sympa-
thischsten bewegt, Beethovens mit der majestätischen Feierlichkeit
seiner Trauer, Chopins mit den Kirchenglocken von melodischem
Wehklagen[11] begleitet. Wenn ich aber Siegfrieds Totenmarsch aus
der "Götterdämmerung" höre, scheint mein Herzschlag zu stocken[12]
bei dem unermesslichen Seufzer des Schmerzes, der, wie noch nie
gehört, durch die Luft rauscht.

---

[1] I was not concerned with. — [2] "Figuring out" the printed scores. — [3] hin-
geben + dative: to surrender to. — [4] Sensations, feelings. — [5] Preconceived
opinion. — [6] Capacity to enjoy. — [7] Unique. — [8] Cathedral. — [9] Note: der Bau,
building, structure, plural die Bauten. — [10] Niagara in German is accented on the
next to last syllable. — [11] Lamentation. — [12] To stop.

Erste Begegnung mit Lincoln (1858)

Ich muss gestehen, dass ich von seiner Erscheinung[1] etwas über-
rascht war. Da stand er, alle, die ihn umringten, um mehrere Zoll
überragend[2]. Er trug auf seinem Kopfe einen etwas zerknitterten[3]
Zylinderhut. Sein langer, sehniger[4] Hals ragte aus einem Hemdkragen
empor, der über eine schmale, schwarze Halsbinde[5] zurückgeklappt
war. Seine hagere[6], ungeschlachte[7] Gestalt war von einem schwarzen,
schon etwas schäbigen Frack[8] bekleidet, mit Ärmeln, die länger
hätten sein sollen. Die schwarzen Beinkleider gestatteten den vollen
Anblick seiner grossen Füsse. Auf dem linken Arm trug er ein graues
Plaid, welches augenscheinlich bei frostigem Wetter als Überzieher
diente. Seine linke Hand hielt einen baumwollenen Regenschirm und
auch eine Reisetasche, welche die Spuren langen Gebrauchs zeigte.
Die Rechte hatte er freigehalten zum Händeschütteln, das nicht
aufhörte, bis jeder in dem Wagen befriedigt zu sein schien. Ich war
in Washington und im Westen Männern im öffentlichen Leben
begegnet, deren Äusseres ungeschliffen[9] war, doch keinem, dessen
Erscheinung ganz so ungeschickt[10], um nicht zu sagen grotesk war,
wie Lincolns. Er begrüsste mich wie einen alten Bekannten, mit einer
zwanglosen[11] Herzlichkeit, und wir setzten uns neben einander.

Mit einer Stimme von hoher Tonlage[12], aber von angenehmer
Klangfarbe fing er an mit mir zu sprechen, und sprach in so einfacher,
vertraulicher Weise, und sein Benehmen[13] und seine schlichte[14]
Ausdrucksweise waren so gänzlich frei von jedem Schein anspruchs-
vollen Selbstbewusstseins[15], dass mir bald zumute war, als hätte ich
ihn mein ganzes Leben lang gekannt und wir wären schon lange gute
Freunde gewesen. Er würzte[16] seine Unterhaltung mit allerhand
drolligen Geschichten, alle mit einer witzigen Pointe, welche sich auf
unsern Gesprächsgegenstand bezog, und nicht selten wurde das
Argument dadurch so abgeschlossen, dass nichts mehr zu sagen
übrig blieb.

---

[1] Appearance. — [2] Towering above. — [3] Wrinkled, crumpled. — [4] Sinewy. —
[5] Bow tie. — [6] Gaunt. — [7] Uncouth. — [8] The old-fashioned "frock coat" is meant
here. "Der Frack" now means a dress coat. — [9] Lacked polish (schleiffen, *to
grind, burnish*). — [10] Awkward. — [11] Free and easy (zwingen, *to force, constrain*). —
[12] In a high pitched voice. — [13] Demeanor. — [14] Simple. — [15] Translate the
phrase: conscious self-importance. — [16] "Spiced," *i.e.*, enlivened.

Bericht über eine Rede in Boston (1859)

Am 18. April 1859, kurz nach dem Jefferson-Bankett, wurde mir zu Ehren ein öffentlicher Empfang[1] in Faneuil Hall veranstaltet. Senator Wilson präsidierte. Der altertümliche[2] Saal war von einem typischen Bostoner Publikum angefüllt. Ich sprach mit grossem Feuer und betonte[3] hauptsächlich den Gedanken, der während meiner ganzen öffentlichen Laufbahn[4] in Amerika mein Leitmotiv gewesen ist: die wichtige Stellung[5], die diese Republik in dem Fortschritt[6] der Menschheit zu demokratischen Regierungsformen einnimmt, und die daraus erwachsende[7] grosse Verantwortung[8] des amerikanischen Volkes der ganzen zivilisierten Welt gegenüber. Es mag unwahrscheinlich und fast lächerlich anmassend[9] klingen, dass fremdgeborene amerikanische Bürger feuriger, aufrichtiger[10] in ihrem amerikanischen Patriotismus sein können, als viele Eingeborene[11] es sind, und doch haben meine Erfahrungen mir das bestätigt. Es ist sogar ganz natürlich bei solchen Ausländern der Fall, die, ehe sie nach Amerika kamen, sich bereits in der alten Welt an den Kämpfen für freie Regierung beteiligten[12]. Sie waren Zeugen[13] der schrecklichen Kämpfe[14] gewesen, die es kostete, die Hindernisse in Gestalt althergebrachter Satzungen[15], Gebräuche[16] und traditioneller Vorurteile[17] zu überwinden[18]. In diesem neuen Lande sehen sie nun ein freies Feld für die Entwicklung wirklich demokratischer Einrichtungen[19]; für die Entwicklung alles Guten und Grossen, und sie sind von der glühenden Hoffnung beseelt, dass hier der grosse Beweis[20] für die Befähigung[21] des Menschen zur Selbstregierung geliefert[22] werde, ein Beweis, der die ganze nach Freiheit und Glück strebende Menschheit ermutigen und begeistern soll.

Die Vertreter des Despotismus behaupten, dass die Leute, die nicht in der Selbstregierung erfahren[23] sind, auch nicht zur Ausübung[24] der Selbstregierung fähig seien und erst unter der Herrschaft einer überlegenen[25] Autorität dazu erzogen[26] werden müssten. Dieser trügerischen[27] Sophistik stellen die Väter dieser Republik die edle[28]

---

[1] Reception. — [2] Old-fashioned. — [3] Emphasized. — [4] Career. — [5] Place, position. — [6] Progress. — [7] Resulting, lit., "growing out of that." — [8] Responsibility. — [9] Ridiculously (lächerlich) presumptuous. — [10] More sincere. — [11] Native-born (Americans). — [12] Taken part. — [13] Witnesses. — [14] Struggles. — [15] Institutions. — [16] Customs. — [17] Prejudices. — [18] Overthrow. — [19] Institutions. — [20] Demonstration, proof. — [21] Capacity. — [22] Is being given, furnished. — [23] Experienced. — [24] Exercise. — [25] Superior. — [26] Educated. — [27] Deceptive (betrügen, to cheat). — [28] Noble doctrine.

Lehre entgegen, dass die Freiheit die beste Schule für die Freiheit sei und dass die Selbstregierung nur gelernt werden könne, indem sie ausgeübt[1] werde. Das ist der wahre Amerikanismus, und ihm zolle[2] ich den Tribut meiner Hingebung.

Berührung[3] mit Longfellow

Ich besuchte nach jenen Tagen des Jahres 1859 Boston noch öfters und hatte dann manchmal das Glück, als Gast an demselben Tische mit Mitgliedern des berühmten Kreises von Boston, oder vielmehr von Amerika, zu sitzen—Männern von grossem Ruf, wie Longfellow, Emerson, Lowell, Agassiz, Holmes und andere, die zu diesem Freundeskreise gehörten.

Zu keinem fühlte ich mich mehr hingezogen als zu Longfellow, und er schien mich auch mit freundlichen Augen zu betrachten. Er lud mich in liebenswürdiger Weise ein, ihn immer zu besuchen, wenn ich in erreichbarer Nähe[4] sei. Wie genussreich[5] waren diese Stunden, die ich in der gemütlichen Intimität seines alten, im Kolonialstil gebauten Hauses, des historischen Hauptquartiers von Washington in Cambridge, zubrachte! Wir sassen gewöhnlich in einem kleinen Zimmer rechts vom Eingang zusammen, einem Zimmer mit rundem, bücherbeladenem Tisch. Er holte dann eine Flasche alten Rheinwein und ein paar lange Studentenpfeifen hervor, woran er, wie ich fürchte, nicht viel Geschmack fand. Er gab[6] vor, sie gern zu rauchen, zweifellos weil er glaubte, dass es mir Freude mache. Dann sprach er von deutscher Dichtung und deutschen Dichtern, und von der Antisklavereibewegung, an der er ein warmes, wenn auch stilles Interesse nahm. Longfellow war einer der schönsten Männer, die ich je gekannt habe, und er wurde mit jedem Jahr seines zunehmenden[7] Alters schöner, mit seinem wallenden[8] weissen Haupt- und Barthaar und seinem herrlichen Gesicht von antikem Jupiter-Typus, nicht des Jupiter Tonans[9], sondern des väterlichen Zeus, der seine milde Hand über die Welt und die Menschheit ausstreckt.

---

[1] Practised. — [2] Pay the tribute of my devotion. — [3] Contact. — [4] Translate: within reach. — [5] Enjoyable. — [6] Pretended. — [7] Advancing years. — [8] Flowing. — [9] "Thundering."

Lincolns Ernennung[1] als Wahlkandidat (1860)

Die Republikaner von Wisconsin waren mir sehr gewogen[2]. Mit einer Majorität ihrer Legislatur latten sie mich zum Mitglied des Aufsichtsrates[3] der Staatsuniversität gewählt, welche in der Hauptstadt Madison gegründet wurde, jetzt im Frühling 1860 wählte mich ihr Staatskonvent, als einer ihrer Delegierten zum republikanischen Nationalkonvent im Mai nach Chicago zu gehen. Die Delegation von Wisconsin erwählte mich zu ihrem Vorsitzenden[4], um ihre Stimme[5] anzukündigen und sie zu vertreten[6], wenn solche Vertretung nötig wurde.

Wir Delegierten von Wisconsin traten einstimmig[7] für Seward als republikanischen Kandidaten für die Präsidentschaft ein. Es herrschte unter uns kein eigentlicher[8] Antagonismus gegen Abraham Lincoln von Illinois. Er wurde allgemein als ein überzeugungstreuer[9] Gegner der Sklaverei betrachtet, der unserer Sache grosse Dienste geleistet hatte. Wir schätzten ihn hoch, aber wir befürworteten[10] seine Nomination nicht, weil wir, um die damalige Redewendung zu gebrauchen, für Seward waren, "first, last and all the time."

Doch muss ich gestehen, dass mein Enthusiasmus für Seward, schon ehe der Konvent zusammentrat, ein wenig abgekühlt wurde. Gleich nach unserer Ankunft in Chicago hielten wir Delegierten von Wisconsin es für unsere Pflicht, uns im Hauptquartier der New Yorker Delegation zu melden[11], um uns zu besprechen, wie wir am besten die Interessen unseres Kandidaten fördern könnten. Wir fanden aber dort keines der hervorragenden Mitglieder der Delegation, die wir am meisten zu sehen wünschten: es waren New Yorker Politiker der gewöhnlicheren Art, die nicht sehr vertrauenerweckend[12] aussahen. Sie hatten die Mitglieder anderer Delegationen mit Champagner und Zigarren traktiert[13], um sie für Seward zu gewinnen, wenn nicht bei der ersten, dann doch wenigstens bei der zweiten oder dritten Abstimmung[14]. Sie hatten diesem und jenem Mann, von dem sie glaubten, er besässe Einfluss, angedeutet[15], wenn er diesen Einfluss zu Gunsten[16] Sewards gebrauchte, könne er im Fall eines

---

[1] Nomination. — [2] Favorable to. — [3] Board of governors, sometimes board of trustees. — [4] Chairman. — [5] Vote. — [6] Represent. — [7] Unanimously. — [8] Actual, real. — [9] "True to his convictions." — [10] Advocate, support. — [11] Visit, report to. — [12] "Inspiring (awakening) confidence." — [13] Treated. — [14] Ballot. — [15] Hinted. — [16] In favor of.

Sieges auf "Anerkennung[1]" rechnen. Sie hatten auf freigebigste Art Geld ausgestreut und allen zu verstehen gegeben, dass sie noch viel in Reserve hätten.

Deshalb regte sich in mir die Befürchtung, dass Seward nach solchem Kampf um seine Nomination, sollte er zum Präsidenten der Vereinigten Staaten erwählt werden, sich von einer Last[2] von Verpflichtungen[3] überbürdet finden würde, Verpflichtungen, die um seinetwillen eingegangen[4] waren und die er nicht würde abschütteln können, denen er aber auch nicht ohne Unehre[5] für sich selbst und ohne Schaden[6] für das allgemeine Wohl gerecht werden[7] konnte. Unwillkürlich[8] stiegen die Gestalten von Faust und Mephistopheles vor meinem inneren Auge auf, und ich wiederholte mir Gretchens Worte: "Es tut mir in der Seele weh, dass ich dich in der Gesellschaft seh".

Es war ein grossartiger und erhebender[9] Anblick, die vielen Mitglieder des Konvents und die Tausende von Zuschauern in dem riesigen "Wigwam[10]" versammelt zu sehen. Ein freies Volk war da zusammengekommen, um über seine Politik zu beraten und um sich seinen Anführer auszuwählen. Mir war es wie die Erfüllung aller Jugendträume. Ich wurde zum Mitglied der Kommission ernannt, welche das republikanische Wahlprogramm[11] verfassen[12] sollte, und durfte hier den Paragraphen über die Naturalisationsgesetze schreiben. Das Wahlprogramm verurteilte[13] streng die Politik der Regierung in bezug auf Kansas; es verwarf[14] alle Theorien, auf die sich das Recht des Sklavenhalters stützte[15], seine Sklaven in die Territorien einzuführen; es brandmarkte[16] die Wiederaufnahme des Sklavenhandels als ein Verbrechen[17] gegen die Menschheit und eine Schande für unser Land und unser Zeitalter[18] und berührte somit alle vorliegenden Streitpunkte. Als der erste Entwurf[19] des Programms dem Konvent vorgelesen wurde, begrüsste enthusiastischer Applaus fast jeden Satz, und ein ungeduldiges Verlangen[20] nach einer Abstimmung liess sich von allen Teilen der grossen Versammlung hören.

---

[1] "recognition," *i.e.*, some kind of political reward. — [2] Load, burden. — [3] Obligations. — [4] Assumed. — [5] Dishonor. — [6] Harm. — [7] Meet, fulfill (lit., do justice to). — [8] Involuntarily. — [9] Inspiring (lit., uplifting). — [10] The popular name for the great convention hall in Chicago at that time. — [11] Republican platform. — [12] Write. — [13] Condemned. — [14] Rejected. — [15] Based, supported. — [16] Branded. — [17] Crime. — [18] Age. — [19] Draft. — [20] Desire, demand.

Im Verlauf des Konvents wurde es mit jeder Stunde klarer, dass Seward, dessen Anhang[1] meistens von New York, Neu-England und dem Nordwesten kam, nicht an Kraft zunahm, sondern verlor, und als am dritten Tage das Abstimmen[2] begann, war der Kampf eigentlich schon entschieden[3]. Nach der ersten Stimmabgabe, welche von den verschiedenen Delegationen üblicherweise[4] dazu benützt wird, den "Lieblingssöhnen" ihres Einzelstaates ihre Verehrung zu bezeugen, vereinigten sich, einem gemeinsamen Impulse folgend, alle Elemente, die gegen Seward opponiert hatten, auf Abraham Lincoln, und die dritte Abstimmung gab ihm die Stimmenmehrheit. Als er im Verlaufe dieser dritten Abstimmung einer Majorität so nahe kam, dass seine Ernennung sicher erschien, überstürzten[5] sich die Delegierten, schon ehe das Resultat angekündigt war, ihre Stimmen zu seinen Gunsten umzuändern. Diejenigen von Wisconsin änderten aber ihre Stimme nicht. Mit New York, Michigan, Minnesota und Teilen anderer Delegationen blieben wir standhaft für Seward, bis Mr. Evarts, der Vorsitzende der New Yorker Delegation, in einer Rede von echtem Gefühl und bewunderungswerter Mässigung[6] den Antrag[7] stellte, dass die Nomination von Lincoln einstimmig erfolgen sollte. Dieser Antrag hatte unsere herzliche Zustimmung[8].

Ich hatte die Ehre, zum Mitglied der Abordnung[9] ernannt zu werden, welche nach Springfield abgesandt wurde, um Lincoln die offizielle Ankündigung seiner Ernennung zu überbringen. An jeder Eisenbahnstation, an der wir bei Tageslicht vorbeifuhren, wurden wir mit Freudenbezeugungen empfangen. Lincoln begrüsste uns im Wohnzimmer seines bescheidenen Holzhauses[10]. Es war ein ziemlich kahler[11] Raum. In der Mitte des Zimmers stand der damals übliche kleine Tisch mit einer Marmorplatte[12], darauf die Familienbibel und das Photographie-Album; an den Wänden waren einige Stühle und ein Sofa gereiht. Da stand der republikanische Präsidentschaftskandidat, gross und ungeschlacht in seinem neuen, aber schlecht sitzenden Anzug, sein langer, sehniger Hals aus dem umgelegten Kragen hervorstehend, die melancholischen Augen tief eingesunken in seinem hageren Gesicht.

---

[1] Following. — [2] Balloting. — [3] Decided. — [4] As is customary. — [5] Vied with each other. — [6] Moderation. — [7] Parliamentary term: to make a motion, to move. — [8] Approval. — [9] Deputation. — [10] Wooden house. — [11] Barren. — [12] Marble top.

Die meisten Mitglieder der Abordnung hatten ihn nie zuvor gesehen und betrachteten ihn mit erstaunter Neugierde[1]. Er war allerdings[2] nicht der Staatsmann, wie man ihn sich in der Phantasie ausmalt[3]. Mit gefalteten Händen, aufrechtstehend, hörte er ruhig, ohne anscheinende[4] Erregung oder Verlegenheit, der würdenvollen[5] kleinen Ansprache zu, welche der Präsident des Konvents an ihn richtete, und antwortete darauf mit einigen passenden, ernsten, wohlgefügten[6] Sätzen, in denen er seine Dankbarkeit für das in ihn gesetzte Vertrauen, seinen Zweifel an seiner eigenen Fähigkeit[7] und seine Zuversicht[8] auf eine schützende Vorsehung[9] ausdrückte. Darauf folgte dann eine ungezwungene[10] Unterhaltung, teilweise heiterer Art, wobei die herzliche Einfachheit von Lincolns Natur zum Durchbruch kam[11], und nach dem gebräuchlichen Hände-schütteln nahm die Abordnung ihren Abschied.

Beim Herausgehen sagte eines der Mitglieder zu mir: "Ja, wir hätten vielleicht etwas Glänzenderes[12], aber kaum[13] etwas Besseres tun können."

Ich bin Ihnen wirklich zum Dank verpflichtet, Herr Professor, dass ich durch diese interessante Lektüre mit einer bedeutenden und zugleich anziehenden[14] Persönlichkeit bekannt geworden bin, die ich bisher[15] kaum dem Namen nach kannte.

Es freut mich, Herr Baxter, dass Sie das Lesen der Lebenserin-nerungen von Carl Schurz so lohnend[16] gefunden haben, und ich möchte Ihnen empfehlen, sich in irgend einer grösseren Leihbibli-othek[17] die beiden Bände[18] auszuleihen und die obigen Auszüge[19] in ihrem Zusammenhang nachzulesen.

Aber auch der grösste Geist[20], der jemals[21] in deutscher Sprache gedichtet und geschrieben hat,—ich meine natürlich Goethe,—hat uns "Lebenserinnerungen" hinterlassen, und ich möchte Ihnen zum Schluss noch einen Abschnitt aus seiner "Dichtung und Wahrheit[22]" vorlegen. Dieses autobiographische Werk schildert zwar nur die ersten 25 Jahre seines Lebens, doch begann Goethe die Niederschrift

---

[1] Curiosity. — [2] Certainly, to be sure. — [3] Pictures. — [4] Apparent. — [5] Digni-fied. — [6] "Well constructed," translate: felicitous. — [7] Ability. — [8] Trust. — [9] Providence. — [10] Informal. — [11] Showed itself (lit., came to a "break-through"). — [12] Something more brilliant. — [13] Scarcely. — [14] Attractive. — [15] Hitherto. — [16] Rewarding. — [17] Lending library. — [18] Der Band, die Bände: volumes; das Band, die Bänder: ribbons. — [19] Extracts. — [20] Mind, spirit. — [21] Ever. — [22] "Poetry and Truth."

erst im Jahre 1811, in seinem zweiundsechzigsten Lebensjahr. Wenn daher manches, im Rückblick über ein halbes Jahrhundert, mehr "Dichtung" als tatsächliche "Wahrheit" sein mag, so enthält das Werk dafür[1] auch manche der schönsten Perlen seiner gereiften Weisheit[2], wie der Dichter sie uns in seinen Jugendjahren nicht hätte schenken können.

Um nur dies eine Beispiel anzuführen: fast prophetisch erscheint, was Goethe im letzten Buch (dem zwanzigsten) von "Dichtung und Wahrheit" über die Diktatoren zu sagen hat. Er nennt es "das Dämonische", was solche Individuen[3] beseelt[4] und sie zum Kampf gegen die moralische Weltordnung antreibt, und bezeichnet es mit folgenden Worten:

Goethe über die Diktatoren

"Am furchtbarsten aber erscheint dieses Dämonische, wenn es in irgend einem Menschen überwiegend hervortritt[5]. Während meines Lebensganges habe ich mehrere, teils in der Nähe, teils in der Ferne beobachten können. Es sind nicht immer die vorzüglichsten[6] Menschen, weder an Geist noch an Talenten, selten[7] durch Herzensgüte sich empfehlend[8]; aber eine ungeheuere[9] Kraft geht von ihnen aus, und sie üben eine unglaubliche Gewalt über alle Geschöpfe[10], ja sogar über die Elemente, und wer kann sagen, wie weit sich eine solche Wirkung erstrecken wird? Alle vereinten sittlichen Kräfte vermögen[11] nichts gegen sie; vergebens[12], dass der hellere[13] Teil der Menschen sie als Betrogene[14] oder als Betrüger[15] verdächtig machen[16] will, die Masse[17] wird von ihnen angezogen[18]. Selten oder nie finden sich Gleichzeitige[19] ihresgleichen, und sie sind durch nichts zu überwinden[20] als durch das Universum[21] selbst, mit dem sie den Kampf begonnen."

---

[1] "To make up for that" (never *therefore*). — [2] Mature wisdom. — [3] Note this plural of Individuum, individual. — [4] Inspires. — [5] Translate: when it becomes the dominant characteristic of a particular individual. — [6] Most excellent, finest. — [7] Rarely. — [8] Commending themselves by kindness of heart. — [9] Monstrous strength (Kraft) emanates from them. — [10] Creatures. — [11] Can do nothing against them. — [12] (It is) in vain. — [13] More enlightened. — [14] Deceived. — [15] Deceivers. — [16] "Verdächtig machen," here: to brand. — [17] The masses. — [18] Are attracted by them, cannot resist them. — [19] Contemporaries (usually Zeitgenossen) of their own kind. — [20] Conquered. — [21] Here: world order.

DIE DREI RINGE

Aus Lessings "Nathan der Weise"

Nathan (allein)

Hm! Hm!—wunderlich![1]—Wie ist
Mir denn?—Was will der Sultan? was? Ich bin
Auf Geld gefasst[2], und er will—Wahrheit. Wahrheit!
Und will sie so,—so bar, so blank,—als ob
Die Wahrheit Münze[3] wäre!—Ja, wenn noch
Uralte[4] Münze, die gewogen[5] ward!—
Das ginge noch! Allein so neue Münze,
Die nur der Stempel[6] macht, die man aufs Brett[7]
Nur zählen darf[8], das ist sie doch nun nicht!
Wie Geld in Sack, so striche[9] man in Kopf
Auch Wahrheit ein? Wer ist denn hier der Jude?
Ich oder er?—Doch wie? Sollt' er auch wohl
Die Wahrheit nicht in Wahrheit fordern?—Zwar,
Zwar der Verdacht[10], dass er die Wahrheit nur
Als Falle[11] brauche, wär' auch gar zu klein!—
Zu klein?—Was ist für einen Grossen denn
Zu klein?—Gewiss, gewiss: er stürzte[12] mit
Der Türe so ins Haus! Man pocht[13] doch, hört
Doch erst, wenn man als Freund sich naht.—Ich muss
Behutsam[14] gehn!—und wie? wie das?—So ganz
Stockjude[15] sein zu wollen, geht schon nicht.—
Und ganz und gar nicht Jude, geht noch minder.
Denn, wenn kein Jude, dürft' er mich nur fragen,
Warum kein Muselman[16]?—Das war's! Das kann
Mich retten[17]!—Nicht die Kinder bloss speist[18] man
Mit Märchen ab.—Er kommt. Er komme nur!

Saladin

(So ist das Feld hier rein!)[19]—Ich komm' dir doch
Nicht zu geschwind zurück? Du bist zu Rande[20]
Mit deiner Überlegung[21]?—Nun so rede:
Es hört uns keine Seele.

Nathan

Möcht' auch doch
Die ganze Welt uns hören.

Saladin

So gewiss
Ist Nathan seiner Sache? Ha! das nenn'
Ich einen Weisen! Nie die Wahrheit zu
Verhehlen[22]! für sie alles auf das Spiel[23]
Zu setzen! Leib[24] und Leben! Gut[25] und Blut.

Nathan

Ja! ja! wenn's nötig ist und nützt[26].

Saladin

Von nun
An darf ich hoffen, einen meiner Titel,
Verbesserer der Welt und des Gesetzes,
Mit Recht zu führen.

Nathan

Traun[27], ein schöner Titel!
Doch, Sultan, eh' ich mich dir ganz vertraue[28],
Erlaubst du wohl, dir ein Geschichtchen zu
Erzählen?

Saladin

Warum das nicht? Ich bin stets
Ein Freund gewesen von Geschichtchen, gut
Erzählt.

Nathan

Ja, gut erzählen, das ist nun
Wohl eben meine Sache nicht.

Saladin

Schon wieder
So stolz bescheiden?—Mach! erzähl', erzähle!

Nathan

Vor grauen[29] Jahren lebt' ein Mann in Osten,
Der einen Ring von unschätzbarem[30] Wert
Aus lieber Hand besass. Der Stein war ein
Opal, der hundert schöne Farben spielte,
Und hatte die geheime Kraft[31], vor Gott
Und Menschen angenehm zu machen, wer
In dieser Zuversicht[32] ihn trug. Was Wunder,
Dass ihn der Mann in Osten darum nie
Vom Finger liess, und die Verfügung traf[33],
Auf ewig[34] ihn bei seinem Hause zu
Erhalten? Nämlich so. Er liess den Ring
Von seinen Söhnen dem geliebtesten;
Und setzte fest[35], dass dieser wiederum
Den Ring von seinen Söhnen dem vermache[36],
Der ihm der liebste sei; und stets der liebste,
Ohn' Ansehn[37] der Geburt, in Kraft allein
Des Rings, das Haupt, der Fürst[38] des Hauses werde.—
Versteh mich, Sultan.

Saladin

Ich versteh' dich. Weiter!

Nathan

So kam nun dieser Ring, von Sohn zu Sohn,
Auf einen Vater endlich von drei Söhnen,
Die alle drei ihm gleich gehorsam[39] waren,
Die alle drei er folglich gleich zu lieben
Sich nicht entbrechen[40] konnte. Nur von Zeit
Zu Zeit schien ihm bald der, bald dieser, bald
Der dritte—so wie jeder sich mit ihm
Allein befand, und sein ergiessend[41] Herz
Die andern zwei nicht teilten—würdiger
Des Ringes, den er denn auch einem jeden
Die fromme[42] Schwachheit hatte, zu versprechen.
Das ging nun so, so lang' es ging.—Allein
Es kam zum Sterben, und der gute Vater
Kommt in Verlegenheit[43]. Es schmerzt ihn, **zwei**
Von seinen Söhnen, die sich auf sein Wort

Verlassen[44], so zu kränken[45].—Was zu tun?—
Er sendet in geheim zu einem Künstler,
Bei dem er, nach dem Muster[46] seines Ringes,
Zwei andere bestellt, und weder Kosten
Noch Mühe sparen heisst, sie jenem gleich,
Vollkommen gleich zu machen. Das gelingt[47]
Dem Künstler. Da er ihm die Ringe bringt,
Kann selbst der Vater seinen Musterring
Nicht unterscheiden. Froh[48] und freudig ruft
Er seine Söhne, jeden insbesondre[49];
Gibt jedem insbesondre seinen Segen[50]—
Und seinen Ring—und stirbt.—Du hörst doch, Sultan?

Saladin (der sich betroffen von ihm gewandt).

Ich hör', ich höre!—Komm mit deinem Märchen
Nun bald zu Ende.—Wird's?

Nathan

Ich bin zu Ende
Denn was noch folgt, versteht sich ja von selbst.—
Kaum war der Vater tot, so kommt ein jeder
Mit seinem Ring, und jeder will der Fürst
Des Hauses sein. Man untersucht, man zankt,
Man klagt. Umsonst; der rechte Ring war nicht
Erweislich[51];—
   (Nach einer Pause, in welcher er des Sultans Antwort erwartet.)
            Fast so unerweislich als
Uns jetzt—der rechte Glaube[52].

Saladin

                  Wie? das soll
Die Antwort sein auf meine Frage? . . .

Nathan

                  Soll
Mich bloss entschuldigen, wenn ich die Ringe
Mir nicht getrau'[53] zu unterscheiden, die
Der Vater in der Absicht machen liess,
Damit sie nicht zu unterscheiden wären.

Saladin

Die Ringe!—Spiele nicht mit mir!—Ich dächte,
Dass die Religionen, die ich dir
Genannt, doch wohl zu unterscheiden wären.
Bis auf die Kleidung; bis auf Speis und Trank!

Nathan

Und nur von Seiten ihrer Gründe nicht.—
Denn gründen alle sich nicht auf Geschichte?
Geschrieben oder überliefert[54]!—Und
Geschichte muss doch wohl allein auf Treu[55]
Und Glauben angenommen werden?—Nicht?—
Nun, wessen Treu und Glauben zieht man denn
Am wenigsten in Zweifel? Doch der Seinen?
Doch deren Blut[56] wir sind? doch deren, die
Von Kindheit an uns Proben ihrer Liebe
Gegeben? die uns nie getäuscht[57], als wo
Getäuscht zu werden uns heilsamer[58] war.—
Wie kann ich meinen Vätern weniger
Als du den deinen glauben? Oder umgekehrt:
Kann ich von dir verlangen, dass du deine
Vorfahren Lügen strafst[59], um meinen nicht
Zu widersprechen? Oder umgekehrt.
Das Nämliche gilt von den Christen. Nicht?—

Saladin

(Bei dem Lebendigen! Der Mann hat recht.
Ich muss verstummen[60].)

Nathan

                    Lass auf unsre Ring'
Uns wieder kommen. Wie gesagt: die Söhne
Verklagten sich; und jeder schwur[61] dem Richter,
Unmittelbar[62] aus seines Vaters Hand
Den Ring zu haben,—wie auch wahr!—nachdem
Er von ihm lange das Versprechen schon
Gehabt, des Ringes Vorrecht[63] einmal zu
Geniessen[64].—Wie nicht minder wahr!—Der Vater,
Beteu'rte[65] jeder, könne gegen ihn

Nicht falsch gewesen sein; und eh' er dieses
Von ihm, von einem solchen lieben Vater,
Argwohnen[66] lass': eh' müss' er seine Brüder,
So gern er sonst von ihnen nur das Beste
Bereit[67] zu glauben sei, des falschen Spiels
Bezeihen[68]; und er wolle die Verräter[69]
Schon auszufinden wissen; sich schon rächen.[70]

Saladin

Und nun, der Richter?—Mich verlangt zu hören,
Was du den Richter sagen lässest. Sprich!

Nathan

Der Richter sprach: wenn ihr mir nun den Vater
Nicht bald zur Stelle schafft, so weis' ich euch
Von meinem Stuhle. Denkt ihr, dass ich Rätsel
Zu lösen da bin? Oder harret[71] ihr,
Bis dass der rechte Ring den Mund eröffne?—
Doch halt! Ich höre ja, der rechte Ring
Besitzt die Wunderkraft, beliebt zu machen,
Vor Gott und Menschen angenehm. Das muss
Entscheiden! Denn die falschen Ringe werden
Doch das nicht können!—Nun, wen lieben zwei
Von euch am meisten?—Macht, sagt an! Ihr schweigt?
Die Ringe wirken[72] nur zurück? und nicht
Nach aussen? Jeder liebt sich selber nur
Am meisten?—O, so seid ihr alle drei
Betrogene Betrüger! Eure Ringe
Sind alle drei nicht echt[73]. Der echte Ring
Vermutlich[74] ging verloren. Den Verlust
Zu bergen[75], zu ersetzen[76], liess der Vater
Die drei für einen machen.

Saladin

Herrlich! herrlich!

Nathan

Und also, fuhr der Richter fort, wenn ihr
Nicht meinen Rat, statt meines Spruches[77], wollt:
Geht nur!—Mein Rat ist aber der: ihr nehmt

Die Sache völlig wie sie liegt. Hat von
Euch jeder seinen Ring von seinem Vater,
So glaube jeder sicher seinen Ring
Den echten.—Möglich, dass der Vater nun
Die Tyrannei[78] des einen Rings nicht länger
In seinem Hause dulden[79] wollen!—Und gewiss,
Dass er euch alle drei geliebt, und gleich
Geliebt: indem er zwei nicht drücken mögen,
Um einen zu begünstigen[80].——Wohlan!
Es eifre[81] jeder seiner unbestochnen
Von Vorurteilen freien Liebe nach!
Es strebe von euch jeder um die Wette,
Die Kraft des Steins in seinem Ring an Tag
Zu legen! komme dieser Kraft mit Sanftmut,
Mit herzlicher Verträglichkeit, mit Wohltun,
Mit innigster Ergebenheit in Gott,
Zu Hilf! Und wenn sich dann der Steine Kräfte
Bei euren Kindes-Kindeskindern äussern[82],
So lad' ich über tausend tausend Jahre,
Sie wiederum vor diesen Stuhl. Da wird
Ein weisrer Mann auf diesem Stuhle sitzen
Als ich; und sprechen. Geht!—So sagte der
Bescheidne Richter.

Saladin

Gott! Gott!

Nathan

Saladin,

Wenn du dich fühlest, dieser weisere
Versprochne Mann zu sein. . . .

Saladin

(der auf ihn zustürzt[83] und seine Hand ergreift, die er bis zu Ende
nicht wieder fahren[84] lässt).

Ich Staub? Ich Nichts?

O Gott!

Nathan

Was ist dir, Sultan?

Saladin

Nathan, lieber Nathan!—
Die tausend tausend Jahre deines Richters
Sind noch nicht um.—Sein Richterstuhl ist nicht
Der meine.—Geh!—Geh!—Aber sei mein Freund.

VOKABELN ZU "NATHAN DER WEISE"

1. Strange, odd. 2. Prepared for. 3. Coin. 4. Very old. 5. Weighed. 6. The stamp. 7. Counter. 8. Needs to. 9. To gather in. 10. The suspicion. 11. A trap. 12. Literally: "he rushed (fell) with the door into the house," *i.e.*, he rushed his question. 13. Knocks. 14. Cautiously. 15. "Hard shell" Jew. 16. Mohammedan. 17. Save. 18. To feed; to put off. 19. "The coast is clear." 20. You have arrived at a conclusion. 21. Consideration. 22. To hide. 23. To stake, or risk, everything. 24. Body. 25. Property. 26. Is useful. 27. Indeed. 28. Confide. 29. In olden times. 30. Inestimable. 31. Power. 32. Confidence. 33. Gave orders. 34. Forever. 35. Ordered. 36. Bequeath. 37. Without regard. 38. The prince (ruler). 39. Obedient. 40. Could not help. 41. Overflowing. 42. Kindly (Lit. pious). 43. Embarrassment. 44. Had relied upon. 45. Offend; grieve. 46. Pattern. 47. The artist succeeds therein. 48. Joyfully. 49. Separately. 50. Blessing. 51. It was impossible to determine which was the genuine ring. 52. Faith, creed. 53. To dare. 54. By tradition. 55. On good faith. 56. Blood. 57. Deceived. 58. More wholesome. 59. Call them liars. 60. I must be silent. 61. Swore. 62. Directly. 63. Privilege. 64. To enjoy. 65. Asserted. 66. To be suspected. 67. Ready. 68. To accuse. 69. The traitors. 70. To revenge himself. 71. Do you wait? 72. To work. 73. Genuine. 74. Presumably. 75. To conceal. 76. To replace. 77. Judgment, sentence. 78. The tyranny. 79. Tolerate, endure. 80. To favor. 81. Let each one (of you) practise zealously (nacheifern) his love, free from prejudice (Vorurteil) or ulterior motive (unbestochen, unbribed). Let each strive as on a wager (Wette) to exhibit the virtue (Kraft) of the stone in his ring. Let him come to the aid of that virtue with gentleness, sincere cordiality, good deeds, and deepest devotion (resignation) to God. 82. Show themselves. 83. Rushes toward him. 84. Of which he does not let go.

VOKABELN
Kleidungsstücke
('klaɪdʊŋsʃtʏkə)

VOCABULARY
Articles of Clothing

Der Mantel Der Überzieher }	The overcoat
Der Sommermantel ('zɔməʀmantəl)	The top coat
Der Winterüberzieher; der Ulster	The winter overcoat; the ulster
Der Cutaway	The morning coat
Der Smoking	The tuxedo
Der Frack	The dress coat; "tails"
Die Beinkleider	The trousers
Die Weste ('vɛstə)	The vest
Die Hosenträger ('ho:zəntregəʀ)	The suspenders
Die Tasche ('taʃə)	The pocket
Das Taschentuch; die Taschen- tücher ('taʃəntʊx—'taʃən- tʏ:çəʀ)	The handkerchief; the handker- chiefs
Der Knopf; die Knöpfe (knɔpf—'knœpfə)	The button; the buttons
Knöpfen Sie Ihren Überzieher zu.	Button your overcoat.
Knöpfen Sie Ihren Rock auf.	Unbutton your coat.
Das Hemd, die Hemden (hɛmt—'hɛmdən)	The shirt; the shirts
Das Oberhemd ('o:bəʀhɛmt)	The dress shirt
Der Schlafanzug	The pajamas
Der Gürtel ('gʏrtəl)	The belt
Die Manschetten[1] (man'ʃɛtən)	The cuffs
Die Krawatte (kra'vatə)	The necktie

---

[1] Die Manschetten. This word is derived from the French. An idiomatic German expression is: "Er hat Manschetten," meaning *he is afraid, he is in a blue
funk.*

VOKABELN	VOCABULARY
Das Halstuch ('halstuːx)	The muffler
Das Unterhemd	The undershirt
Die Unterhosen ('untəʀhoːzən)	The drawers
Die Strümpfe; die Socken (ʃtrumpf-'ʃtrʏmpfə)	The socks
Die Sockenhalter	The garters
Ein Paar Strümpfe	A pair of socks
Die Schuhe ('ʃuːə)	The shoes
Ein Paar Schuhe	A pair of shoes
Diese Schuhe passen nicht; sie sind zu eng (sie drücken[2]).	These shoes do not fit; they are too tight.
Die Hausschuhe ('hausʃuːə) Die Morgenschuhe ('mɔrgənʃuːə)	The slippers
Das Morgenkleid ('mɔrgənklaɪt)	The brunch coat
Das Hauskleid ('hausklaɪt)	The morning dress; the house dress
Der Unterrock ('untərɔk)	The petticoat, the slip
Das Linnen ('lɪnən)	The linen
Ein Paar Handschuhe	A pair of gloves
Glacéhandschuhe	Kid gloves
Der Mantel ('mantəl)	The coat
Der Pelzmantel ('pɛltsmantəl)	The fur coat
Umbinden ('umbɪndən) Umtun ('umtuːn)	To tie; to put on
Tun Sie einen leichten Schal um; es ist heute abend sehr kühl. (kyːl)	Put on a light shawl; it is very cool this evening.
Sie sollten ein Tuch (einen Schal) umbinden.	You should put on a shawl.
Nähen ('nɛən)	To sew

---

[2] Drücken means *to press.* Er drückte mir die Hand, *he pressed my hand.* But drucken, *to print.*

VOKABELN	VOCABULARY
Annähen ('anɛən)	To sew on
Können Sie diesen Knopf für mich annähen?	Can you sew on this button for me?
Die Naht (naːt)	The seam
Ausbessern ('aʊsbɛsərn)	To repair
Bitte bessern Sie dies Paar Handschuhe aus.	Please repair this pair of gloves.
Färben ('fɛrbən)	To dye
Die Färberei ('fɛrbəraɪ)	The dyeing establishment
Reinigen ('raɪnɪgən)	To clean
Die Reinigungsanstalt	The cleaners
Können Sie diesen Stoff für mich reinigen? (ʃtɔf)	Can you clean these goods for me?
Nein, das ist unmöglich; es sind zu viele Flecke darin. ('flɛkə)	No, that is impossible; there are too many spots in it.
Sie müssen diesen Stoff färben lassen.	You must have these goods dyed.
Die Waschfrau ('vaʃfraʊ) Wäscherin ('vɛʃərɪn) }	The washerwoman
Bügeln ('byːgəln) Plätten ('plɛtən) }	To iron
Bügeln Sie meine Kragen nicht so steif. (ʃtaɪf)	Do not iron my collars so stiff.
Die Stärke ('ʃtɛrkə)	The starch
Stärken	To starch
Bitte, bügeln Sie diesen Hut auf.	Please iron this hat.

Verschiedene Putzartikel
(fɛr'ʃiːdənə 'pʊtsartiːkəl)

Various Articles of Adornment

Juwelen (juː'veːlən)	Jewels
Diamanten (dɪa'mantən)	Diamonds
Die Perle; die Perlen ('pɛrlə)	The pearl; the pearls

VOKABELN

Der Ring; die Ringe

Der Diamantring

Der Ohrring; die Ohrringe ('o:rɪŋ)

Das Armband

Das Halsband

Die Uhr; die Uhren (u:ʀ—'u:rən)

Die Armbanduhr

Die Manschettenknöpfe
(man'ʃetənknœpfə)

Die Brille ('brɪlə)

Kurzsichtig ('kurtszɪçtɪç)

Weitsichtig ('vaɪtzɪçtɪç)

Das Opernglas ('o:pɛrnglas)

Der Sonnenschirm ('zɔnənʃɪrm)

Der Regenschirm

Der Fächer ('fɛçɔʀ)

VOCABULARY

The ring; the rings

The diamond ring

The ear-ring; the ear-rings

The bracelet

The necklace

The watch; the watches: the clock; the clocks

The wrist-watch

The cuff-links

The glasses

Nearsighted

Farsighted

The opera-glass

The parasol

The umbrella

The fan

Die Farben

Weiss

Schwarz

Braun

Blau (blaʊ)

Rot (ro:t)

Grün (gry:n)

Gelb (gɛlp)

Violett (vi:o'lɛt)

Rosa ('ro:za)

Grau (graʊ)

Bräunlich ('brɔʏnlɪç)

The Colors

White

Black

Brown

Blue

Red

Green

Yellow

Violet

Pink

Gray

Brownish

VOKABELN	VOCABULARY
Bläulich ('blɔʏlɪç)	Bluish
Rötlich ('røtlɪç)	Reddish
Grünlich ('grʏːnlɪç)	Greenish
Gelblich ('gɛlplɪç)	Yellowish
Hell	Light
Dunkel	Dark
Diese Farbe ist waschecht. ('vaʃɛçt)	This is a fast color.
Diese Farbe schmutzt leicht.	This color becomes soiled easily.

Die Familie
(faˈmiːljə)

The Family

Die Eltern ('ɛltərn)	The parents
Der Vater ('faːtər)	The father
Die Mutter ('mʊtər)	The mother
Sie sehen Ihrem Vater ähnlich. ('ɛːnlɪç)	You resemble your father.
Das Kind; die Kinder (kɪnt)	The child; the children
Der Sohn; die Söhne (zoːn—ˈzøːnə)	The son; the sons
Die Tochter; die Töchter ('tɔxtər—'tœçtər)	The daughter; the daughters
Der Knabe; die Knaben ('knaːbə) Der Junge; die Jungen	The boy; the boys
Das Mädchen; die Mädchen ('mɛtçən) Das Mädel (South German)	The girl; the girls
Ist es ein Junge oder ein Mädel?	Is it a boy or a girl?
Der Pate ('paːtə)	The godfather
Die Patin	The godmother
Der Grossvater ('groːsfaːtər)	The grandfather

VOKABELN	VOCABULARY
Die Grossmutter ('groːsmʊtəʀ)	The grandmother
Der Enkel ('ɛŋkəl)	The grandson
Die Enkelin ('ɛŋkəlɪn)	The granddaughter
Der Schwiegervater ('ʃviːgərfaːtəʀ)	The father-in-law
Die Schwiegermutter	The mother-in-law
Der Schwiegersohn ('ʃviːgərzoːn)	The son-in-law
Die Schwiegertochter	The daughter-in-law
Heiraten ('haɪraːtən)	To marry
Die Heirat	The marriage
Er ist verheiratet.	He is married.
Der Junggeselle ('jʊŋgəzɛlə)	The bachelor
Er ist unverheiratet; er ist ein Junggeselle.	He is single; he is a bachelor.
Die alte Jungfer ('jʊŋfəʀ)	The old maid
Der Witwer ('vɪtvəʀ)	The widower
Die Witwe	The widow
Der Onkel ('ɔŋkəl)	The uncle
Die Tante ('tantə)	The aunt
Der Vetter ('fɛtəʀ)	The (male) cousin
Die Kusine (kuˈziːnə)	The (female) cousin
Der Neffe ('nɛfə)	The nephew
Die Nichte ('nɪçtə)	The niece
Der Verwandte (fɛrˈvantə)	The relative
Er ist mit mir verwandt.	He is related to me.
Er ist ein entfernter Verwandter von mir.	He is a distant relative of mine.

VOKABELN	VOCABULARY
Die Tage	**Days**
Sonntag ('zɔnta:k)	Sunday
Montag ('mo:nta:k)	Monday
Dienstag ('di:nsta:k)	Tuesday
Mittwoch ('mɪtvɔx)	Wednesday
Donnerstag ('dɔnərsta:k)	Thursday
Freitag ('fraɪta:k)	Friday
Samstag[1] ('zamsta:k) Sonnabend ('zɔna:bənt)	Saturday
Die Woche; die Wochen	The week; the weeks
Heute in acht Tagen	A week from to-day
Heute in vierzehn Tagen	Two weeks from to-day
Nächste Woche	Next week
Vorige Woche	Last week
Vor vierzehn Tagen	Two weeks ago
Gestern	Yesterday
Vorgestern	Day before yesterday
Übermorgen	Day after tomorrow

---

[1] The South German prefers *Samstag*, the North German *Sonnabend*.

SPRICHWÖRTER	PROVERBS
In der Nacht sind alle Katzen grau.	In the dark all cats are gray.
Gute Ware verkauft sich selbst.	Good bargains sell themselves.
Besser was als gar nichts.	Half a loaf is better than no bread.
Eilen tut nicht gut.	The more haste the less speed.
Erfahrung ist die beste Lehrmeisterin.	Experience is the best schoolmaster.
Frisch gewagt ist halb gewonnen.	A bold attack is half the battle.
Früh zu Bett und früh wieder auf Macht gesund und reich in Kauf.	Early to bed and early to rise Makes a man healthy, wealthy, and wise.
Gottes Mühlen mahlen langsam, mahlen aber trefflich klein.	The mills of the gods grind slowly, but they grind exceeding small.

PART TEN

A BRIEF OUTLINE
OF
GERMAN GRAMMAR

CONTENTS

THE GERMAN ALPHABET

𝔄	a	A	a	𝔍	i	J	j	𝔖	ſ, ß	S	s	
𝔅	b	B	b	𝔎	f	K	k		ß		ss	
ℭ	c	C	c	𝔏	l	L	l	𝔗	t	T	t	
𝔇	d	D	d	𝔐	m	M	m	𝔘	u	U	u	
𝔈	e	E	e	𝔑	n	N	n	𝔙	v	V	v	
𝔉	f	F	f	𝔒	o	O	o	𝔚	w	W	w	
𝔊	g	G	g	𝔓	p	P	p	𝔛	x	X	x	
ℌ	h	H	h	𝔔	q	Q	q	𝔜	y	Y	y	
ℑ	i	I	i	ℜ	r	R	r	ℨ	z	Z	z	

THE AUXILIARY VERBS

1. The tense forms of verbs in German, as in English, are simple or compound.

2. A simple tense consists of a single word, as: **ich habe,** I have; **ich gehe,** I go; **ich sah,** I saw, etc.

3. The compound tenses consist of two or more words, and are formed by the addition of auxiliary verbs, as: **ich habe gesagt,** I have said; **er würde getan haben,** he would have done, etc.

4. The principal auxiliary verbs of tense or time are **haben,** to have; **sein,** to be; **werden,** to become.

There are also auxiliary verbs of **mood,** the so-called modal auxiliaries, expressing an attitude, desire, willingness, compulsion, ability and the like.

All auxiliaries are used, as in English, with the participle or infinitive of a verb.

Haben—To Have

1. **Haben** is used as auxiliary with the perfect participle of all transitive and some intransitive verbs to form the compound perfect tenses, thus:

a. The Perfect Tense, by the present tense of **haben,** as: **ich habe gehabt,** I have had; **er hat gefragt,** he has asked.

b. The Pluperfect Tense, by the past tense of **haben,** as: **ich hatte gehabt,** I had had; **er hatte gefragt,** he had asked, etc.

2. It is used idiomatically with **recht** and **unrecht,** as: **ich habe recht,** I am right; **sie hat unrecht,** she is wrong.

Sein—To Be

1. **Sein** is used in the conjugation of compound tense forms of all verbs which denote motion to or from a place, as follows:

Motion To and From a Place

gehen, to go	**Ich bin gegangen,** I have gone
kommen, to come	**Er ist gekommen,** he has come
reisen, to travel	**Er ist gereist,** he has traveled
ziehen, to move	**Er ist umgezogen,** he has moved
aufstehen, to arise	**Er ist aufgestanden,** he has arisen

Simple Motion

fahren, to drive	**laufen,** to run
fallen, to fall	**rennen,** to run
fliehen, to flee	**reiten,** to ride
fliegen, to fly	**springen,** to jump
landen, to land	**steigen,** to mount

2. Verbs expressing a CHANGE OF CONDITION are conjugated with **sein**, as:

sterben, to die	**Er ist gestorben,** he has died.
wachsen, to grow	**Er ist sehr gewachsen,** he has grown very much.
erkranken, to fall ill	**Er ist erkrankt,** he has fallen ill.

3. A few other verbs, some of which may have a DATIVE OBJECT, are conjugated with **sein**, as:

sein, to be	**Ich bin gewesen,** I have been
werden, to become	**Ich bin geworden,** I have become
bleiben, to remain	**Ich bin gestern zu Hause geblieben,** I stayed at home yesterday.
begegnen, to meet	**Ich bin ihm auf der Strasse begegnet,** I met him on the street.
folgen, to follow	**Er ist mir gefolgt,** he followed me.
gelingen, to succeed } **glücken**	**Es ist mir geglückt (gelungen),** I succeeded.
geschehen, to happen	**Das ist mir noch nie geschehen,** That has never yet happened to me.

Werden—To Become

1. **Werden** is used as auxiliary with the infinitive of all verbs, to form the future and conditional tenses, as: **ich werde gehen,** I shall go; **ich würde haben,** I should have; **er würde es gemacht haben,** he would have made it; **er würde abgereist sein,** he would have left.

2. The passive voice of transitive verbs is also formed with **werden.**

3. When "to become" means **to grow, to get,** or **to turn,** or **become,** it is also rendered by **werden,** as: **es wird kalt,** it is growing cold; **er wird leicht ärgerlich,** he gets angry very easily; **die Milch ist sauer geworden,** the milk has turned sour.

The Auxiliary Verb *Haben* — To Have

1. The forms of translation given in the paradigm are sometimes only representative. In English, for example, there are auxiliary forms of tense which do not exist in German, as, I do have, I am having, etc. The infinitive is translated sometimes to have, sometimes have, or having. In these cases the most usual forms only are given.

2. In the subjunctive especially there is no form in English that represents or even suggests its various uses in German—the subjunctive itself having almost disappeared in English. The forms here given are, therefore, only some of the many forms of translation.

This remark applies generally to other verbs hereafter.

PRESENT INFINITIVE	PRESENT PARTICIPLE
haben,[1] to have	habend, having
PERFECT INFINITIVE	PAST PARTICIPLE
gehabt haben, to have had	gehabt, had

Indicative Mood	**Subjunctive Mood**

PRESENT TENSE

ich habe, I have	ich habe, I may have
du hast,[2] thou hast	du habest, thou mayest have
er hat, he has	er habe, he may have
wir haben, we have	wir haben, we may have
ihr habt,[2] you have	ihr habet, you may have
sie haben, they have	sie haben, they may have

---

[1] The infinitive and participles are given first, because they are to some extent used in the following conjugation. The perfect infinitive also shows whether *haben* or *sein* is used as the perfect auxiliary.

[2] *Du* and *ihr* are the familiar forms of address, otherwise *Sie*, the formal mode of address (written with a capital), is used.

Past Tense

Indicative	Subjunctive
ich hatte, I had	ich hätte, I micht have
du hattest, thou hadst	du hättest, thou mightest, etc.
er hatte, he had	er hätte, he might, etc.
wir hatten, we had	wir hätten, we, etc.
ihr hattet, you had	ihr hättet, you, etc.
sie hatten, they had	sie hätten, they, etc.

Perfect Tense

Indicative	Subjunctive
ich habe gehabt, I have had	ich habe gehabt, I may have had
du hast gehabt, thou hast had	du habest gehabt, thou mayst, etc.
er hat gehabt, he has had	er habe gehabt, he may, etc.
wir haben gehabt, we have had	wir haben gehabt, we, etc.
ihr habt gehabt, you have had	ihr habet gehabt, you, etc.
sie haben gehabt, they have had	sie haben gehabt, they, etc.

Pluperfect Tense

Indicative	Subjunctive
ich hatte gehabt, I had had	ich hätte gehabt, I had had, etc.
du hattest gehabt, thou hadst had	du hättest gehabt, thou hadst, etc.
er hatte gehabt, he had had	er hätte gehabt, he had, etc.
wir hatten gehabt, we had had	wir hätten gehabt, we had, etc.
ihr hattet gehabt, you had had	ihr hättet gehabt, you had, etc.
sie hatten gehabt, they had had	sie hätten gehabt, they had, etc.

Future Tense

Indicative	Subjunctive
ich werde haben, I shall have	ich werde haben, I shall have
du wirst haben, thou wilt have	du werdest haben, thou wilt have
er wird haben, he will have	er werde haben, he will have
wir werden haben, we shall have	wir werden haben, we shall have
ihr werdet haben, you will have	ihr werdet haben, you will have
sie werden haben, they will have	sie werden haben, they will have

Future Perfect

Indicative		Subjunctive	
ich werde	I shall have had	ich werde	I shall have had
du wirst	thou wilt, etc.	du werdest	thou wilt, etc.
er wird	he will, etc.	er werde	he will, etc.
wir werden	we shall, etc.	wir werden	we shall, etc.
ihr werdet	you will, etc.	ihr werdet	you will, etc.
sie werden	they will, etc.	sie werden	they will, etc.

(gehabt haben.)

CONDITIONAL

ich würde haben, I should have
du würdest haben, thou wouldst have
er würde haben, he would have
wir würden haben, we should have
ihr würdet haben, you would have
sie würden haben, they would have

CONDITIONAL PERFECT

ich würde gehabt haben, I should have had
du würdest gehabt haben, thou wouldst have had
er würde gehabt haben, he would have had
wir würden gehabt haben, we should have had
ihr würdet gehabt haben, you would have had
sie würden gehabt haben, they would have had

Imperative Mood

SINGULAR	PLURAL
habe (du), have (thou)	habt (ihr), have (ye)
	haben Sie, have (polite form)

The Auxiliary Verb *Sein* — To Be

PRESENT INFINITIVE—sein, to be
PERFECT INFINITIVE—gewesen sein, to have been
PRESENT PARTICIPLE—seiend, being
PAST PARTICIPLE—gewesen, been

Indicative Mood	Subjunctive Mood

PRESENT

ich bin, I am	ich sei, I be
du bist, thou art	du seiest, thou be
er ist, he is	er sei, he be
wir sind, we are	wir seien, we be
ihr seid, you are	ihr seiet, you be
sie sind, they are	sie seien, they be

PAST

ich war, I was	ich wäre, I were
du warst, thou wast	du wärest, thou wert
er war, he was	er wäre, he were
wir waren, we were	wir wären, we were
ihr waret, you were	ihr wäret, you were
sie waren, they were	sie wären, they were

Indicative Mood	Subjunctive Mood

PERFECT

ich bin gewesen, I have been	ich sei gewesen, I may have been
du bist gewesen, thou hast been	du seiest gewesen, thou mayest, etc.
er ist gewesen, he has been	er sei gewesen, he, etc.
wir sind gewesen, we have been	wir seien gewesen, we, etc.
ihr seid gewesen, you have been	ihr seiet gewesen, you, etc.
sie sind gewesen, they have been	sie seien gewesen, they, etc.

PLUPERFECT

ich war gewesen, I had been	ich wäre gewesen, I had been
du warst gewesen, thou hadst been	du wärest gewesen, thou hadst been
er war gewesen, he had been	er wäre gewesen, he had been
wir waren gewesen, we had been	wir wären gewesen, we had been
ihr waret gewesen, you had been	ihr wäret gewesen, you had been
sie waren gewesen, they had been	sie wären gewesen, they had been

FUTURE

ich werde sein, I shall be	ich werde sein, I shall be
du wirst sein, thou wilt be	du werdest sein, thou wilt be
er wird sein, he will be	er werde sein, he will be
wir werden sein, we shall be	wir werden sein, we shall be
ihr werdet sein, you will be	ihr werdet sein, you will be
sie werden sein, they will be	sie werden sein, they will be

FUTURE PERFECT

ich werde	*gewesen sein,* I shall have been	ich werde	*gewesen sein,* I shall have been
du wirst	thou wilt, etc.	du werdest	thou wilt, etc.
er wird	he will, etc.	er werde	he will, etc.
wir werden	we shall, etc.	wir werden	we shall, etc.
ihr werdet	you will, etc.	ihr werdet	you will, etc.
sie werden	they will, etc.	sie werden	they will, etc.

CONDITIONAL

ich würde sein, I should be	wir würden sein, we should be
du würdest sein, thou wouldst be	ihr würdet sein, you would be
er würde sein, he would be	sie würden sein, they would be

CONDITIONAL PERFECT

ich würde gewesen sein, I should have been
du würdest gewesen sein, thou wouldst have been
er würde gewesen sein, he would have been
wir würden gewesen sein, we should have been
ihr würdet gewesen sein, you would have been
sie würden gewesen sein, they would have been

Imperative Mood

SINGULAR

PLURAL

sei (du), be (thou)
(sei er, let him be)

(seien wir, let us be)
seid (ihr), be (ye)
seien Sie, be (polite form)

The Auxiliary Verb Werden—To Become

Ward is the older form of the singular of the imperfect tense, *wurde* is now mostly used, especially when it is an auxiliary. *Word* is now rare, except in poetry.

PRESENT INFINITIVE

werden, to become

PRESENT PARTICIPLE

werdend, becoming

PERFECT INFINITIVE

geworden sein, to have become

PERFECT PARTICIPLE

geworden, become

Indicative Mood

Subjunctive Mood

PRESENT

I become, etc.		I may become, etc.	
ich werde	wir werden	ich werde	wir werden
du wirst	ihr werdet	du werdest	ihr werdet
er wird	sie werden	er werde	sie werden

PAST

I became, etc.	I might become, etc.
ich wurde, (*or* ich ward)	ich würde
du wurdest, (*or* du wardst)	du würdest
er wurde, (*or* er ward)	er würde
wir wurden	wir würden
ihr wurdet	ihr würdet
sie wurden	sie würden

PERFECT

I have become, etc.	I may have become, etc.
ich bin geworden	ich sei geworden
du bist geworden	du seist geworden
er ist geworden	er sei geworden
wir sind geworden	wir seien geworden
ihr seid geworden	ihr seiet geworden
sie sind geworden	sie seien geworden

Indicative Mood	Subjunctive Mood

PLUPERFECT

I had become, etc.	I might have become, etc.
ich war geworden	ich wäre geworden
du warst geworden	du wärest geworden
er war geworden	er wäre geworden
wir waren geworden	wir wären geworden
ihr waret geworden	ihr wäret geworden
sie waren geworden	sie wären geworden

FUTURE

I shall become, etc.	I shall become, etc.
ich werde werden	ich werde werden
du wirst werden	du werdest werden
er wird werden	er werde werden
wir werden werden	wir werden werden
ihr werdet werden	ihr werdet werden
sie werden werden	sie werden werden

FUTURE PERFECT

I shall have become, etc.	I shall have become, etc.
ich werde geworden sein	(ich werde geworden sein)
du wirst geworden sein	(du werdest geworden sein)
er wird geworden sein, etc.	(er werde geworden sein, etc.)

CONDITIONAL   CONDITIONAL PERFECT

I should become, etc.	I should have become, etc.
ich würde werden	(ich würde geworden sein)
du würdest werden	(du würdest geworden sein)
er würde werden, etc.	(er würde geworden sein, etc.)

Imperative Mood

SINGULAR	PLURAL
werde (du), become (thou)	werdet (ihr), become (ye)
	werden Sie, become (polite form)

THE CONJUGATIONS

VERBS OF THE WEAK CONJUGATION

1. There are two conjugations in German: the **weak** and the **strong**.

2. The verbs of the weak conjugation form their **imperfect** by

adding **te** or **ete** to the stem of the infinitive, and their **past participle** by prefixing **ge** and suffixing **t** or **et** to the same stem, thus:

> Infinitive: **sagen**, to say. Stem: **sag**
> Past: **ich sagte,** I said. Past Participle: **gesagt**
> Infinitive: **reden,** to speak. Stem: **red**
> Imperfect: **redete.** Past Participle: **geredet**

3. Verbs beginning with **be, emp, ent, er, ge, ver, zer** and **wider** never take **ge** in the Past Participle, as: **belohnen,** to reward; **belohnt,** rewarded; **entsagen,** renounce; **entsagt,** renounced; **verkaufen,** to sell; **verkauft,** sold.

4. Verbs ending in **ieren** also omit **ge** in the Past Participle, as: **studieren,** to study; **studiert,** studied; **regieren,** to govern; **regiert,** governed.

5. Verbs whose stem ends in **d** or **t** or in **m** or **n** preceded by a consonant retain the **e**, thus: **ich rede,** I talk; **du redest, er redet,** etc. **Ich redete,** I talked, **du redetest, er redete,** etc.

6. Verbs whose stems end in an **s**-sound (but only before **st,** not before **t** or **te**) retain the **e** in the second person singular of the present, especially in more formal prose.

ich tanze, I dance	**ich reise,** I travel
du tanzest, thou dancest	**du reisest,** thou travelest
er tanzt, he dances	**er reist,** he travels

But in talking it is usual to drop this connecting vowel **e** in the present indicative second person singular after a sibilant thus making the form identical with the third person singular: **du tanzt, er tanzt; du liest** (for **du liesest**), **er liest,** he reads.

7. Verbs in **eln** and **ern** usually drop the **e** of these suffixes before the **e** of the first person singular, but retain it elsewhere, as in **handeln**. to act.

Handeln, to act	**Rudern,** to row
ich handle	ich rudre
du handelst	du ruderst
er handelt	er rudert
wir handeln	wir rudern
ihr handelt	ihr rudert
sie handeln	sie rudern
ich habe gehandelt	ich habe gerudert

8. The following are the regular endings of the weak verb:

INFINITIVE	PRESENT PARTICIPLE	PAST PARTICIPLE
—en	—end	ge—(e)t

EXAMPLE OF THE WEAK CONJUGATION
Loben—To Praise

PRESENT INFINITIVE
loben, to praise

PERFECT INFINITIVE
gelobt haben, to have praised

PRESENT PARTICIPLE
lobend, praising

PERFECT PARTICIPLE
gelobt, praised

Indicative Mood   **Subjunctive Mood**

PRESENT

ich lobe, I praise, etc.
du lobst
er lobt
wir lober
ihr lobt
sie loben

ich lobe, I may praise, etc.
du lobest
er lobe
wir loben
ihr lobet
sie loben

PAST

ich lobte, I praised, etc.
du lobtest
er lobte
wir lobten
ihr lobtet
sie lobten

ich lobte, I might praise, etc.
du lobtest
er lobte
wir lobten
ihr lobtet
sie lobten

PERFECT

ich habe gelobt, I have praised
du hast gelobt, etc.
er hat gelobt
wir haben gelobt
ihr habt gelobt
sie haben gelobt

ich habe gelobt, I have praised
du habest gelobt
er habe gelobt
wir haben gelobt
ihr habet gelobt
sie haben gelobt

PLUPERFECT

Ich hatte gelobt, I had praised
du hattest gelobt, etc.
er hatte gelobt
wir hatten gelobt
ihr hattet gelobt
sie hatten gelobt

ich hätte gelobt, I had praised
du hättest gelobt
er hätte gelobt
wir hätten gelobt
ihr hättet gelobt
sie hätten gelobt

Indicative Mood	**Subjunctive Mood**

Future

ich werde loben, I shall praise	ich werde loben, I shall praise
du wirst loben, thou wilt praise	du werdest loben, thou wilt praise
er wird loben	er werde loben
wir werden loben	wir werden loben
ihr werdet loben	ihr werdet loben
sie werden loben	sie werden loben

Conditional

ich würde loben, I should praise	wir würden loben
du würdest loben, thou wouldst [praise, etc.	ihr würdet loben
er würde loben	sie würden loben

Conditional Perfect

ich würde gelobt haben	I should have praised, etc.
du würdest gelobt haben	thou, etc.
er würde gelobt haben, etc.	he, etc.

Imperative Mood

lobe (du), praise (thou)	lobet (ihr), praise (ye)
	loben Sie, praise (polite form)

VERBS OF THE STRONG CONJUGATION

Strong verbs (of which there are about 160) are conjugated like the weak verbs, excepting that:

1. They form their past not by adding **te** or **ete** to the stem, as the weak verbs do, but simply by changing the stem vowel: Example: Infin.: **schlagen,** to strike. Imperf.: **ich schlug,** I struck.

2. They form their past participle by adding **en.** Example: Infin.: **schlagen,** to strike. Past participle: **geschlagen,** struck.

The greater number, however, also change the stem vowel in the past participle. Example:
Infin.: **singen,** to sing. Past participle: **gesungen,** sung.

3. Strong verbs having **a, o,** or **au** in the stem of the infinitive, change it into **ä, ö,** or **äu** in the second and third person singular of the present. Example:

Infin. { **schlagen,** to strike
{ **laufen,** to run

Indic. Pres. { **du schlägst, er schlägt**
{ **du läufst, er läuft**

EXAMPLE OF A STRONG VERB

Sprechen—To Speak

PRINCIPAL PARTS

sprechen	sprach	gesprochen

PRES. PART.—sprechend   PERF. INFIN.—gesprochen haben

Indicative Mood	**Subjunctive Mood**

PRESENT

ich spreche	ich spreche
du sprichst	du sprechest
er spricht	er spreche
wir sprechen	wir sprechen
ihr sprecht	ihr sprechet
sie sprechen	sie sprechen

PAST

ich sprach	ich spräche
du sprachst	du sprächest
er sprach	er spräche
wir sprachen	wir sprächen
ihr spracht	ihr sprächet
sie sprachen	sie sprächen

Indicative Mood	**Subjunctive Mood**

PERFECT

ich habe gesprochen	ich habe gesprochen
du hast gesprochen, etc.	du habest gesprochen, etc.

PLUPERFECT

ich hatte gesprochen	ich hätte gesprochen
du hattest gesprochen, etc.	du hättest gesprochen, etc.

FUTURE

ich werde sprechen	ich werde sprechen
du wirst sprechen, etc.	du werdest sprechen, etc.

CONDITIONAL

ich würde sprechen, I should speak
du würdest sprechen, etc., thou, etc.

CONDITIONAL PERFECT

ich würde gesprochen haben, etc., I should have spoken.

IMPERATIVE

sprich (du)	sprecht (ihr)
	sprechen Sie (polite form)

THE STRONG VERBS

Stem Vowel of both Imperfect and Past Participle: o

INFINITIVE	PAST	PAST PART.
betrügen, to deceive	ich betrog	betrogen
biegen, to bend	ich bog	gebogen
bieten, to offer	ich bot	geboten
fliegen, to fly	ich flog	ich bin geflogen
fliehen, to flee	ich floh	ich bin geflohen
fliessen, to flow	ich floss	er ist geflossen
frieren, to freeze	ich fror	er ist gefroren (is frozen); ich habe gefroren (I have been cold)
geniessen, to enjoy	ich genoss	genossen
giessen, to pour	ich goss	gegossen
kriechen, to creep	ich kroch	ich bin gekrochen
lügen, to lie	ich log	gelogen

INFINITIVE	PAST	PAST PART.
riechen, to smell	ich roch	gerochen
schieben, to shove	ich schob	geschoben
schiessen, to shoot	ich schoss	geschossen
schliessen, to shut	ich schloss	geschlossen
spriessen, to sprout	ich spross	er ist gesprossen
verdriessen, to vex	ich verdross	verdrossen
verlieren, to lose	ich verlor	verloren
wiegen, to weigh	ich wog	gewogen
ziehen, to draw	ich zog	gezogen
fechten,[1] to fight	ich focht	gefochten
flechten,[1] to twine	ich flocht	geflochten
heben, to raise	ich hob	gehoben
quellen, to gush	ich quoll	er ist gequollen
saufen, to drink	ich soff	gesoffen
scheren, to shear	ich schor	geschoren
schmelzen,[1] to melt	ich schmolz	er ist geschmolzen
schwellen,[1] to swell	ich schwoll	er ist geschwollen
schwören, to swear	ich schwor	geschworen

[1] These verbs change *e* into *i*, in the second and third person singular of the indicative present (also, in second person singular imperative). Example: *ich fechte, du fichst, er ficht.* Imperative: *ficht. Ich schmelze, du schmilzt, etc.*

THE STRONG VERBS
Stem Vowel of both Imperfect and Past Participle: i or ie

1. (*i*)

INFINITIVE	PAST	PAST PART.
beissen, to bite	ich biss	gebissen
gleichen, to resemble	ich glich	geglichen
gleiten, to glide	ich glitt	ich bin geglitten
greifen, to seize	ich griff	gegriffen
leiden, to suffer	ich litt	gelitten
pfeifen, to whistle	ich pfiff	gepfiffen
reissen, to tear	ich riss	gerissen
reiten, to ride	ich ritt	ich bin geritten
schleichen, to creep	ich schlich	ich bin geschlichen
schleifen, to whet	ich schliff	geschliffen
schneiden, to cut	ich schnitt	geschnitten
schreiten, to stride	ich schritt	ich bin geschritten
streichen, to stroke	ich strich	gestrichen

INFINITIVE	PAST	PAST PART.
streiten, to strive	ich stritt	gestritten
weichen,[1] to yield	ich wich	ich bin gewichen

2. (*ie*)

bleiben, to remain	ich blieb	ich bin geblieben
gedeihen, to thrive	ich gedieh	er ist gediehen
leihen, to lend	ich lieh	geliehen
meiden, to shun	ich mied	gemieden
preisen, to praise	ich pries	gepriesen
reiben, to rub	ich rieb	gerieben
scheiden, to part	ich schied	ich bin geschieden
scheinen, to shine	ich schien	geschienen
schreiben, to write	ich schrieb	geschrieben
schreien, to cry	ich schrie	geschrien
schweigen, to be silent	ich schwieg	geschwiegen
steigen, to ascend	ich stieg	ich bin gestiegen
treiben, to drive	ich trieb	getrieben
weisen, to show	ich wies	gewiesen

---

[1] Weichen, *to soften*, is a weak verb: weichen, weichte, geweicht.

THE STRONG VERBS

Stem Vowel of the Imperfect: a. Stem Vowel of the Past Participle: u or o

INFINITIVE	PAST	PAST PART.
binden, to bind	ich band	gebunden
dringen, to press	ich drang	er ist gedrungen
finden, to find	ich fand	gefunden
klingen, to sound	ich klang	geklungen
gelingen,[1] to succeed	es gelang (mir)	es ist (mir) gelungen
ringen, to struggle	ich rang	gerungen
schlingen, to sling	ich schlang	geschlungen
schwinden, to vanish	ich schwand	er ist geschwunden
schwingen, to swing	ich schwang	geschwungen

Heissen, *to be called*, is irregular in the past participle. Thus: heissen, hiess, geheissen.

INFINITIVE	PAST	PAST PART.
singen, to sing	ich sang	gesungen
sinken, to sink	ich sank	er ist gesunken
springen, to spring	ich sprang	ich bin gesprungen
trinken, to drink	ich trank	getrunken
winden, to wind	ich wand	gewunden
zwingen, to force	ich zwang	gezwungen

(o)

befehlen, to command[2]	ich befahl	befohlen
bergen, to hide	ich barg	geborgen
brechen, to break	ich brach	gebrochen
dreschen, to thrash	ich drosch	gedroschen
helfen, to help	ich half	geholfen
nehmen, to take	ich nahm	genommen
erschrecken, to frighten[3]	ich erschrak	ich habe mich erschreckt
sprechen, to speak	ich sprach	gesprochen
stehlen, to steal	ich stahl	gestohlen
sterben, to die	ich starb	er ist gestorben
treffen, to hit, to meet	ich traf	getroffen
verderben, to ruin	ich verdarb	verdorben[4]

---

[1] Likewise: misslingen, *to fail;* es misslang, es ist misslungen.

[2] Likewise: empfehlen, *to recommend.* — But fehlen, *to fail,* is weak. Thus: fehlen, *to fail;* ich fehlte, gefehlt.

[3] Erschrecken (or simply, schrecken), when used transitively, is weak, "ich bin erschrocken," I am frightened.

[4] "Er ist verdorben," he has perished.

The strong verbs which have *e* as the stem vowel of the infinitive, take *i* in the second and third person singular of the indicative *present,* and in the singular of the *imperative.* Thus: helfen, *to help.* Indicative Singular: ich helfe, du hilfst, er hilft. Imperative: hilf, *help thou.* Indicative Singular: ich esse, *I eat;* du isst, er isst, etc.

Conjugated in the same way: gebären, *to bear;* schelten, *to scold;* gelten, *to be worth;* stechen, *to sting;* werben, *to sue;* werfen, *to throw.* Thus: ich gebar, ich schalt; geboren, gescholten, etc.

THE STRONG VERBS
Stem Vowel of the Imperfect: a or i (or ie). Stem Vowel of the Past Participle, same as in the Infinitive

INFINITIVE	PAST	PAST PART.
essen, to eat	ich ass	gegessen
fressen, to devour	ich frass	gefressen
geben, to give	ich gab	gegeben
lesen, to read	ich las	gelesen
messen, to measure	ich mass	gemessen
genesen, to get well	ich genas	ich bin genesen
geschehen, to happen	es geschah	es ist geschehen
sehen, to see	ich sah	gesehen
eintreten,[1] ich trete ein, to enter	ich trat ein	ich bin eingetreten
vergessen, to forget	ich vergass	vergessen
fangen, to catch	ich fing	gefangen
hangen, to hang	ich hing	gehangen
kommen, to come	ich kam	ich bin gekommen
blasen, to blow	ich blies	geblasen
braten, to roast	ich briet	gebraten
fallen, to fall	ich fiel	ich bin gefallen
halten, to hold	ich hielt	gehalten
lassen, to let	ich liess	gelassen
raten, to advise	ich riet	geraten
schlafen, to sleep	ich schlief	geschlafen
hauen, to hew	ich hieb	gehauen
laufen, to run	ich lief	ich bin gelaufen
stossen, to push	ich stiess	gestossen
rufen, to call	ich rief	gerufen[2]

---

[1] *Treten* is conjugated: *du trittst, er tritt.*

[2] *Bitten,* to beg, and *liegen,* to lie, are also conjugated: *ich bat, ich lag,* I begged, I lay; *gebeten, gelegen,* begged, laid. Do not confuse these with *beten,* to pray; and *legen,* to lay, which are weak. Thus: *ich betete, ich legte; gebetet, gelegt.*

THE STRONG VERBS

Stem Vowel of the Imperfect: u. Stem Vowel of the Past Participle, same as in the Infinitive

INFINITIVE	PAST	PAST PART.
backen, to bake	ich buk	gebacken
fahren, to drive	ich fuhr	ich bin gefahren
graben, to dig	ich grub	gegraben
laden, to load	ich lud	geladen
schaffen, to create	ich schuf	geschaffen
schlagen, to strike	ich schlug	geschlagen
tragen, to carry	ich trug	getragen
wachsen, to grow	ich wuchs	ich bin gewachsen
waschen, to wash	ich wusch	gewaschen

Irregular Strong Verbs

The three verbs *gehen*, go, *stehen*, stand, and *tun*, do, are irregular in that they form their past tense and past participle from a stem different from that of the present. They are also without vowel-change in the second and third person of the present. Their principal parts are:

> *gehen, ging, gegangen,* conjugated with *sein*
> *stehen, stand, gestanden* ⎫
> *tun, tat, getan* ⎭ conjugated with *haben*

REFLEXIVE VERBS

1. A reflexive verb is one whose object is the pronoun corresponding to its subject and in which the action is reflected upon the subject.

2. The conjugation is regular, and has no passive.

3. The reflexive object may stand in the accusative or dative, but generally in the accusative, as in the paradigm.

In the third person, the pronoun-object is always **sich**; in the first and second, it is that form of the pronoun which corresponds to the subject and is required by the governing power of the verb.

4. A reflexive plural is often used in a reciprocal sense, as: **Wir sehen uns häufig,** we frequently see each other.

In case of ambiguity, **einander,** one another, is used instead of the reflexive, as: **Sie lieben einander,** they love each other (one another).

5. The reflexive form is used much more generally in German than in English and is variously translated.

Conjugation of *Sich Waschen*—To Wash (One's Self)

PRESENT

ich wasche mich, I wash (myself)
du wäscht *or* wäschst dich, etc.
er wäscht sich

wir waschen uns
ihr wascht euch
sie waschen sich

PAST

ich wusch mich, I washed myself

du wuschst dich, etc.

PERFECT

ich habe mich gewaschen, I have washed (myself)

PLUPERFECT

ich hatte mich gewaschen, I had washed (myself)

FUTURE

ich werde mich waschen, I shall wash (myself)

Imperative Mood

wasche dich, wash (yourself)
wascht euch, wash (yourselves)
waschen Sie sich, wash (yourself or yourselves; polite form)

In like manner, with dative object:

ich schmeichle mir, I flatter myself
du schmeichelst dir
er schmeichelt sich

wir schmeicheln uns
ihr schmeichelt euch
sie schmeicheln sich

THE PASSIVE VOICE

Gefragt Werden—To Be Asked

Indicative Mood

PRESENT

ich werde gefragt, I am asked
du wirst gefragt, you are asked
er wird gefragt, he is asked
wir werden gefragt, we are asked
ihr werdet gefragt, you are asked
[1]Sie werden gefragt, you are asked
sie werden gefragt, they are asked

PAST

ich wurde gefragt, etc., I was asked, etc.

---

[1] This is the formal mode of address (polite form).

PERFECT

ich bin gefragt worden, I have been asked

PLUPERFECT

ich war gefragt worden, I had been asked

FUTURE

ich werde gefragt werden, I shall be asked

CONDITIONAL

ich würde gefragt werden, I should be asked

CONDITIONAL PERFECT

ich würde gefragt worden sein, I should have been asked

Subjunctive Mood

PRESENT

ich werde gefragt, I (may) be asked
du werdest gefragt, thou mayest be asked
er werde gefragt, he may be asked
wir werden gefragt, we may be asked
ihr werdet gefragt, you may be asked
[1]Sie werden gefragt, you may be asked
sie werden gefragt, they may be asked

PAST

ich würde gefragt, etc., I might be asked

PERFECT

ich sei gefragt worden, I may have been asked

PLUPERFECT

ich wäre gefragt worden, I might have been asked

FUTURE

ich werde gefragt werden, I shall be asked

INFINITIVE

PRESENT: gefragt werden, to be asked
PERFECT: gefragt worden sein, to have been asked

---

[1] This is the formal mode of address (polite form).

Remarks

1. Only transitive verbs have a personal passive voice, as: **Ich werde geliebt,** I am being loved; but many intransitive verbs have an impersonal passive voice. Thus: **Es wird getanzt,** there is dancing (going on); literally: it is being danced.

Hence, in translating English passive forms into German, it must always be considered whether or not the German verb is transitive or intransitive; for instance, **I am being followed** cannot be rendered by the direct or personal passive voice in German, as **folgen** is an intransitive verb; but either by the active voice with **man** (thus: **man folgt mir**), or the impersonal passive (thus: **mir wird gefolgt**).

2. Notice that **sein** can often be used in German with a past participle as well as **werden.** But this is not a real passive voice, since the use of **sein** expresses a state or condition, while **werden** expresses action. Thus: The room is cleaned, **Das Zimmer ist gereinigt,** *i.e.,* the work is finished; but **Das Zimmer wird gereinigt,** the room is being cleaned.

Compare **Das Haus war 1940 gebaut,** *i.e.,* it was there in 1940; but **Das Haus wurde 1940 gebaut,** tells us that 1940 was the date of its building.

THE AUXILIARY VERBS OF MODE

Besides the auxiliary verbs of tense (**haben, sein** and **werden**) there are in German six auxiliary verbs of mode. These are used with the infinitive, as in English:

dürfen, to be allowed
können, to be able (can)
mögen, to like, be fond of;
   "es mag sein," it may be the case.

müssen, to be compelled (must)
sollen, to be obliged (shall)
wollen, to be willing (will)

While the corresponding English verbs are defective in their tense forms, these verbs have in German a complete conjugation, except in the imperative.

INFINITIVE	PAST	PERFECT PART.	PAST SUBJ.
dürfen	durfte	gedurft	dürfte
können	konnte	gekonnt	könnte
mögen	mochte	gemocht	möchte
müssen	musste	gemusst	müsste
sollen	sollte	gesollt	sollte
wollen	wollte	gewollt	wollte

Imperative Mood

PRESENT

ich darf	ich kann	ich mag	ich muss
du darfst	du kannst	du magst	du musst
er darf	er kann	er mag	er muss
wir dürfen	wir können	wir mögen	wir müssen
[1]ihr dürft	ihr könnt	ihr mögt	ihr müsst
Sie, sie dürfen	Sie, sie können	Sie, sie mögen	Sie, sie müssen

	ich soll	ich will	
	du sollst	du willst	
	er soll	er will	
	wir sollen	wir wollen	
	ihr sollt	ihr wollt	
	Sie, sie sollen	Sie, sie wollen	

Subjunctive Mood

PRESENT

er dürfe   er könne   er möge   er müsse   er solle   er wolle

Imperative Mood

wolle

PERFECT	ich habe gedurft, gekonnt, gemocht, etc.
PLUPERFECT	ich hatte gedurft, gekonnt, gemocht, etc.
FUTURE	ich werde dürfen, können, mögen, etc.
CONDITIONAL	ich würde dürfen, können, mögen, etc.
CONDITIONAL PERF.	ich würde gedurft haben, gekonnt haben, etc.

USE OF THE AUXILIARIES OF MODE

1. While these verbs correspond, generally, to the English modal auxiliaries **can, may,** etc., they present many differences of use which will require special attention. These are due in part to their fuller conjugation.

2. As these verbs are defective in English, the German verb will frequently have to be expressed by a phrase; for instance: **ich hatte nicht gekonnt,** I had not been able; **wir werden müssen,** we shall be obliged; **er hat gedurft,** he has been permitted; **er musste lachen,** he had to laugh.

---

[1] Familiar form of address.

3. When a modal auxiliary, in the perfect or pluperfect, is construed with an infinitive, it changes its own perfect participle to a second past participle which has the form of the infinitive, as: **ich habe es gekonnt,** but **ich habe es tun können,** I have been able to do it; **er hat gewollt,** he has been willing, he has wished; but **er hat schreiben wollen,** he has been wanting to write.[1]

4. A few other verbs have the same construction. These are: **hören, lassen, sehen.**—Examples: **ich habe sie tanzen sehen,** I have seen her dance; **ich habe ihn sagen hören,** I have heard him say; **er hat mich nicht gehen lassen,** he did not let me go.

5. The modal verbs are used much more freely than in English as independent verbs, or with omission of the infinitive, as, **er kann kein Englisch,** he knows no English. This is especially the case where a verb of motion is implied, as, **er konnte nicht hinein,** he could not go in; **ich will heute nicht in die Stadt,** I don't want to go downtown to-day.

6. **Lassen** is used with an infinitive, nearly like the modal verbs, as a causative auxiliary, in the sense of to make, do, or to have (cause to be) done, and in many idiomatic phrases; as, **ich lasse mir einen Anzug machen,** I am having a suit made; **er liess einen Brief schreiben,** he had a letter written.

A particularly idiomatic expression with **lassen** is: **ich habe mir sagen lassen,** I have been told, I have heard.

THE IRREGULAR VERBS

The verbs which do not strictly follow the rules of either the **weak** or the **strong** conjugations are the following:

1. The auxiliaries, which have already been conjugated.

2. **Bringen,** to bring; **denken,** to think; **wissen,** to know.

3. **Gehen,** to go; **stehen,** to stand; **tun,** to do.

---

[1] These verbs have many idiomatic uses. Some of their leading meanings are:
dürfen — dare, may (permission, liberty, probability)
können — can, may (possibility, ability)
mögen — like to, may (preference, concession, contingency)
müssen — must, have to (compulsion, necessity)
sollen — shall, is to, is said to (duty, command, hearsay)
wollen — will, is about to (means, intention, assertion)

I.—THE AUXILIARIES

Note the following expressions:

He ought to have done it, **er hätte es tun sollen.**

He could have done it, **er hätte es tün können.**

II.—BRINGEN, DENKEN, WISSEN[1]

<table>
<tr><td>**Indicative Mood**</td><td>**Subjunctive Mood**</td></tr>
<tr><td>PRESENT</td><td>PRESENT</td></tr>
<tr><td>ich bringe, etc., I bring, etc.[2]</td><td>ich bringe, etc., I bring, etc.</td></tr>
<tr><td>ich denke, etc., I think, etc.[3]</td><td>ich denke, etc., I think, etc.</td></tr>
<tr><td>ich weiss, etc., I know, etc.[4]</td><td>ich wisse, etc., I know, etc.</td></tr>
<tr><td>PAST</td><td>PAST</td></tr>
<tr><td>ich brachte, etc., I brought, etc.</td><td>ich brächte, etc., I brought, etc.</td></tr>
<tr><td>ich dachte, etc., I thought, etc.</td><td>ich dächte, etc., I thought, etc.</td></tr>
<tr><td>ich wusste, etc., I knew, etc.</td><td>ich wüsste, etc., I knew, etc.</td></tr>
</table>

The compound tenses are conjugated like those of any other verb. Thus:

INDICATIVE MOOD

PERFECT: Ich habe gebracht, ich habe gedacht, ich habe gewusst.

PLUPERFECT: Ich hatte gebracht, ich hatte gedacht, ich hatte gewusst.—PLUPERFECT SUBJUNCTIVE: Ich hätte gebracht, etc.

FUTURE: Ich werde bringen, denken, or wissen.

CONDITIONAL MOOD

CONDITIONAL: Ich würde bringen, ich würde denken, ich würde wissen.

CONDITIONAL PERFECT: Ich würde gebracht haben, ich würde gedacht haben, ich würde gewusst haben.

---

[1] When *to know* is used in the sense of *to be acquainted with*, it is rendered by *kennen*. I know this gentleman, *ich kenne diesen Herrn.* In the sense of *to know a fact, to have knowledge of,* wissen is used: *Wissen Sie, wer dieser Herr ist? Nein, ich kenne ihn nicht, aber ich weiss, dass ich ihn schon oft gesehen habe.*

[2] *Ich bringe, du bringst, er bringt, wir bringen, etc.*

[3] *Ich denke, du denkst, er denkt, wir denken, etc.*

[4] *Ich weiss, du weisst, er weiss, wir wissen, ihr wisst, Sie wissen, etc.*

III.—GEHEN, STEHEN, TUN

Indicative Mood	**Subjunctive Mood**
PRESENT	PRESENT

ich gehe, etc., I am going, etc.	ich gehe, etc., I (may) go, etc.
ich stehe, etc., I am standing, etc.	ich stehe, etc., I (may) stand, etc.
ich tue, etc., I am doing, etc.	ich tue, etc., I (may) do, etc.

PAST	PAST
ich ging, etc., I went, etc.	ich ginge, etc., I (might) go, etc.
ich stand, etc., I stood, etc.	ich stände, etc., I (might) stand, etc.
ich tat, etc., I did, etc.	ich täte, etc., I (might) do, etc.

The past participles of these verbs are: gegangen, gestanden, getan. The compound tenses are conjugated like those of all other verbs. Thus:

PERFECT INDICATIVE:—
- ich bin gegangen, I have gone
- ich habe gestanden, I have stood
- ich habe getan, I have done

PLUPERFECT INDIC.:—
- ich war gegangen, I had gone
- ich hatte gestanden, I had stood
- ich hatte getan, I had done

PLUPERFECT SUBJ.:—
- ich wäre gegangen, I had gone
- ich hätte gestanden, I had stood
- ich hätte getan, I had done

FUTURE:— ich werde gehen, stehen, *or* tun

CONDITIONAL:— ich würde gehen, stehen, *or* tun

CONDITIONAL PERFECT:—
- ich würde gegangen sein, I would have gone
- ich würde gestanden haben, I would have stood
- ich würde getan haben, I would have done

SEPARABLE VERBS

The prefix of separable verbs is separated from the stem in the present and past, and also in the imperative; thus, **ankommen**, to arrive: I arrive, **ich komme an**; I arrived, **ich kam an**; I might arrive, **ich käme an**; arrive in time, **kommen Sie zur rechten Zeit an.**

Notice, however, that in dependent clauses this prefix cannot be separated from the stem. Thus: **als er ankam,** etc.

"Ge" and "zu" are placed between the prefix and the stem. Thus:

PAST PART.: **angekommen.** INFIN. (with **zu**) : **anzukommen.**

CONJUGATION OF A SEPARABLE VERB

Ankommen—To Arrive

Indicative Mood

PRESENT

ich komme an, I arrive
du kommst an, thou arrivest
er kommt an, he arrives
wir kommen an, we arrive
ihr kommt an, you arrive
[1]Sie kommen an, you arrive
sie kommen an, they arrive

IMPERFECT

ich kam an, etc., I arrived

PERFECT

ich bin angekommen, I have arrived

PLUPERFECT

ich war angekommen, I had arrived

FUTURE

ich werde ankommen, I shall arrive

CONDITIONAL

ich würde ankommen, I should arrive

CONDITIONAL PERFECT

ich würde angekommen sein, I should have arrived

Subjunctive Mood

PRESENT

er komme an, he (may) arrive

IMPERFECT

ich käme an, etc., I arrived

PERFECT

ich sei angekommen, I have arrived

PLUPERFECT

ich wäre angekommen, I had arrived

---

[1] Formal mode of address (polite form).

FUTURE

ich werde ankommen, I shall arrive

Imperative Mood

komme an, kommt an, etc.

PARTICIPLES

ankommend, angekommen

PREFIXES WITH WHICH SEPARABLE VERBS ARE FORMED

The following prefixes are those which occur most frequently with separable verbs: **ab, an, auf, aus, bei, dar, ein, fort, her, hin, mit, nach, vor, weg, zu, zurück.**

PRINCIPAL PARTS OF SOME SEPARABLE COMPOUND VERBS

PREFIX	INFINITIVE	PAST	PAST PART.
ab, abgehen	to leave	ich ging ab	ich bin abgegangen
an, anfangen	to begin	ich fing an	angefangen
auf, aufhören	to cease	ich hörte auf	aufgehört
aus, ausgehen	to go out	ich ging aus	ich bin ausgegangen
dar, darstellen	to represent	ich stellte dar	dargestellt
ein, einladen	to invite	ich lud ein	eingeladen
fort, fortfahren	to continue	ich fuhr fort	ich bin fortgefahren
her, herkommen	to come here	ich kam her	ich bin hergekommen
hin, hingehen	to go there	ich ging hin	ich bin hingegangen
mit, mitteilen	to communicate	ich teilte mit	mitgeteilt
nach, nachfolgen	to follow	ich folgte nach	ich bin nachgefolgt
vor, vorstellen	to introduce	ich stellte vor	vorgestellt
weg, wegnehmen	to take away	ich nahm weg	weggenommen
zu, zumachen	to shut	ich machte zu	zugemacht
zurück,[1] zurück- [kommen	to return	ich kam zurück	ich bin zurückgekom- [men

Notice that separable verbs have the main accent on the prefix, while inseparable verbs take it on the stem. Thus: SEPARABLE: 'aufstehen, to get up. INSEPARABLE: (auf etwas) be'stehen, to insist (on something).

Some verbs, compounded with the prefixes **durch, über, unter, um,** and **wieder,** are separable, while others are inseparable. Thus:

---

[1] There are also many compound prefixes with which verbs may be compounded. Most of them are formed with *hin* and *her*, as *hinab, herauf,* etc.

'umkommen, to perish, separable; but, um'geben, to surround, inseparable. But many others are either separable or inseparable according to meaning. When used in their literal sense, they are separable: when used figuratively, they are inseparable.

EXAMPLE

Separable	Inseparable
'übersetzen, to put over	über'setzen, to translate
'wiederholen, to bring back again	wieder'holen, to repeat

IMPERSONAL VERBS

1. Verbs referring to the phenomena of nature have always the impersonal subject **es**, it. As:

es regnet	er friert
es schneit	es blitzt
es hagelt	es donnert

2. Some other verbs are construed impersonally, to express action without a definite agent. As:

es klopft, there is a knock	es gibt (it gives), there is
es läutet, there is a ring	wie geht es? how goes it?

This applies also to the passive voice or reflexive form.

3. The impersonal form is much more usual in German than in English. Some impersonal idioms are:

es tut mir leid, I am sorry	es fragt sich, it is a question
es ist mir leid, I am sorry	es geht mir gut, I am doing, or
es versteht sich, that is a matter	feeling, well
of course	es gelingt mir, I succeed

The impersonal subject *es* is frequently omitted; as, *mich hungert; mir träumt, etc.*

4. Weather and time are expressed by the impersonal **sein,** as: **es ist kalt,** it is cold; **es ist zehn Uhr,** it is ten o'clock.

5. The English phrases, **there is, there are,** are expressed by **es** with **sein** or with **geben,** to give. With **sein** the verb agrees, as in English, with the following predicate noun. With **geben** the noun is in the accusative, and the verb always remains singular, as: **es war ein Mann; es waren Männer;** but, **es gab einen Mann; es gab Männer**—there was a man; there were men.

MOODS AND TENSES
THE INDICATIVE MOOD

The indicative is the mood of direct statement or reality. As the tenses are used with reference to time in the indicative only, their proper use is given here.

THE PRESENT

1. The Present Tense corresponds to all English forms of that tense: **ich lobe,** I praise, I am praising, I do praise.

2. It is used for the English perfect when the action or state continues in the present, the past being inferred and the present alone expressed, as:

Wie lange ist er schon krank? How long has he been ill? (*i.e.*—he is still ill); **ich gehe seit acht Tagen wieder in die Schule,** I have been going to school again for the last week (and am still going).

This expression is very common with **seit,** since.

3. It is also used for the English future, where no ambiguity would arise, particularly to replace the form "am going to," as: **ich schreibe morgen einen Brief an meinen Vater,** I am going to write a letter to my father to-morrow.

THE PAST

The past is used:

1. As the historical (narrative) past, when an event is told in connection with others, as:

Es war einmal ein junger Kerl, der liess sich als Soldat anwerben, hielt sich brav und war immer der tapferste, wenn es blaue Bohnen regnete, there was once a young fellow who enlisted as a soldier, behaved bravely and was always foremost when it was raining blue beans (*i.e.*, bullets).

2. To denote customary, continued or contemporaneous action, replacing the English forms "was doing," "used to do," as: **er ging jeden Tag um vier Uhr aus,** he used to go out every day at four o'clock.

THE PERFECT

The distinction between the use of the Past and Perfect is not sharply defined in German. The English version is: I have seen him to-day, **ich habe ihn heute gesehen.** But: I saw him yesterday, is also rendered in German by: **ich habe ihn gestern gesehen.**

It may be said that in the written language, the past tends to crowd out the perfect, while in the spoken language the reverse is true. In some of the South German dialects the imperfect forms are practically extinct, the perfect having taken their place.

THE PLUPERFECT

The Pluperfect is used, as in English, of a past action completed before another was begun, thus:

Ich hatte meine Aufgabe vollendet, ehe Sie kamen; I had finished my exercise before you came.

THE FUTURE

The Future is used:

1. Of an action about to take place, as: **es wird regnen,** it will rain. Whenever the English **will** can be changed to **want or desire, it is** rendered by **wollen,** as: I will go out, I want to go out, **ich will ausgehen.**

In all other cases the future tense must be used, as: **It will snow** to-morrow, **es wird morgen schneien.**

2. The form of the future tense is frequently used instead of the present in order to express a supposition or probability, as: **er wird hungrig sein,** I suppose he is hungry; The adverb **doch** or **wohl** is sometimes added in order to bring out the sense more clearly, as: **Der Vater wird wohl noch schlafen,** I suppose father is still asleep.

THE SUBJUNCTIVE MOOD

1. The subjunctive mood may be described as the mood of the reported (hearsay), the desired or commanded, the supposed, the possible, the doubted; in short, it is the mood of the **unreal,** as distinct from the indicative, which is the mood of the **actual.** It is used in such expressions as: I heard that he was ill; let man be noble; let us go; would that I were there; however that may be; can he have said that?

2. The **present subjunctive** is used to express a wish, as: Long live the king! **Lang lebe der König!**

This use is limited to the third person singular or plural.

The **imperfect subjunctive** (generally accompanied by **doch**) is also used to express a wish, as: Would that I were with you! **Wäre ich doch bei Ihnen!**

The Subjunctive in Indirect Statements or Questions

1. The subjunctive is frequently used in indirect statements and questions, especially after verbs of **telling, thinking, feeling, asking,** and the like. The subordinate clause in such cases is generally introduced by **dass,** that; but this conjunction is often omitted, in which case the clause has the normal word-order.

Examples: **Ich fragte, wie viel Uhr es sei (es wäre),** I asked what o'clock it was. **Er sagte, er sei nicht wohl,** he said he was not well. **Er schrieb mir, dass er wieder wohl wäre;** he wrote me that he was well again; **ich glaubte, er wäre mein Freund** (instead of **dass er mein Freund wäre**).

2. In German the **present** or **past** of the subjunctive may generally be freely interchanged without reference to the tense of the verb in the main sentence, as:

Er sagte, dass er es nicht wisse. ⎫
Er sagte, dass er es nicht wüsste. ⎬ He said he did not know.

3. The Indicative is, however, used in indirect statements when the speaker wishes to express his own belief in the correctness of the statement, as: **Ich habe gehört, dass sein Bruder krank ist;** I heard his brother was ill, (and he is ill).

The Subjunctive in Conditional Sentences

1. The Conditional Subjunctive is simply a potential or unreal subjunctive used in the conclusion of a conditional sentence, where it frequently takes the place of the true conditional form: **Wenn das Wetter schön wäre, ginge ich aus** (subjunctive): or **Wenn das Wetter schön wäre, würde ich ausgehen** (conditional). But note that the longer conditional form with **werden** (**würde, würden**) cannot be used in the **condition** clause after **wenn.** Here the subjunctive is required. Thus:

Wenn ich das gewusst hätte, so hätte ich anders gehandelt; if I had known that, I would have acted differently. **Wenn er wohl wäre, so wäre er sicherlich gekommen;** if he were well he would surely have come. **Wenn er sparsamer gewesen wäre, so wäre er jetzt ein reicher Mann;** if he had been more economical he would be a rich man now.

In all these examples, the **conditional** form in the second (conclusion) clause would be equally correct: **so würde ich anders gehandelt haben; so würde er sicherlich gekommen sein; so würde er jetzt ein reicher Mann sein.**

2. **Wenn** may be omitted. Thus:

Wenn ich das gewusst hätte, so würde ich anders gehandelt haben, or: **hätte ich das gewusst, so würde ich anders gehandelt haben.**

3. When **if** is equivalent to **whether** it must be rendered by **ob, as:**

Er fragte mich, ob sie hier wäre; he asked me if (whether) she were here.

The Subjunctive after Verbs of Command

After **befehlen,** to order, to command, and **sagen** (used in the sense of to command), **sollen** or **mögen** must be used in the subjunctive mood. Thus:

Er befahl mir, dass ich das Zimmer gleich rein machen sollte; he ordered me to clean the room at once. **Ich sagte ihm, dass er auf die Bank gehen möchte;** I told him to go to the bank.

As stated above, **dass** may be omitted, as: **Er befahl mir, ich sollte das Zimmer gleich rein machen. Ich sagte ihm, er möchte auf die Bank gehen.**

Mögen in such cases is less assertive than **sollen.** It implies a request, whereas **sollen** gives an order.

THE INFINITIVE
The Infinitive without zu

The infinitive is generally preceded by **zu.** It is used without **zu,** however:

1. When it depends on one of the modal auxiliaries, **können, wollen, müssen, mögen, sollen,** and **dürfen.** Example:

You may go, **Sie können gehen;** you must do it, **Sie müssen es tun.**

2. When it depends on either of the five following verbs: **fühlen, hören, lassen, lernen, sehen.** Example:

I hear him coming, **ich höre ihn kommen.**

3. After **bleiben, gehen, fahren, reiten,** in certain idiomatic expressions, thus: keep your seat, **bleiben Sie sitzen;** he is taking a walk, **er geht spazieren;** he is taking a ride, **er reitet spazieren.**

The Infinitive Preceded by zu

1. When it depends on another verb, excepting, however, the modal auxiliaries or the verbs **fühlen, hören, lassen, lernen, sehen.** I want to buy a horse, **ich wünsche ein Pferd zu kaufen.**

2. When it depends on an adjective, thus: I am ready to go with you, **ich bin bereit mit Ihnen zu gehen.**

3. When it depends on one of the prepositions: **um, ohne, anstatt,** thus: He remains instead of going; **er bleibt, anstatt zu gehen.** He praises the music without having heard it; **er lobt die Musik, ohne sie gehört zu haben.**

The Infinitive with um—zu

1. Whenever to in English means **in order to,** it is rendered by **um—zu,** in German.

He has gone to town to buy a house; **er ist in die Stadt gegangen, um ein Haus zu kaufen.**

2. **Um—zu** is also used before any infinitive depending on an adjective preceded by **zu** (too) or followed by **genug.** Example: **Das Kind ist zu jung, um allein auszugehen;** the child is too young to go out by himself. **Sie sind alt genug, um es besser zu wissen;** you are old enough to know better.

Peculiar Uses of the Infinitive

1. The English infinitive, following **how, what** and **where,** is rendered in German by the infinitive with **sollen, können,** or **müssen,** thus: I do not know what to do; **ich weiss nicht, was ich tun soll.**

2. An infinitive dependent on a verb in a compound tense and without lengthy modifiers, generally precedes the past participle, thus: It has begun to snow, **es hat zu schneien angefangen.**

The Infinitive Used as a Noun

Any infinitive in German may be used as a noun, thus: eating and drinking, **das Essen und das Trinken.**

Note 1.—Infinitives used as nouns are always *neuter*, and take -*s* in the genitive singular: *die Kunst des Malens*, the art of painting. Obviously they have no plural.

Note 2.—Infinitives used as nouns correspond almost always to the English gerunds, *i.e.*, nouns ending in *ing*. Example: the reading of such a book is not useful, *das Lesen eines solchen Buches ist nicht nützlich*.

THE PARTICIPLE

1. The German past and present participles may be used with a noun in the same way as English adjectives, thus: **eine liebende Mutter,** a loving mother, and this participle may take an object, as in the signature of a letter: **Deine Dich liebende Mutter,** Your loving (you) mother.

2. The past participle of verbs of motion which depend on **kommen** is used instead of their present participle, thus: he came running, **er kam gelaufen.**

3. The English participle is most frequently rendered in German by a relative clause, or by a clause beginning with conjunctions, like **indem, während, da, als, nachdem, obwohl,** etc.

Having seen your advertisement, I write for further details; **da ich Ihre Anzeige gesehen habe, bitte ich um weitere Einzelnheiten.** Not finding him at home, I went away; **da ich ihn nicht zu Hause fand, ging ich fort.** The tables being removed, the dancing commenced; **nachdem die Tische entfernt waren, fing das Tanzen an.** A man having such opinions is not to be trusted; **einem Mann, der solche Ansichten hat, is nicht zu trauen.**

ARTICLES

1. There are three forms of the German definite article, masculine, feminine and neuter.

2. The declension has four cases, viz:

   a. The Nominative, the case of the subject; **who? what?**
   b. The Genitive, the possessive case; **whose?**
   c. The Dative, case of the indirect object; **to whom?**
   d. The Accusative, case of the direct object; **whom? what?**

DECLENSION OF THE DEFINITE ARTICLE

	Masc.	Fem.	Neuter	Plural All Genders
		Singular		
Nom.,	der	die	das	die, the
Gen.,	des	der	des	der, of the
Dat.,	dem	der	dem	den (to, for) the
Acc.,	den	die	das	die, the

The following pronouns are declined like the definite article, except that their neuter nominative and accusative end in **es** instead of **as**. Thus the neuter **dieses** corresponds to **das**.

Masc.	Fem.	Neuter	Plural All Genders
	Singular		
dieser	diese	dieses, this	diese, these
jener	jene	jenes, that	jene, those
jeder	jede	jedes, every	plural: alle
welcher	welche	welches, which	welche, which

MODEL DECLENSION

	Masc.	Fem.	Neuter	Plural All Genders
		Singular		
Nom.,	dieser	diese	dieses *or* dies, this	diese, these
Gen.,	dieses	dieser	dieses, of this	dieser, of these
Dat.,	diesem	dieser	diesem, to this	diesen, to these
Acc.,	diesen	diese	dieses *or* dies, this	diese, these

Jener, jeder and **welcher** are also declined according to this model.

THE INDEFINITE ARTICLE

The indefinite article has, of course, no plural. It is declined as follows:

	Masc.	Fem.	Neuter
Nom.,	ein	eine	ein, a (an)
Gen.,	eines	einer	eines, of a
Dat.,	einem	einer	einem, to a
Acc.,	einen	eine	ein, a

Observe that the declension of **ein** (and the other seven words declined like it) differs from that of **dieser** only in that it is **without an ending** in the Singular Nominative Masculine and Neuter and Accusative Neuter.

Other Words Declined Like ein

The adjective **kein** (not any, none, *i.e.*, the negative of **ein**) and the following possessive pronouns:

mein, my	sein, his	unser, our	Ihr, your
dein, thy	ihr,[1] her	euer, your	ihr,[1] their

are declined like **ein**. These words, however, have a plural, which is declined like the plural of the definite article or the **dieser** group. Example:

	Singular			**Plural**
	MASC.	FEM.	NEUTER	ALL GENDERS
Nom.,	mein	meine	mein, my	meine, my
Gen.,	meines	meiner	meines, of my	meiner, of my
Dat.,	meinem	meiner	meinem, to my	meinen, to my
Acc.,	meinen	meine	mein, my	meine, my.[2]

USES OF THE DEFINITE ARTICLE

GENERAL RULE.—The definite article must be used:

1. With proper names if they are preceded by an adjective.

> Poor Richard, **der arme Richard**
> Rich England, **das reiche England**

2. With the genitive plural of common nouns, as it is sometimes the only way of distinguishing it from the nominative case, thus: man's duty, **die Pflicht der Menschen.**

3. Generally with abstract nouns:

> Beauty, **die Schönheit**
> Virtue, **die Tugend**

4. Often with names of materials (as, wood, gold, water, etc.), if the word is used either in a general or definite sense, example: gold is precious, **(das) Gold ist wertvoll.**

5. With names of the seasons, months, and days of the week. Example: Summer is beautiful here, **der Sommer ist hier schön.**

---

[1] Notice that *ihr* means her or their. The context naturally shows which is meant.

[2] When used without a noun, *ein, mein, dein,* etc., are declined exactly like the definite article, both in the singular and plural. Thus: my, *mein, meine, mein,* etc.; but, mine, *meiner, meine, meines,* etc.

May is a charming month, **der Mai ist ein reizender Monat.** Come on Friday, **kommen Sie am Freitag.**

6. The definite article replaces the possessive adjective when parts of the body or clothing are referred to, as: He shakes his head, **er schüttelt den Kopf.** He is washing his hands, **er wäscht sich die Hände.** Give me your hand, **geben Sie mir die Hand.** He put on his hat, **er setzte den Hut auf.**

The use of the article in German, even in some of the above cases (as, for instance, with abstract nouns), is often optional.

It is especially important to memorize the strong endings of the **dieser** group because they are identical with the strong endings of the adjective.

NOUNS

There are three declensions of nouns in German, the Strong, the Weak, and the Mixed.

1. A noun is of the Strong Declension if its genitive singular has the ending **(e)s,** or no ending at all, and its nominative plural is **not** formed by adding **(e)n.**

2. A noun is of the Weak Declension if its genitive singular has the ending **(e)n,** or no ending at all, and its nominative plural the ending **(e)n.**

3. A noun is of the Mixed Declension if its genitive singular has the ending **(e)s** (like the Strong), and its nominative plural the ending **(e)n** (like the Weak).

4. Feminine nouns remain unchanged in the singular.

5. The dative plural of all nouns ends in **n.** Other cases of the plural are like the nominative.

6. Hence, to decline a German noun, the genitive singular and the nominative plural must be known.

THE STRONG DECLENSION

Nouns declined according to the strong declension are subdivided into three classes:

1. The first class contains nouns which take no inflectional ending in the nominative plural.

These **sometimes** have the umlaut in the plural.

2. The second class contains nouns which take in the nominative plural the ending **e**.

These **generally** have the umlaut in the plural.

3. The third class contains nouns which take in the nominative plural the ending **er**.

These **always** have the umlaut in the plural.

First Class of the Strong Declension

1. To the first class of the strong declension belong all masculine and neuter nouns ending in **el, em, en, er, chen, lein, sel**; all neuter nouns beginning with the prefix **ge** and ending in **e**; and one masculine in **e, der Käse,** the cheese.

Here belong also, by the ending **en**, infinitives used as neuter nouns, which must be then written with capitals.

2. In the singular the genitive adds **s**; other cases are like the nominative. The nominative plural adds no ending; but about twelve masculines in **el, en, er,** and the neuter **das Kloster,** the convent, modify the root vowel. The dative plural adds **n**, except in nouns ending in **n**.

The following masculine nouns modify the vowel:

der Apfel, the apple	die Äpfel, the apples
der Acker, the acre	die Äcker, the acres
der Bruder, the brother	die Brüder, the brothers
der Garten, the garden	die Gärten, the gardens
der Hafen, the harbor	die Häfen, the harbors
der Laden, the store	die Läden, the stores
der Mantel, the mantle	die Mäntel, the mantles
der Nagel, the nail	die Nägel, the nails
der Ofen, the stove	die Öfen, the stoves
der Vater, the father	die Väter, the fathers
der Vogel, the bird	die Vögel, the birds

3. The two feminines, **die Mutter,** the mother, and **die Tochter,** the daughter, form their plurals after this declension: **Mütter, Töchter;** but, like other feminines, remain unchanged in the singular.

4. Nouns ending in **chen** or **lein** are diminutive derivatives, and are always neuter; as: **das Mädchen,** the girl (from **die Magd,** the maid); **das Fräulein,** the young lady, Miss (from **die Frau,** the woman).

EXAMPLES

Singular

Nom.,	der Spaten, the spade	der Vater, the father
Gen.,	des Spatens, of the spade	des Vaters, of the father.[1]
Dat.,	dem Spaten, to the spade	dem Vater, to the father.[1]
Acc.,	den Spaten, the spade	den Vater, the father

Plural

Nom.,	die Spaten, the spades	die Väter, the fathers
Gen.,	der Spaten, of the spades	der Väter, of the fathers
Dat.,	den Spaten, to the spades	den Vätern, to the fathers
Acc.,	die Spaten, the spades	die Väter, the fathers

Singular

Nom.,	das Gemälde, the painting	die Mutter, the mother
Gen.,	des Gemäldes, of the painting	der Mutter, of the mother
Dat.,	dem Gemälde, to the painting	der Mutter, to the mother
Acc.,	das Gemälde, the painting	die Mutter, the mother

Plural

Nom.,	die Gemälde, the paintings	die Mütter, the mothers
Gen.,	der Gemälde, of the paintings	der Mütter, of the mothers
Dat.,	den Gemälden, to the paintings	den Müttern, to the mothers
Acc.,	die Gemälde, the paintings	die Mütter, the mothers

Second Class of the Strong Declension

1. To the second class of the strong declension belong most masculine, and some neuter, monosyllabic nouns; most masculines and neuters of more than one syllable (not in Class I.); and, in the plural, a few feminines ending in **nis** and **sal**, and about twenty-four feminine monosyllables of which the following are the commonest:

die Bank, the bench	die Bänke, the benches
die Frucht, the fruit	die Früchte, the fruits
die Gans, the goose	die Gänse, the geese
die Hand, the hand	die Hände, the hands
die Haut, the skin	die Häute, the skins
die Kraft, the power	die Kräfte, the powers
die Kuh, the cow	die Kühe, the cows
die Kunst, the art	die Künste, the arts

---

[1] With names of living things, the genitive is often translated by the English possessive, the father's, etc. The preposition is not always required in translating the German dative.

die Magd, the servant	die Mägde, the servants
die Maus, the mouse	die Mäuse, the mice
die Nacht, the night	die Nächte, the nights
die Nuss, the nut	die Nüsse, the nuts
die Stadt, the city	die Städte, the cities
die Wand, the wall	die Wände, the walls

2. This class includes the majority of masculine nouns,—and especially nearly all masculine monosyllables,—and is the largest and most heterogeneous of all the declensions. The neuter monosyllables are about thirty-five in number.

3. The form of the declension is as follows:

a. Excepting the feminine nouns of the Second Class, all of which remain unchanged in the singular, the genitive singular adds **es,** the dative **e,** the accusative being like the nominative. The nominative plural adds **e.** Nouns ending in **nis** double the **s** (**ss**) before all endings.

b. Monosyllables, if masculine, modify the root-vowel **generally** in the plural; if feminine, **always;** if neuter, **never.** In words of more than one syllable the root-vowel is generally left unmodified.

4. Compound nouns whose last component is a monosyllable, or nouns formed by a prefix to a monosyllable root, count as monosyllables in declension; as: **der Apfelbaum,** the apple-tree; plural, **die Apfelbäume; der Gesang,** the song; plural, **die Gesänge,** etc.

5. The **e** of the genitive (**es**) and of the dative singular may be omitted, for euphony, especially in words of more than one syllable. This omission is usual in conversation and familiar writing.

EXAMPLES

Singular

Nom.,	der Sohn, the son	das Jahr, the year
Gen.,	des Sohnes, of the son	des Jahres, of the year
Dat.,	dem Sohne, to the son	dem Jahre, to the year
Acc.,	den Sohn, the son	das Jahr, the year

Plural

Nom.,	die Söhne, the sons	die Jahre, the years
Gen.,	der Söhne, of the sons	der Jahre, of the years
Dat.,	den Söhnen, to the sons	den Jahren, to the years
Acc.,	die Söhne, the sons	die Jahre, the years

Der Monat, the month	Das Hindernis, the obstacle

Singular

Nom.,	der Monat	das Hindernis
Gen.,	des Monats	des Hindernisses
Dat.,	dem Monat	dem Hindernisse
Acc.,	den Monat	das Hindernis

Plural

Nom.,	die Monate	die Hindernisse
Gen.,	der Monate	der Hindernisse
Dat.,	den Monaten	den Hindernissen
Acc.,	die Monate	die Hindernisse

Feminines

	Die Hand, the hand		Die Kuh, the cow	
Nom.,	die Hand	die Hände	die Kuh	die Kühe
Gen.,	der Hand	der Hände	der Kuh	der Kühe
Dat.,	der Hand	den Händen	der Kuh	den Kühen
Acc.,	die Hand	die Hände	die Kuh	die Kühe

Third Class of the Strong Declension

1. To the third class of the strong declension belong the great majority of monosyllabic neuters, with a few masculines; nouns ending in **tum,** and a few other neuters of more than one syllable. They form their genitive singular in **es,** the dative singular in **e,** and their plural in **er,** with vowel modification.

a. Observe that the nouns in **tum** modify, not the stem vowel, but the vowel of the suffix.

b. The **e** of the genitive and dative singular may be omitted under the same conditions as in the preceding declension.

EXAMPLES

Das Haus, the house	Das Fürstentum, the principality

Singular

Nom.,	das Haus	das Fürstentum
Gen.,	des Hauses	des Fürstentums
Dat.,	dem Hause	dem Fürstentume
Acc.,	das Haus	das Fürstentum

Plural

Nom.,	die Häuser	die Fürstentümer
Gen.,	der Häuser	der Fürstentümer
Dat.,	den Häusern	den Fürstentümern
Acc.,	die Häuser	die Fürstentümer

In the same manner, the following masculines:

der Geist, the spirit	der Strauss, the bouquet
der Gott, the god	der Wald, the forest
der Leib, the body	der Wurm, the worm
der Mann, the man	der Vormund, the guardian
der Ort, the place[1]	der Irrtum, the error
der Rand, the edge	der Reichtum, the wealth

The following are examples of monosyllabic neuters:

das Amt, the office	das Glas, the glass
das Bad, the bath	das Grab, the grave
das Bild, the picture	das Kind, the child
das Blatt, the leaf	das Kleid, the dress
das Buch, the book	das Land, the land
das Dach, the roof	das Lied, the song
das Ding, the thing	das Schloss, the castle
das Dorf, the village	das Tal, the valley
das Ei, the egg	das Volk, the people
das Feld, the field	das Weib, the woman
das Geld, the money	

And the following neuters of more than one syllable: **das Gemach,** the apartment; **das Gemüt,** the feeling; **das Gesicht,** the face; **das Geschlecht,** the sex; **das Gespenst,** the spectre; **das Gewand,** the garment; **das Regiment,** the regiment; **das Spital,** the hospital.

Note that this class includes **no feminines.**

THE WEAK DECLENSION

1. The weak declension comprises all nouns of the feminine gender (except **Mutter, Tochter,** and those of the second class of the strong declension); most masculines ending in **e**; a few masculine monosyllables which formerly ended in **e**; and many foreign masculines accented on the last syllable. **There are no neuters.**

a. This declension includes, therefore, all feminines of more than one syllable, except those in **nis** and **sal** (and the two nouns **Mutter** and **Tochter**).

b. Feminine monosyllables are nearly equally divided between this declension and the second class of the strong declension. The weak declension includes all foreign or derivative feminines, and those that once ended in **e**.

c. Foreign masculines are also divided between the same two declensions. Those, in **al, an, ast, ier,** belong to the strong; most others, including all that formerly ended in **e,** belong to the weak declension.

2. Nouns of this declension form their plural in **en** or **n.** The feminines remain unchanged in the singular, but the masculines take the termination **en** or **n** also in the singular, for all cases except the nominative.

3. Nouns ending in **e, el, er,** and **ar** unaccented, take the termination **n;** all others take **en.** Thus: die **Blume,** die **Blumen;** die **Nadel,** die **Nadeln;** die **Feder,** die **Federn;** der **Ungar,** die **Ungarn;** but: die **Tugend,** die **Tugenden;** die **Station,** die **Stationen;** der **Student,** die **Studenten.**

4. Feminine derivatives in **in** double the **n** in the plural; as, **die Fürstin,** the princess; plural, **die Fürstinnen.**

5. No noun of the weak declension modifies the stem vowel in the plural.

EXAMPLES

Die Blume, the flower   Der Knabe, the boy

Singular

Nom.,	die Blume	der Knabe
Gen.,	der Blume	des Knaben
Dat.,	der Blume	dem Knaben
Acc.,	die Blume	den Knaben

Plural

Nom.,	die Blumen	die Knaben
Gen.,	der Blumen	der Knaben
Dat.,	den Blumen	den Knaben
Acc.,	die Blumen	die Knaben

Die Feder, the pen; genitive, **der Feder;** plural, **die Federn,** etc.

Monosyllables: **Die Art,** the kind; genitive: **der Art;** plural: **die Arten,** etc. Der **Held,** the hero, genitive: **des Helden;** plural: **die Helden,** etc.

Foreign: **der Poet,** the poet; genitive: **des Poeten;** plural: **die Poeten,** etc.

Decline like die **Blume** : die **Stube,** the room; die **Freude,** the joy; die **Schule,** the school, etc.

Like **die Feder: die Nadel,** the needle; **die Mauer,** the wall; **die Schüssel,** the dish, etc.

Like **die Art: die Uhr,** the watch; **die Frau,** the woman, wife; **die Tat,** the deed; **die Tür,** the door; **die Zahl,** the number, etc.

Like **der Knabe: der Preusse,** the Prussian; **der Affe,** the monkey; **der Neffe,** the nephew, etc.

Like **der Poet: der Advokat,** the lawyer; **der Student,** the student; **der Philosoph,** the philosopher, etc.

Like **der Held: der Bär,** the bear; **der Christ,** the Christian; **der Fürst,** the prince; **der Graf,** the count; **der Hirt,** the herdsman; **der Mensch,** the man; **der Mohr,** the Moor; **der Narr,** the fool; **der Ochse,** the ox; **der Prinz,** the prince; **der Tor,** the fool.

6. To this list belongs properly, **der Herr,** the Lord, gentleman; also Mr. or Sir. But this word adds in the singular only **n;** in the plural en; as, **des Herrn;** plural: **die Herren,** etc.

THE MIXED DECLENSION

1. The following masculines ending in **e** form their genitive in **ns,** and their other cases in **n,** according to the weak declension:

>   der Buchstabe, the letter (of the alphabet)
>   der Friede, peace   der Haufe, heap
>   der Funke, spark   der Name, name
>   der Gedanke, thought   der Same, seed
>   der Glaube, faith   der Wille, will

2. **Der Schaden,** harm, genitive **des Schadens,** modifies the vowel in the plural, **die Schäden,** etc.

3. **Der Schmerz,** the pain, is occasionally declined in the same way: genitive **des Schmerzens,** dative **dem Schmerzen,** etc. **Der Felsen,** the rock, has also the shorter form, **der Fels,** genitive **des Felsens,** etc. (But these nouns also have the form: **des Felsen, des Schmerzes,** etc.)

4. One neuter, **das Herz, the** heart, forms its genitive in **ens; des Herzens,** dat. **dem Herzen,** accusative **das Herz;** plural **die Herzen.**

5. A few nouns of the masculine and neuter gender follow the strong declension in the singular, and the weak in the plural. The most important are:

Nom.	Gen.	Plur.
der Bauer, farmer, peasant	des Bauers *or* Bauern	die Bauern
der Mast, mast (of a ship)	des Mastes	die Masten
der Nachbar, neighbor	des Nachbars *or* des Nachbarn	die Nachbarn
der Pantoffel, slipper	des Pantoffels	die Pantoffeln
der See, lake	des Sees	die Seen
der Staat, state	des Staates	die Staaten
der Stachel, sting	des Stachels	die Stacheln
der Strahl, beam	des Strahles	die Strahlen
der Vetter, cousin	des Vetters	die Vettern
das Auge, eye	des Auges	die Augen
das Bett, bed	des Bettes	die Betten
das Ende, end	des Endes	die Enden
das Hemd, shirt	des Hemdes	die Hemden
das Insekt, insect	des Insektes	die Insekten
das Ohr, ear	des Ohres	die Ohren

DOUBLE PLURALS

A few words have two plurals with different meanings, having both meanings in the singular. Such are: **das Band,**[1] plural **Bänder,** ribbons; **Bande,** bands or bonds. **Die Bank,** plural **die Bänke,** benches, **Banken,** banks. **Das Wort,** plural **Wörter,** words (singly), **Worte,** words (connected).

UNUSUAL PLURALS OF NOUNS

1. **Der Kaufmann,** the merchant, has the plural **Kaufleute;** similarly **Seemann,** seaman, **Landsmann,** compatriot, **Landsleute.**

2. Nouns borrowed from foreign languages often bring their plural with them: **die Parks, die Clowns, die Lords, die Chefs,** etc.

3. The unusual plural in s is often used in familiar language or for humorous effect: **die Mädels,** girls (for **die Mädchen**), **die Kerls,** the fellows, etc. Also in such expressions as **wir waren gestern abend bei Brauns,** we visited the Brauns last evening.

DECLENSION OF PROPER NAMES

1. Names of persons, places, and the neuter names of countries, when inflected, usually take s in the genitive: **Friedrich, Friedrichs; Elisabeth, Elisabeths; Hilda, Hildas; Amerika, Amerikas;** but the

---

[1] Note that *Band* also has two genders, *der Band, die Bände.* (bound) **volume.**

names of places ending in **s** are not declined; as, **Paris,** etc. The apostrophe is then used in the genitive, as: **Demosthenes' Reden, Max' Schulbücher.**

2. In speaking of sovereigns and dignitaries, the preposition **von** is used in such phrases as: **die Königin von England,** the Queen of England; **der Bürgermeister von Magdeburg,** the mayor of Magdeburg. But note carefully the following patterns: **Kaiser Wilhelms Regierung,** Emperor Wilhelm's government. **Die Regierung Kaiser Wilhelms, Die Regierung des Kaisers Wilhelm. Kaiser Wilhelms II. Regierung.** In the latter form the **numeral** carries the genitive, though not written, and must be read **des Zweiten.**

DECLENSION OF COMPOUND NOUNS

Compound nouns are formed much more freely in German than in English. Such nouns are inflected according to the gender and declension of the last component, the rest remaining unchanged. Hence, as already remarked, such nouns as **der Apfelbaum,** the apple-tree, **das Wörterbuch,** the dictionary, are inflected as monosyllables: like **der Baum, das Buch,** etc.

SYNOPSIS OF DECLENSION

The following table will be a convenient reference for the chief forms of declension, all other cases being known from the genitive singular and the nominative plural, and there being no inflection in the feminine singular:

		SINGULAR	PLURAL
A. Strong Declension			
1. CLASS I . . . . *Nom.*		–	–, or, ¨[1]
(*Masc., neut.*)	*Gen.*	–s	
2. CLASS II . . . . *Nom.*		–	–e, or, ¨e[1]
(*Masc., fem., neut.*)	*Gen.*	–(e)s	
3. CLASS III . . . . *Nom.*		–	¨er[1]
(*Neut., few masc.*)	*Gen.*	–(e)s	
B. Weak Declension			
(*Masc., fem.*)	*Nom.*	–	–(e)n
	Gen.	–(e)n	
C. Mixed Declension			
(*Masc., few neut.*)	*Nom.*	–	–(e)n
	Gen.	–(e)s, or, –(e)ns	

---

[1] The dots over the line indicate vowel modification ("Umlaut").

The chief difficulty is in the formation of the plural, and herein especially the question of vowel modification in masculines of I and II. Other points to be specially noted are: 1. masculine plurals in **er,** and, of monosyllables, in **en;** 2. feminine: plural, of monosyllables, in **e** or **en;** 3. neuter: plural, of monosyllables, in **e.**

GENDER OF SUBSTANTIVES

The **Gender** of German nouns can be mastered only by constant practice. The following rules, however, will be helpful:

The **Gender** of Substantives is determined in German:

I. by **Meaning;** or

II. by **Form** (ending, etc.)

I. Gender as Determined by Meaning

1. **Masculine** are names of:

a. Males, as: **der Mann,** the man; **der Held,** the hero; but diminutives in **chen** and **lein** are neuter, as: **das Männlein** or **das Männchen.**

b. Seasons, months and days, as: **der Herbst,** the autumn; **der Januar,** January; **der Mittwoch,** Wednesday.

c. Points of the compass, as: **der Norden,** the north.

d. Precious stones and mountains, as: **der Diamant,** the diamond; **der Brocken,** the Brocken.

2. **Feminine** are names of:

a. Females, as: **die Frau,** the woman; **die Tochter,** the daughter; but **das Weib,** the woman, is neuter; also diminutives in **chen** and **lein,** as das **Töchterchen,** the little daughter; **das Mädchen,** the girl; **das Fräulein,** the young lady.

b. Trees, plants, fruits and flowers generally, as: **die Eiche,** the oak; **die Nessel,** the nettle; **die Birne,** the pear (but **der Apfel,** the apple); **die Rose,** the rose.

c. Cardinal numerals used as substantives, as: **die Eins,** the (number or figure) one; **die Sechs,** the six (at dice), etc.

3. **Neuter** are names of:

a. Metals almost always, as: **das Blei,** lead; **das Eisen, iron.**

Der Stahl, steel, however, is masculine.

b. Collectives almost always, as: **das Volk,** the people; **das Heer,** the army, especially when beginning with **Ge-,** as: **das Gebirge,** the mountain-chain.

c. Countries and provinces almost always, as: **(das) Europa,** Europe; **(das) Kanada.** Islands, cities, towns, villages, etc., always, as: **(das) Hamburg; (das) Rom,** Rome.

1. Names of countries and provinces in **ei** and **z** are feminine, as: **die Türkei,** Turkey; **die Schweiz,** Switzerland.

2. Names of countries, when not neuter, always have the definite article.

d. Infinitives, letters of the alphabet, and other parts of speech (except adjectives used of persons, and cardinal numerals), used as substantives, as: **das Lachen,** the (act of) laughing; **das A,** the (letter) A; **das Ich,** (the) I (the ego); **das Wenn und das Aber,** (the) "if" and (the) "but."

II. Gender of Substantives as Determined by Form

1. **Masculine** are:

a. Substantives in **ich, ig, ing, ling, m,** almost always, as: **der Kranich,** the crane (bird); **der Honig,** the honey; **der Fremdling,** the stranger; **der Atem,** the breath.

b. Those in **el, en** (not infinitives), **er,** generally (names of agents in **er** always), as: **der Löffel,** the spoon; **der Garten,** the garden; **der Gärtner,** the gardener.

c. Monosyllables, generally (but with many exceptions), as: **der Krieg,** the war; **der Tag,** the day, etc.

2. **Feminine** are:

a. Substantives in **ei, heit, keit, schaft, ung, in,** always, as: **die Schmeichelei,** flattery; **die Schönheit,** beauty; **die Dankbarkeit,** gratitude; **die Freundschaft,** friendship; **die Hoffnung,** hope; **die Gräfin,** the countess; **die Freundin,** the (female) friend.

The termination **in** is used to form feminine names from masculines, usually with **Umlaut,** always so in monosyllables.

b. Those in **t** (especially after a consonant), **end,** generally, as: **die Kraft,** strength; **die Zukunft,** the future; **die Tugend,** virtue.

c. Those in **e** generally, but with many exceptions, as: **die Höhe,** height; **die Grösse,** size.

d. Some in **nis** (see also under neuters), as: **die Wildnis, the** wilderness.

e. Foreign Substantives in **age, ie** (French); **ik** (Greek); **enz, tät,** **(t)ion, ur** (Latin), always, as: **die Garage,** garage; **die Melodie, the** melody; **die Musik,** music; **die Audienz,** the audience; **die Univer-** **sität,** the university; **die Nation,** the nation; **die Natur,** nature.

3. Neuter are:

a. Substantives in **chen** and **lein** (diminutives), always (without regard to sex), as: **das Männlein, das Fräulein, das Mädchen.**

b. Those in **tum,** almost always, as: **das Christentum,** Christianity.

c. Those in **nis, sal, sel,** generally, as: **das Ereignis,** the event; **das Schicksal,** fate, destiny; **das Rätsel,** the riddle.

d. Those beginning with the prefix **Ge,** unless otherwise deter-mined by meaning, termination, or derivation, as: **das Gemälde, the** painting; **das Gemach,** the apartment; but: **der Gevatter,** the god-father; **die Gevatterin,** the godmother; **die Gesellschaft,** the company; **der Gebrauch,** the usage.

General Remarks on Gender

1. Gender agrees, as in English, with sex, except in **das Weib,** in diminutives in **chen** and **lein,** and in certain compounds (see below).

2. Inanimate objects, which in English are all alike neuter, may be of any gender in German, as determined by meaning or form, as: **der Hut, die Blume, das Buch.**

3. Each substantive should be learned with the Definite Article as the sign of its gender.

4. Compounds are of the gender of the last component, hence, **die Badewanne,** the bathtub, is feminine (**das Bad,** neuter). But note these exceptions:

> der Abscheu, disgust, from die Scheu
> Die Antwort, the answer, from das Wort
> Der Mittwoch, Wednesday, from die Woche

Double Gender

The gender of the following substantives varies with their meaning:

Singular		Plural
der Band, volume		Bände
das Band,	ribbon	Bänder
	bond	Bande
der Bauer, peasant		Bauern
das Bauer, bird-cage		Bauer
der Heide, heathen		Heiden
die Heide, heath		
der Schild, shield		Schilde
das Schild, sing (of an inn, etc.)		Schilder
der See, lake		Seen
die See, sea		[1]
der Tor, fool, *gen.* des Toren		Toren
das Tor, gate, *gen.* des Tores		Tore

ADJECTIVES

When a German noun is classified as Strong, Weak, or Mixed, its declension never changes from one class to the other. But for the adjective there are two sets of endings which the same adjective takes (excepting the uninflected predicate adjective, as will be stated below) **according to the combination or position in which it stands.**

These sets of endings are also described as the Strong and the Weak, which are somewhat arbitrary terms for **Distinctive** and **More Uniform.**

The Strong endings follow the definite article and the **dieser** words in form, and are as follows:

	Singular[2]			Plural
	Masc.	Fem.	Neut.	For All Genders
Nom.,	-er	-e	-es	-e
Gen.,				-er
Dat.,				-en
Acc.,				-e

---

[1] If plural is needed use "Meer."

[2] Adjectives with strong endings practically only occur in the nominative, especially in addressing a person, *e.g.,* "lieber Freund."

The Weak endings are:

	Singular			Plural
	MASC.	FEM.	NEUT.	FOR ALL GENDERS
Nom.,	-e	-e	-e	-en
Gen.,	-en	-en	-en	-en
Dat.,	-en	-en	-en	-en
Acc.,	-en	-e	-e	-en

The "symmetry" of the list of Weak endings should serve as an aid to the memory; and as soon as the definite article has been thoroughly memorized, the Strong endings can easily be recalled.

1. The German adjective is not declined and remains unchanged whenever it is used as a predicate modifier, when its place is after the verb, as:

Dieser Diener ist alt, this servant is old. **Diese Dame ist alt,** this lady is old. **Dieses Kleid ist alt,** this dress is old. **Diese Hüte sind alt,** these hats are old.

2. When the adjective is used attributively, *i.e.*, when qualifying a noun, it precedes the noun to which it relates, and agrees with it in gender, number, and case, as: **der alte Diener,** the old servant; **die alte Dame,** the old lady; **das alte Kleid,** the old dress; **die alten Hüte,** the old hats.

3. The attributive adjective has three different forms of declension.

First Form, when preceded by the Definite Article.
Second Form, when preceded by the Indefinite Article **ein,** or its negative **kein,** or one of the possessives **mein, dein, sein, unser, euer, ihr.**
Third Form, when it stands without any Article at all.

FIRST FORM

The Adjective preceded by the Definite Article

Adjectives preceded by the definite article, or by any pronoun declined like the definite article, take the inflections of the weak declension, viz., in the nominative singular **e,** in all other cases **en.**

Exception: The accusative singular of the feminine and neuter gender is always the same as the nominative.

EXAMPLES[1]

Masculine

Singular	Plural
Nom., der gut-*e*[1] Bruder, the good brother	die gut-*en* Brüder, the good brothers
Gen., des gut-*en* Bruders, of the good brother	der gut-*en* Brüder, of the good brothers
Dat., dem gut-*en* Bruder, to the good brother	den gut-*en* Brüdern, to the good brothers
Acc., den gut-*en* Bruder, the good brother	die gut-*en* Brüder, the good brothers

Feminine

Singular	Plural
Nom., die schön-*e* Dame, the beauful lady	die schön-*en* Damen, the beautiful ladies
Gen., der schön-*en* Dame, of the beautiful lady	der schön-*en* Damen, of the beautiful ladies
Dat., der schön-*en* Dame, to the beautiful lady	den schön-*en* Damen, to the beautiful ladies
Acc., die schön-*e* Dame, the beautiful lady	die schön-*en* Damen, the beautiful ladies

Neuter

Singular	Plural
Nom., das klein-*e* Kind, the little child	die klein-*en* Kinder, the little children
Gen., des klein-*en* Kindes, of the little child	der klein-*en* Kinder, of the little children
Dat., dem klein-*en* Kinde, to the little child	den klein-*en* Kindern, to the little children
Acc., das klein-*e* Kind, the little child	die klein-*en* Kinder, the little children

With a Demonstrative Adjective

Singular	Plural
Nom., dieses neu-*e* Haus, this new house	diese neu-*en* Häuser, these new houses
Gen., dieses neu-*en* Hauses, of this new house	dieser neu-*en* Häuser, of these new houses
Dat., diesem neu-*en* Hause, to this new house	diesen neu-*en* Häusern, to these new houses
Acc., dieses neu-*e* Haus, this new house	diese neu-*en* Häuser, these new houses

---

[1] In these examples the endings are separated from the adjective stem by a hyphen, the *Weak* being printed in italics, only in order to aid the eye in identifying them. They are never written or printed with a hyphen.

The inflection is the same for two or more adjectives, *e.g.*, der junge, reiche Kaufmann; the young, rich merchant.

SECOND FORM
The Adjective preceded by the Indefinite Article

Adjectives when preceded by the Indefinite Article, **ein,** or its negative **kein,** or by the possessives **mein, dein, sein, unser, euer, ihr,** differ in their inflection from the First Form only in the nominative case, masculine and neuter, and in the accusative neuter, because in these cases the indefinite article **ein** has no ending to indicate the gender and case of the noun. In these cases the adjective takes the strong endings, viz.:

TABLE OF THE INFLECTIONS

MASCULINE		NEUTER	PLURAL
Nom.,	-er	*Nom. and Acc.,* -es	*-en*
Gen., Dat. and Acc., -en		*Gen. and Dat.,* -en	*-en*

EXAMPLES
MASCULINE

Nom.,	ein geschickt-er Mann	a clever man
Gen.,	ein-es geschickt-*en* Mannes	of a clever man
Dat.,	ein-em geschickt-*en* Manne	to a clever man
Acc.,	ein-en geschickt-*en* Mann	a clever man

FEMININE

Nom.,	ein-e jung-*e* Dame	a young lady
Gen.,	ein-er jung-*en* Dame	of a young lady
Dat.,	ein-er jung-*en* Dame	to a young lady
Acc.,	ein-e jung-*e* Dame	a young lady

NEUTER

Nom.,	ein scharf-es Messer	a sharp knife
Gen.,	ein-es scharf-*en* Messers	of a sharp knife
Dat.,	ein-em scharf-*en* Messer	to a sharp knife
Acc.,	ein scharf-es Messer	a sharp knife

SINGULAR

Nom.,	mein lieb-er Sohn	my dear son
Gen.,	mein-es lieb-*en* Sohn-es	of my dear son
Dat.,	mein-em lieb-*en* Sohn-e	to my dear son
Acc.,	mein-en lieb-*en* Sohn	my dear son

PLURAL

Nom.,	Ihr-e gut-*en* Kinder	your good children
Gen.,	Ihr-er gut-*en* Kinder	of your good children
Dat.,	Ihr-en gut-*en* Kindern	to your good children
Acc.,	Ihr-e gut-*en* Kinder	your good children

THIRD FORM

Adjectives without any Article

When an adjective stands before a noun and is not preceded by an article, a **dieser** word, or a possessive, it takes the strong endings, which, like the definite article, indicate the gender and case of the noun which the adjective qualifies.

EXAMPLES

MASCULINE

Singular	Plural
Nom., rot-er Wein, red wine	rot-e Weine, red wines, etc.
Gen., See p. 332, note 2.	rot-er Weine
Dat.,	rot-en Weinen
Acc.,	rot-e Weine

FEMININE

Nom., warm-e Suppe, warm soup, etc.	warm-e Suppen, warm soups, etc.
Gen.,	warm-er Suppen
Dat.,	warm-en Suppen
Acc.,	warm-e Suppen

NEUTER

Nom., frisch-es Wasser, fresh water, etc.	frisch-e Eier, fresh eggs, etc.
Gen.,	frisch-er Eier
Dat.,	frisch-en Eiern
Acc.,	frisch-e Eier

ADDITIONAL REMARKS OF THE ADJECTIVES

1. Adjectives denoting nationality have generally the ending **isch,** and are written with a small letter; *e.g.:*

amerikanisch, American	französisch, French
bayrisch, Bavarian	griechisch, Greek
dänisch, Danish	holländisch, Dutch
deutsch, German	portugiesisch, Portuguese
irländisch, Irish	preussisch, Prussian
italienisch, Italian	russisch, Russian
norwegisch, Norwegian	sächsisch, Saxon
österreichisch, Austrian	schwedisch, Swedish
polnisch, Polish	spanisch, Spanish
englisch, English	türkisch, Turkish

2. The adjective **hoch,** high, when used as an attribute, **changes ch** into a silent **h:** *e.g.,* **der hohe Turm,** the high steeple; **der hohe Preis,** the high price.

3. Adjectives in German may be used as substantives. They have the same inflection as other adjectives, but are written with a capital letter; *e.g.,* **ein Gelehrter,** a learned man; **eines Gelehrten,** of a learned man; **ein Deutscher,** a German; **die Deutschen,** the Germans.

4. After **etwas,** something; **nichts,** nothing; **viel,** much; **wenig,** little; and **mehr,** more, adjectives used substantively take the neuter ending; *e.g.,* **etwas Gutes,** something good; **nichts Neues,** nothing new, *i.e.,* no news.

5. Most German adjectives are used as adverbs without changing their forms, as: **Er spricht gut,** he talks well. **Er schreibt schlecht,** he writes badly.

6. Adjectives receive a negative meaning by prefixing the particle **un** (English un, dis, etc.); *e.g.:* **glücklich,** happy; **unglücklich,** unhappy; **ehrlich,** honest; **unehrlich,** dishonest.

COMPARISON OF ADJECTIVES

1. The comparison, in German as in English, consists of two degrees, the comparative and the superlative.

2. The comparative is formed by adding the ending **er,** and the superlative by the ending **est** or **st** to the positive form of the adjective. (The vowels **a, o, u,** are changed in most monosyllables into **ä, ö, ü.** There are, however, many exceptions to this rule.)

POSITIVE	COMPARATIVE	SUPERLATIVE
schön, beautiful	schöner, more beautiful	der (die, das) schönste, the most beautiful, *or* am schönsten, most beautiful
stark, strong	stärker, stronger	der (die, das) stärkste, the strongest, *or* am stärksten, strongest
edel, noble	edler, nobler	der edelste, the noblest, *or* am edelsten, noblest
reich, rich	reicher, richer	der reichste, the richest, *or* am reichsten, richest

The vowel **e** of the ending **est** is commonly dropped, except when the uninflected adjective ends in one of the consonant sounds **d, t, s, ss, sch, st, z**; as **der schönste,** the most beautiful; but **der breiteste,** the broadest; **der süsseste,** the sweetest.

3. The first form of the superlative **der (die, das) reichste,** the richest; **der (die, das) schönste,** the most beautiful, is the attributive form of the superlative, and is only used when followed by a noun (which, however, may also be understood), as: **Er ist der reichste Mann in der Stadt,** he is the richest man in town. **Ich habe ihm das kleinste Zimmer gegeben,** I have given him the smallest room. **Ich habe ihm den höchsten Preis bezahlt,** I have paid him the highest price.

4. The second form **am reichsten, am schönsten,** etc., is invariable. This form is called the adverbial form, and is used after the auxiliary verb **sein;** it often stands at the end of a sentence, as: **In der Oper singt sie am besten,** she sings best in the opera. **Kommen Sie doch morgen, das wäre mir am liebsten,** do come to-morrow, I should like that best.

5. Another form of the superlative is the so-called **absolute** superlative, which really makes no comparison but expresses a high (or the highest) degree of a quality or an action. Adjectivally, with **höchst** or **äusserst**: das ist ein höchst interessantes Buch, that is a most interesting book; **er ist ein äusserst liebenswürdiger Mensch,** he is an exceedingly kind person.

Adverbially, with **aufs**: er versprach mir aufs freundlichste, mich **zu besuchen,** he promised me most pleasantly that he would visit me.

IRREGULAR AND DEFECTIVE COMPARISONS

The following adjectives are irregular in their comparison:

POSITIVE	COMPARATIVE
gut, good	besser, better
hoch, high	höher, higher
nah, near	näher, nearer
viel, much	mehr, more
wenig, little	weniger } less
	minder

SUPERLATIVE

der beste	am besten	the best
der höchste	am höchsten	the highest
der nächste	am nächsten	the nearest
das meiste	am meisten	the most
am wenigsten		} the least
am mindesten		

6. Sometimes the word **aller** is prefixed to the superlative, to give intensity and emphasis, as: **der allerbeste,** the very best; **der allererste,** the very first; **ein allerliebstes Mädchen,** a most charming girl.

7. As—as is rendered in German by **ebenso—wie,** and not so—as, by **nicht so—wie.** Example: **Er ist ebenso jung wie ich;** he is as young as I. **Sie war nicht so gebildet wie er,** she was not so cultured as he.

8. The English the—the is rendered by **je—desto.** The more you talk, the less he does; **je mehr Sie sprechen, desto weniger tut er.**

NUMERALS

The numerals are divided into Cardinal and Ordinal Numerals.

CARDINAL NUMERALS

eins, one	zehn, ten
zwei, two	elf, eleven
drei, three	zwölf, twelve
vier, four	dreizehn, thirteen
fünf, five	vierzehn, fourteen
sechs, six	fünfzehn, fifteen
sieben, seven	sechzehn, sixteen
acht, eight	siebzehn, seventeen
neun, nine	achtzehn, eighteen

neunzehn, nineteen
zwanzig, twenty
einundzwanzig, twenty-one
zweiundzwanzig, twenty-two
dreiundzwanzig, twenty-three
vierundzwanzig, twenty-four
fünfundzwanzig, twenty-five
sechsundzwanzig, twenty-six
siebenundzwanzig, twenty-seven
achtundzwanzig, twenty-eight
neunundzwanzig, twenty-nine
dreissig, thirty
einunddreissig, thirty-one
vierzig, forty
fünfzig, fifty
sechzig, sixty

siebzig, seventy
achtzig, eighty
neunzig, ninety
hundert, a hundred
hundertundeins,[1] a hundred and
  one
zweihundert, two hundred
dreihundert, three hundred
vierhundert, four hundred
fünfhundert, five hundred
tausend,[2] a thousand
zweitausend, two thousand
zehntausend, ten thousand
fünfzigtausend, fifty thousand
hunderttausend, hundred thousand
eine Million, a million

tausendachthundert, *or usually*, achtzehnhundert,[3] 1800
tausendachthundertzweiundfünfzig, *or* achtzehnhundertzweiundfünfzig, 1852
achtzehnhundertdreiundneunzig, 1893

Observations

1. Before a noun, the numeral **ein, eine, ein** is used and declined like the indefinite article.

2. The English practice of putting one or ones after the adjective is not admissible in German. When, therefore, it occurs in English, it cannot be translated, as: a good one, **ein guter** (masc.), or if feminine, **eine gute;** neuter, **ein gutes.** Send me some books, but good ones, if you please; **schicken Sie mir einige Bücher, aber gute, wenn ich bitten darf.** My little ones, **meine Kleinen.**

3. The numerals thirteen to nineteen inclusive add the particle **zehn** (the English teen); and from twenty to ninety inclusive, with the exception of thirty, the suffix **zig** (the English ty).

---

[1] From *hundert* on, the connective und is frequently omitted, as illustrated in the rest of this list. So also with the ordinals, pages 341, 342.

[2] A hundred and a thousand are in German simply *hundert* and *tausend* (not *ein hundert*, etc.).

[3] *In* before a year must be translated *im Jahre;* example: in 1879, *im Jahre achtzehnhundertneunundsiebzig;* otherwise the date alone, 1879; but never *in* 1879.

4. The numeral adverbs are formed by adding the syllable **mal** (from the noun **Mal**, time), as:

einmal, once	dreimal, three times
zweimal, twice	tausendmal, a thousand times, etc.

5. By adding **-erlei** to the cardinals, the variative numerals are formed; as: **einerlei**, of one kind; **zweierlei**, of two kinds; **dreierlei**, **viererlei, zehnerlei; mancherlei**, of several kinds; **vielerlei**, of many kinds; **allerlei**, of all kinds. These words admit of no inflection, and precede the noun, as: **Zeigen Sie mir zweierlei Seide, blaue und schwarze;** show me two kinds (or sorts) of silk, blue and black.

6. The multiplicatives are formed by adding the syllable **-fach** to the cardinal numbers, as:

einfach, simple, single	dreifach, triple, threefold
zweifach ⎫ twofold	vierfach, quadruple
doppelt ⎬ double	zehnfach, tenfold, etc.

Note also the idiomatic **anderthalb**, an old expression meaning one and a half.

THE ORDINAL NUMERALS

der erste, the first	der zweiundzwanzigste, the twenty-second
der zweite, the second	
der dritte, the third	der dreissigste, the thirtieth
der vierte, the fourth	der vierzigste, the fortieth
der fünfte, the fifth	der fünfzigste, the fiftieth
der sechste, the sixth	der sechzigste, the sixtieth
der siebente, the seventh	der siebzigste, the seventieth
der achte, the eighth	der achtzigste, the eightieth
der neunte, the ninth	der neunzigste, the ninetieth
der zehnte, the tenth	der hundertste, the hundredth
der elfte, the eleventh	der hundertunderste, the hundred and first
der zwölfte, the twelfth	
der dreizehnte, the thirteenth	der hundertundzweite, the hundred and second
der vierzehnte, the fourteenth	
der fünfzehnte, the fifteenth	der hundertundzwanzigste, the hundred and twentieth
der sechzehnte, the sixteenth	
der zwanzigste, the twentieth	der zweihundertste, the two hundredth
der einundzwanzigste, the twenty-first	

der dreihundertste, the three
hundredth

der tausendste, the thousandth

der zweitausendste, the two
thousandth

der zehntausendste, the ten
thousandth

der (die, das) letzte, the last

Observations

1. The ordinals are formed from the cardinals, up to the 19th inclusive (**der erste, dritte,** and **achte** excepted), by adding **te,** and from the twentieth upward, by adding **ste,** and are preceded by the article. They are declined like adjectives.

2. In compound numbers only the last is ordinal, the others remain cardinals; as: the 1258th, **der zwölfhundertachtundfünfzigste.**

3. The date is expressed as follows: On the tenth of June, **am zehnten Juni;** or, **den 10ten Juni.** What is the day of the month? **Der wievielte ist heute?** It is the 12th; **es ist der zwölfte;** or, **wir haben den 12ten.**

4. From the ordinals are formed the distinctives by the addition of the ending **ens.** These are in German:

erstens, first(ly); or, in the
first place

zweitens, secondly

drittens, thirdly

viertens, fourthly

zehntens, tenthly

elftens, eleventhly, etc.

5. The fractional numbers (with the exception of **halb,** half) are also derived from the ordinals, by adding the word **Teil,** which, however, is commonly abridged to **tel,** as: **ein Drittel,** a third; **ein Viertel,** a quarter; **ein Zehntel,** a tenth.

6. **Halb,** half, and **ganz,** all, whole, are adjectives, and placed after the article, as: **das ganze Jahr,** all the year, the whole year; **ein halber Tag,** half a day; **eine halbe Stunde,** half an hour; **ein halbes Jahr,** half a year, or six months. The half, used as a noun, is **die Hälfte.**

7. Observe that **ganz,** all, and **halb,** half, when **not** preceded by the article, are uninflected before neuter names of places: **ganz England freute sich,** all England rejoiced; **durch halb New York,** through half of New York.

THE INDEFINITE NUMERALS

1. Most of the indefinite pronominal forms are used and inflected as adjectives. They are:

MASC.	FEM.	NEUTER	PLUR.
jeder, every, each	jede	jedes	(wanting)
aller (all), all	alle	alles (all)	alle, all
keiner, no	keine	kein	keine, no
mancher, many a (*or* an)	manche	manches	manche, some
viel, much	viele	viel	viele, many
wenig, little	wenige	wenig	wenige, few
beide (pl.), both	einige (etliche) (pl.), some, a few		
mehrere (pl.), several	die meisten (pl.), most		

2. The uninflected **all** is most common before **der** or a possessive in the nominative and accusative singular, masculine and neuter: **all der Schmerz,** all the pain; **all das Leid,** all the sorrow; **all sein Geld,** all his money.

3. Note these uses of **all: das alles rührt mich nicht,** all that does not move me; **wir haben allen Grund zu hoffen,** we have every reason to hope; **alle paar Minuten,** every few minutes; **alle acht Tage,** every week.

4. For the English all, in the sense of the whole, **ganz** is used, as: all the day, *i.e.*, the whole day, **den ganzen Tag;** all the week, **die ganze Woche;** all the year, **das ganze Jahr.**

5. The English some or any, when used before a noun in the singular, is not rendered in German, as: Here is some ink, **hier ist Tinte.** Have you any ink? **Haben Sie Tinte?** Have you some ink? **Haben Sie Tinte?** Before a noun in the plural, some and any must be rendered by **einige,** as: Give me some (*i.e.*, a few) pens, **geben Sie mir einige Federn.** Not any is rendered by **kein** (singular), and **keine** (plural), as: He has not received any money, **er hat kein Geld erhalten.** In reply to questions, where in English some is used without a substantive, it is rendered by the accusative of **welcher (welchen, welche, welches);** as: Have you some bread? **haben Sie Brot?** Yes, I have some; **ja, ich habe welches.** Have you any butter? **Haben Sie Butter?** Yes, I have some; **ja, ich habe welche.** Have you any matches? **Haben Sie Streichhölzer?** Yes, I have some; **ja, ich habe welche.**

6. **Viel** and **wenig** frequently remain unchanged, especially when they state a quantity; as: **Er hat viel Geist, aber wenig Geld;** he has much sense, but little money. **Sie haben viel Talent, aber wenig Fleiss;** you have much talent, but little application.

PRONOUNS

1. PERSONAL PRONOUNS

Singular

	COMMON GENDER		MASC.	FEM.	NEUT.
Nom.,	ich, I	du, thou	er, he	sie, she	es, it
[*Gen.,*	meiner	deiner	seiner	ihrer	seiner][1]
Dat.,	mir	dir	ihm	ihr	ihm
Acc.,	mich	dich	ihn	sie	es

Plural

	COMMON GENDER		COMMON GENDER	
Nom.,	wir, we	ihr, you	sie (they)	Sie (you)
[*Gen.,*	unser	euer	ihrer	Ihrer]
Dat.,	uns	euch	ihnen	Ihnen
Acc.,	uns	euch	sie	Sie

Reflexive Forms

In the third person, dative and accusative singular and plural of all genders, the reflexive is *sich* (himself, herself, itself, themselves). In the first and second persons, however, there is no separate reflexive, hence the proper form of the personal pronoun (*mir* or *mich*, *dir* or *dich*, *uns*, *euch*) is used, according to the case (dative or accusative) governed by the reflexive verb.

1. The form **du** (plural **ihr**) is used only in speaking to near relatives, intimate friends, children, animals, inanimate objects, or in solemn biblical and poetical style and in prayer. (The forms **ihr, euch, euch,** are simply the plurals of **du, dir, dich** and are used in the same way.)

The general mode of address is **Sie,** which is really the third person plural, but is distinguished from it by a capital initial. In the same way a distinction is made between **Ihrer, Ihnen,** of you, to you, and **ihrer, ihnen,** of them, to them.

---

[1] The genitive of the personal pronouns is very rare and need not be memorized. It occurs in some set phrases, such as: ich erinnere mich seiner, etc., I remember him.

2. Observe the difference between the German and English mode of expression in the following terms:

it is I, it's me, ich bin es	it is we, wir sind es
it is he (she), er (sie) ist es	it is you, Sie sind es
it was I, ich war es	it was you, Sie waren es

INTERROGATIVE

is it I, bin ich es?	is it we, sind wir es?
is it he, ist er es?	is it you, sind Sie es?

3. When a personal pronoun is the object of a preposition and does not refer to a **living** thing, it is usually represented in all forms by the adverb **da** (**dar** before vowels), for instance: I am satisfied with it, **ich bin damit zufrieden**; we will talk about it afterwards, **wir wollen nachher darüber sprechen**; I cannot help it, **ich kann nichts dafür**; he laughed at it, **er lachte darüber**; I did not think of it, **ich habe nicht daran gedacht**.

Observe the following list:

damit, with it or with them	dazu, to it or to them
darin, in it or in them	dabei
dadurch, through it or them	daran } at it or them
davon, of or from it or them	darüber, about or over it, or them
darauf, upon it or them	darunter, among it or them
daraus, from it or them	dafür, for it or them

Note also that when the English pronouns myself, thyself, etc., are emphatic repetitions of the nominative, they are rendered by **selbst** or **selber**, as:

I myself, ich selbst	we ourselves, wir selbst
thou thyself, du selbst	you yourself, Sie selbst
he himself, er selbst	they themselves, sie selbst
she herself, sie selbst	

EXAMPLES

He himself told me so, **er hat es mir selbst gesagt**. You took it yourself, **Sie haben es selbst genommen**. The judge himself did not know it, **der Richter wusste es selber nicht**. She did it herself, **sie hat es selbst getan**. They saw it themselves, **sie haben es selbst gesehen**.

But when placed **before** a noun **selbst** takes an adverbial force and means even: **selbst der weiseste Mann kann sich irren,** even the wisest man may be mistaken.

2. THE POSSESSIVE ADJECTIVES AND PRONOUNS

The possessive adjectives agree in gender, number, and case with the noun to which they refer.

	Singular			**Plural**	
Masc.	**Fem.**	**Neuter**		**For All Genders**	
mein	meine	mein	my	meine	my
dein	deine	dein	your	deine	your
sein	seine	sein	his	seine	his
ihr	ihre	ihr	her	ihre	her
unser	unsere[1]	unser	our	unsere[1]	our
Ihr	Ihre	Ihr	} your	Ihre	} your
euer	euere[1]	euer		euere, eure[1]	
ihr	ihre	ihr	their	ihre	their

The declension of the first three has been given in a previous lesson. The last five are declined as follows:

	Singular			**Plural**	
	Masc.	**Fem.**	**Neuter**		**For All Genders**	
Nom.,	unser	unsere	unser	our	unsere	our
Gen.,	unseres	unserer	unseres	of our	unserer	of our
Dat.,	unserem	unserer	unserem	to our	unseren	to our
Acc.,	unseren	unsere	unser	our	unsere	our
Nom.,	Ihr	Ihre	Ihr	your	Ihre	your
Gen.,	Ihres	Ihrer	Ihres	of your	Ihrer	of your
Dat.,	Ihrem	Ihrer	Ihrem	to your	Ihren	to your
Acc.,	Ihren	Ihre	Ihr	your	Ihre	your

When the possessives are used as true pronouns without a noun, the following forms are used. These may or may not be preceded by the definite article. With the article, they are:

---

[1] The forms *unsere, unserem, unseren,* and *euere, euerem, eueren,* are frequently shortened to *unsre, unserm, unsern, eure, eurem, euren.*

Masc.	Fem.	Neuter	
der meinige	die meinige	das meinige	mine
der deinige	die deinige	das deinige	thine
der seinige	die seinige	das seinige	his
der ihrige	die ihrige	das ihrige	hers

Pl. die meinigen; die deinigen; die seinigen; die ihrigen

der, die, das unsrige;	pl. die unsrigen, ours
der, die, das Ihrige or eurige;	pl. die Ihrigen, die eurigen, yours
der, die, das ihrige;	pl. die ihrigen, theirs

They are declined like adjectives with the definite article (Nominative **der meinige**; Genitive **des meinigen**; Dative **dem meinigen**; Accusative **den meinigen.** Plural **die meinigen,** etc.).

Die Meinigen, die Deinigen, etc., written with a capital, mean "my family, those belonging to me, to you." Unaccompanied by the article, and with no difference in use or meaning, they are:

	Singular		Plural	
Masc.	Fem.	Neuter	For All Genders	
meiner	meine	meines	meine	mine
deiner	deine	deines	deine	yours
seiner	seine	seines	seine	his
ihrer	ihre	ihres	ihre	hers
unserer[1]	unsere	unseres	unsere	ours
Ihrer	ihre	Ihres	Ihre	yours
euerer[1]	euere	eueres (eures)	euere	yours
ihrer	ihre	ihres	ihre	theirs

This latter form is commonly used in conversation, and declined like **dieser, diese, dieses**; viz.:

DECLENSION

	Singular			Plural
	Masc.	Fem.	Neuter	For All Genders
Nom.,	meiner	meine	meines	meine
Gen.,	meines	meiner	meines	meiner
Dat.,	meinem	meiner	meinem	meinen
Acc.,	meinen	meine	meines	meine

---

[1] See footnote on page 346.

Example: **Haben Sie Ihren Überzieher? Ja, ich habe meinen** (or **den meinigen**). Have you your overcoat? Yes, I have mine. **Hat er sein Haus noch nicht verkauft? Ich habe meins** (or **das meinige**) **vorgestern verkauft.** Has he not sold his house yet? I sold mine the day before yesterday. **Mit herzlichem Gruss an Dich und die Deinigen,** with cordial greetings to you and yours (your family).

The English expressions "one of my friends" or "a friend of mine" have the German equivalents **einer meiner Freunde,** or **ein Freund von mir:** I visited an old neighbor of mine, **ich besuchte einen alten Nachbar von mir.**

3. DEMONSTRATIVE PRONOUNS

The demonstrative pronouns are:

MASC.	FEM.	NEUTER	
dieser	diese	dieses	this one
jener	jene	jenes	that one
jeder	jede	jedes	each one
der	die	das	that one
derselbe	dieselbe	dasselbe	the same one
derjenige	diejenige	dasjenige	the one who

Dieser is declined exactly like **meiner,** the declension of which is given in full on page 478.

DECLENSION OF DER AS DEMONSTRATIVE

Nom.,	der[1]	die	das	that	die	those
Gen.,	dessen	deren[2]	dessen	of that	deren[2]	of those
Dat.,	dem	der	dem	to that	denen	to those
Acc.,	den	die	das	that	die	those

DECLENSION OF DERJENIGE

	Singular			Plural
	MASC.	FEM.	NEUTER	FOR ALL GENDERS
Nom.,	derjenige	diejenige	dasjenige	diejenigen
Gen.,	desjenigen	derjenigen	desjenigen	derjenigen
Dat.,	demjenigen	derjenigen	demjenigen	denjenigen
Acc.,	denjenigen	diejenige	dasjenige	diejenigen

[1] To distinguish this demonstrative pronoun from the definite article, it is usually given more emphasis.

[2] However, before relative pronoun the form "derer" is used: *derer, deren ich mich erinnere, gibt es nur wenige,* there are only few whom I can remember.

1. The genitive of the demonstrative **der**: **dessen, deren, dessen,** is sometimes used for the possessive pronoun of the third person, to avoid ambiguity; *e.g.,* she has seen our sister and her (*i.e.,* our sister's) daughters; **sie hat unsere Schwester und deren Töchter gesehen.** (**ihre** might be ambiguous in this connection).

2. Note that the longer forms of the genitive mark the only difference between the declension of the demonstrative **der** and that of the definite article.

4. THE RELATIVE PRONOUNS

These are **der, die, das,** and **welcher, welche, welches,** who, which or that.

The declension of the relative **der, die, das** is exactly like that of the demonstrative **der, die, das** as given in the table, p. 348.

THE USE OF WER, WAS AS RELATIVES

Wer, was, usually interrogatives (who? what?), are used as relatives without antecedents, since they mean "he who" or "that which," and are therefore both antecedent and relative; as in the sayings, **Wer nicht hören will, muss fühlen,** he who will not hear (advice) must feel (the consequences); **Was ich nicht weiss, macht mich nicht heiss,** things (that which) I don't know about, can't trouble me (make me not hot). But **was** may have an idea or a sentence as its antecedent: **Ich habe meine Uhr vergessen, was mich sehr ärgert,** I forgot my watch, which annoys me very much.

DECLENSION OF WELCHER, WELCHE, WELCHES
(who, which, that)

	Singular			Plural
	MASC.	FEM.	NEUTER	FOR ALL GENDERS
Nom.,	welcher	welche	welches	welche
Gen.,	dessen	deren	dessen	deren
Dat.,	welchem	welcher	welchem	welchen
Acc.,	welchen	welche	welches	welche

Observations

1. Note that the genitive forms of **welcher** throughout are like the genitive of the demonstrative-relative **der.**

2. There is no difference whatever in meaning between the relative forms **der** and **welcher**. Both are equally correct. But it may be said that in common usage **der** is preferred to the longer form **welcher**.

3. In English the relative pronouns whom, which, that, are frequently left out; but in German they cannot be omitted: **Das Mädchen, das Sie gesehen haben, ist meine Kusine**; the girl you saw is my cousin.

EXAMPLES

Der Herr, den Sie gestern gesehen haben, ist einer der reichsten hiesigen Kaufleute; the gentleman you saw yesterday is one of the richest merchants in this place. **Die Dame, die mir diesen Brief geschrieben hat, ist eine unserer besten Sängerinnen**; the lady who wrote me this letter is one of our best singers. **Ich kann die deutschen Bücher, die Sie mir vor vierzehn Tagen geschickt haben, nicht brauchen**; I cannot use the German books you sent me a fortnight ago. **Ich glaube, es war der, welcher[1] mich gegrüsst hat**; I think it was that one who greeted me.

CONTRACTED FORMS

Just as the personal pronouns governed by prepositions are often represented by the particle **da** before the preposition (**damit, dafür,** etc.) so the relative pronouns are often represented by **wo** and combined with the preposition. Such combined forms are:

wozu, to which or what
wodurch, by which or what
womit, with which or what
wobei, at which or what
wofür, for which or what
wovon, of which or what

woraus, from which or what
worin, in which or what
worüber, at (over) which or what
worauf, upon which or what
woran, at which or what
worunter, among which

These combined forms are also used in the case of the interrogatives.

EXAMPLES

Das Thema, worüber er gesprochen hat, the topic on which he spoke.

---

[1] Here the relative *welcher* refers to the demonstrative *der* and is preferred to avoid repetition of the same word; *der—der, die—die,* etc. Elsewhere *welcher* is now rarely used in place of *der*.

Wozu haben Sie ihm dies mitgeteilt, why did you tell him that? **Wozu wünschen Sie ihm das zu sagen,** why do you wish to tell him that? **Wodurch habe ich dies verdient,** why did I deserve this (such a fate)?

Welcher, e, es, in German is also used in the sense of some or any, as a substitute for a noun previously expressed; *e.g.*:

Hast du Brot? Ja, ich habe welches. Möchten Sie Butter haben? Nein, danke, ich habe welche. Ich habe etwas Papier; brauchen Sie welches?

5. CORRELATIVE PRONOUNS

The relative and demonstrative pronouns may be combined. The two conjointly are called Correlative Pronouns. Thus:

MASCULINE	derjenige, welcher, *or* derjenige, der, *or* der, welcher	} he who; that which
FEMININE	diejenige, welche, *or* diejenige, die, *or* die, welche	} she who; that which
NEUTER	dasjenige, welches, *or* dasjenige, das, *or* das, was	} that which; what
PLURAL FOR ALL GENDERS	diejenigen, welche, *or* diejenigen, die, *or* die, welche	} those who; those which

It will be noted that just as the adjective preceded by the definite article, so the **jenig-** here takes the weak endings of the adjective throughout.

EXAMPLE

Wem wollen Sie dieses schöne Buch geben? Ich will es demjenigen geben, der mir diesen Satz fehlerfrei übersetzen kann. To whom do you want to give this beautiful book? I will give it to him who can translate this sentence without a mistake.

6. INTERROGATIVE PRONOUNS

The interrogative pronouns are:

wer, who?	*welcher*, which, what?
was, what?	*was für ein,* what kind *or* sort of?

DECLENSION

Nom.,	wer, who?	was, what?
Gen.,	wessen, whose?	wessen, of what?
Dat.,	wem, to whom?	wem, to what?
Acc.,	wen, whom?	was, what?

Welcher, welche, welches; which, what?

	Singular			**Plural**	
	MASC.	FEM.	NEUTER	FOR ALL GENDERS	
Nom.,	welcher	welche	welches	welche	which?
Gen.,	welches	welcher	welches	welcher	of which?
Dat.,	welchem	welcher	welchem	welchen	to which?
Acc.,	welchen	welche	welches	welche	which?

1. **Wer, who?**, is only used substantively, and refers exclusively to persons. **Wer ist da?** Who is there? **Wer hat an die Tür geklopft?** Who has been knocking at the door?

2. **Was,** like **wer,** is used substantively, and is indefinite in meaning. Example: **Was ist das?** What is that? **Was gibt's Neues?** What is the news?

3. **Welcher** means "which one," and is therefore specific or selective in meaning. Example: **Von welchem Schaffner haben Sie diesen Gepäckschein erhalten? Welchen Arzt haben Sie gefragt?**

4. **Was für ein** answers to the English "what kind of," and is used in inquiries as to the quality, kind, or species of a thing or person. Example: **Was für einen Hut wünschen Sie? Was für eine Kirche kann das sein, in der dieser Mann predigt?**

5. Before names of materials and nouns used in the plural, the **ein** is of course omitted. Example: **Was für Brötchen wünschen Sie zum Mittagessen? Was für Wein soll ich bestellen? Was für Papier soll ich für Sie kaufen? Was für Kleider hat sie mitgebracht?**

DECLENSION OF WAS FÜR EIN
(What sort or kind of)

	Singular			**Plural**
	MASC.	FEM.	NEUTER	FOR ALL GENDERS
Nom.,	was für ein	eine	ein	was für
Gen.,	was für eines	einer	eines	was für
Dat.,	was für einem	einer	einem	was für
Acc.,	was für einen	eine	ein	was für

Wessen Haus ist das? Wessen Kinder sind dies, die Ihrigen oder die Ihres Nachbars? Von wem sprechen Sie? Mit wem ist er ausgegangen? Was für ein Mann ist das? Was für ein Mann ist dieser Schriftsteller (**author**)? Was für Soldaten sind die Franzosen? Was für Bedingungen (conditions) hat er Ihnen gemacht? Wem gehört dieses Haus, Ihnen oder Ihrem Herrn Bruder? Zu welchem Preise können Sie mir diese Waren verkaufen? Woran ist er gestorben? Woran leidet (**suffers**) er? Womit kann ich Ihnen dienen?

7. INDEFINITE PRONOUNS

They are:

man, one, they, people
einander, each other, one another
jedermann, everybody, everyone
jemand, somebody, someone, anybody
niemand, nobody (not anybody)
  (selber), . . . self (myself, etc.)
etwas, something, anything
nichts, nothing, not anything
gar nichts, nothing at all, nothing whatever

Observations

1. **Man,** which is expressed in English by one, they, people, or by the passive voice, occurs only in the nominative case, and takes the verb in the singular. Observe that the passive voice is not used as frequently in German as in English.

All cases of **man** except the nominative are supplied from the declension of **einer.**

EXAMPLES

2. **Man** sagt, dass er viel Geld in diesem Geschäft verloren habe. **Man** kann nicht alles glauben, was man hört. Wo bekommt man die Fahrkarten? One is sorry to see so much misery; es tut einem leid, so viel Elend zu sehen. One is glad when one meets such a thoroughly honest man; es freut einen, wenn man solch (or so) **einen grundehrlichen Mann** trifft (or solch **einen grundehrlichen Menschen zu treffen**).

3. One's before a substantive is translated in German by **sein** (his). Example: It is better to lose one's money than one's honor; **es ist besser sein Geld, als seine Ehre zu verlieren.**

4. Oneself is translated **sich selbst** or only **sich.** Example: One must not praise oneself; **man muss sich nicht selbst loben.**

DECLENSION OF THE INDEFINITE PRONOUN JEDERMANN

Nom., jedermann, everybody
Gen., jedermanns, of everybody
Dat., jedermann, to everybody
Acc., jedermann, everybody

DECLENSION OF THE INDEFINITE PRONOUNS JEMAND AND NIEMAND

Nom.,	jemand, somebody	niemand, nobody
Gen.,	jemands	niemands
Dat.,	jemand	niemand
Acc.,	jemand	niemand

Both **jemand** and **niemand** now take only s in the genitive. The older forms, dative **jemandem, niemandem,** accusative **jemanden, niemanden** are now archaic, although they will be found in earlier writers. Neither can be used with a noun.

EXAMPLES

Das ist niemands Sache; that concerns no one. **War jemand während meiner Abwesenheit da, Kellner? Nein, mein Herr, es ist niemand hier gewesen.** Did anyone call during my absence, waiter? No, sir, no one has been here. **Sagen Sie niemand etwas von dieser Angelegenheit;** do not tell anyone (anything) about this affair. **Niemand hilft mir;** no one helps me.

PREPOSITIONS

PREPOSITIONS WITH THE GENITIVE

The Prepositions governing the Genitive are chiefly nouns used adverbially. The following lines contain the principal ones, and will aid the memory:

> Unweit, mittelst, kraft und während,
> Laut, vermöge, ungeachtet,
> Oberhalb und unterhalb,
> Innerhalb und ausserhalb,

> Diesseit, jenseit, halben, wegen,
> Statt, auch längs, zufolge, trotz
> Stehen mit dem **Genitiv**;
> Doch ist hier nicht zu vergessen,
> Dass bei diesen letzten drei
> Auch der **Dativ** richtig sei.

The uses and meanings of some of these prepositions are illustrated in the following remarks and examples.

Remarks

1. **Halb(en), halber,** always follows the noun; **wegen** may follow or precede a noun, but always follows a personal pronoun.

Halb is only used in **deshalb** and **weshalb**; **halben** after the personal pronouns or substantives with a determinative or attributive word; **halber** after a substantive used alone, as: des Friedens **halber,** for the sake of peace; or as one word, **Krankheitshalber,** because of illness.

The personal pronouns have a special form ending in **t** before **halben** and **wegen,** thus.

Meinethalben, for my sake; **unsertwegen,** on our account, etc.; but **meinetwegen,** for all I care.

Ausserhalb, (on the) outside of; **innerhalb,** (on the) inside of; **oberhalb,** above; **unterhalb,** below.

EXAMPLES

Unser Garten ist ausserhalb (innerhalb) der Stadt, our garden is outside (inside) of the town. **Montreal liegt unterhalb des Ontario-Sees,** Montreal lies below Lake Ontario.

Innerhalb in expressions of time may be followed by the dative of a substantive without article, as:

Innerhalb zwei Tagen, within two days

Kraft, by virtue of; **laut,** in accordance with; **vermittelst, vermöge,** by means of; **zufolge,** in consequence of.

Zufolge governs the genitive when it precedes its case, but the dative when it follows, as:

Er tat dies zufolge meines Befehls, or **meinem Befehl zufolge;** he did this in consequence of my order.

Diesseits and **jenseits** are prepositions (governing a noun) or adverbs (without a case), as:

Ich wohne diesseits, er jenseits des Flusses; I live on this, he on that (the other) side of the river,—but:

Wir wohnen beide nahe am Flusse; ich diesseits, er jenseits. We both live near the river; I on this side, he on the other.

Statt, anstatt, instead of

Anstatt is sometimes divided thus:

Anstatt meines Bruders, instead of my brother, or: **An meines Bruders statt,** in my brother's stead.

Ungeachtet, notwithstanding; **trotz,** in spite of

Ungeachtet may precede or follow its case.

Während, during; **längs, entlang,** along.

Längs also governs the dative, and always precedes its case, as: **Längs des Ufers,** or **dem Ufer,** along the shore.

Entlang governs the genitive when it precedes its case; but it more commonly follows its case, and governs the accusative, as:

Er ging den Fluss entlang, he went along the river.

PREPOSITIONS GOVERNING THE DATIVE

Schreib':

> **Mit, nach, nächst, nebst, samt,**
> **Bei, seit, von, zu, zuwider,**
> **Entgegen, ausser, aus,**
> Stets mit dem Dativ nieder.

mit, with
nach,[1] after or to
von,[2] of; from; by
seit, since
zuwider, against
ausser, except

zu,[1] at or to
bei, at; by; near
aus, out of; from
gegenüber, opposite to
entgegen, against

---

[1] After verbs denoting motion *nach* is usually used before the name of a place or country, while *zu* is used before the name of a person. Example: *Er geht nach Berlin. Er ist zu meinem Bruder gekommen.*

[2] Of, when denoting possession, is rendered by the genitive. Example: The house of the merchant, *das Haus des Kaufmanns.* But when of denotes relation, it must be expressed by the preposition *von.* Example: I have it from the merchant, *ich habe es von dem Kaufmann.*

Ich war mit ihm in London. Ich habe den Roman von ihr erhalten
(**received**). Ich war seit einem Monat nicht in seinem Hause. Warum
sind Sie gestern Abend nicht zu meiner Schwester gekommen? Er
hat diesen Rock bei dem französischen Schneider gekauft. Er ist
nicht aus dem Hause gewesen. Er wohnt gegenüber der Post (**or**: der
Post gegenüber).

PREPOSITIONS GOVERNING THE ACCUSATIVE

Bei den Wörtern: **bis, durch, für, ohne,**
Sonder, gegen, um und **wider,**
Schreibe stets den Akkusativ,
Nie einen andern nieder.

bis, until; up to
durch, through; by means of; by
für,[1] for
ohne, without

sonder, without
gegen,[2] against; towards
wider,[2] against
um, around; about

EXAMPLES

Ich bin gestern durch die Stadt gegangen. Er hat diese Handschuhe
für mich gekauft. Er hat dieses Buch ohne meine Erlaubnis genommen. Ich bin gegen den Wind gerannt. Er hat das wider (**or** gegen)
meinen Willen gemacht.

PREPOSITIONS GOVERNING THE DATIVE OR ACCUSATIVE

An, auf, hinter, neben, in,
Über, unter, vor und **zwischen,**
Stehen mit dem Akkusativ,
Wenn man fragen kann: **wohin?**
Mit dem Dativ stehen sie so,
Dass man nur kann fragen **wo?**

These prepositions take the dative in answer to the question
"where?" indicating a state of rest in the verb.

---

[1] *Für*, for, is never a conjunction in German; the word corresponding to the
English conjunction for (because) is *denn*.

[2] Gegen may imply hostile opposition (*der Gegner*, the opponent), but also
direction, as: *er schwimmt gegen den Strom*, he swims against the current, or
simply, *toward*, as: *sie ist immer sehr freundlich gegen mich*. *Wider* always implies
hostile opposition (*widerlich*, repulsive). Luther translated "*Wer nicht für mich
ist, der ist wider mich*," who is not for me, is against me.

They require, however, the accusative after the question "whither?" with verbs denoting direction or motion from one place to another.

an	(with dat.), at		
	(with acc.), to	neben, beside	
auf, on; upon		vor,[1] before; ago	
hinter, behind		über, over; across	
in[1]	(with dat.), in; at	unter, under; among	
	(with acc.), into	zwischen, between	

EXPLANATION

Köln liegt an den Ufern des Rheines, Cologne is situated on the banks of the Rhine. The question is: "Where is Cologne situated?" The answer must, of course, be in the dative, as it is made in reply to the question, "where" and because the verb "is situated" indicates rest. But **Schicken Sie diesen Brief an meinen Onkel,** send this letter to my uncle. The question now is: "Whither (or where to) shall I send the letter?" The answer must, therefore, be in the accusative, as it is made in reply to the question, "whither" and because the verb "send" indicates motion or direction.

EXAMPLES WITH THE DATIVE (REST)

Er steht am Fenster (dat. neut.), he is standing at the window. **Das Buch liegt auf dem Tisch** (dat. masc.), the book is lying on the table. **Er stand hinter der Tür** (dat. fem.), he was standing behind the door. **Mein Bruder ist im Laden** (dat. masc.), my brother is in the shop. **Er sass neben mir** (dat. sing.), he was sitting beside me. **Er war vor einer Stunde hier** (dat. fem.), he was here an hour ago. **Er wohnt über Ihnen** (dat. sing.), he lives above you. **Nein, er wohnt unter mir** (dat. sing.); no, he lives below me.

EXAMPLES WITH THE ACCUSATIVE (MOTION)

Ich gehe ans Fenster (acc. neut.), I am going to the window. **Legen Sie das Buch auf den Tisch** (acc. masc.), put the book upon the table. **Treten Sie hinter mich** (acc. sing.), step behind me. **Mein Bruder ist in den Laden gegangen,** my brother has gone into the shop. **Setzen Sie sich neben ihn,** take a seat beside him. **Stellen Sie es vors Fenster,** put it before the window. **Ich gehe über die Brücke,** I go over the bridge.

---

[1] *In* and *vor*, when denoting time, always take the dative, as: *in acht Tagen,* in a week; *vor sieben Jahren,* seven years ago.

CONTRACTION OF PREPOSITIONS WITH THE DEFINITE ARTICLE

Some prepositions are frequently contracted with the last letter of the definite article into one word. They are:

DATIVE			ACCUSATIVE		
an dem	into	am	an das	into	ans
bei dem	"	beim	auf das	"	aufs
in dem	"	im	durch das	"	durchs
von dem	"	vom	für das	"	fürs
zu dem	"	zum	in das	"	ins
zu der	"	zur	um das	"	ums
vor dem	"	vorm	über das	"	übers
			vor das	"	vors

USE OF THE CASES

GENITIVE AFTER ADJECTIVES

1. Adjectives denoting possession and interest, plenty, knowledge, desire, guilt, or their opposites, are used with the genitive, such as:

bedürftig, needing, in need
fähig (also with *zu*), capable
gewiss, certain
gewohnt (also with *an*, or with acc.), accustomed
müde (also with acc.), tired
satt (also with acc.), sated
würdig, worthy

bewusst, conscious
eingedenk, mindful
froh, glad
schuldig, guilty
sicher, certain
voll (also with acc., or with *von*), full
wert (also with acc.), worth

2. With **los, müde, wert, voll,** the accusative is more usual than the genitive, which makes for more formal (now almost stilted) speech. Better use the accusative instead of the genitive wherever permitted in the above list; with **voll,** however, without the article.

GENITIVE AFTER VERBS

1. Transitive verbs of accusing, condemning, acquittal, deprivation, emotion take a genitive of the remoter object, as:

anklagen, accuse
berauben, rob
beschuldigen, accuse
entbinden (also with *von*), relieve
würdigen, deem worthy

lossprechen, acquit
überführen, convict
überzeugen (also with *von*), convince
versichern, assure
zeihen, accuse

Man klagte ihn des Hochverrats an, he was accused of high treason.
Er versicherte mich seiner Hochachtung, he assured me of his
esteem.

2. As a secondary object with some reflexive verbs, the direct
object being the reflexive pronoun. Generally, with omission of the
reflexive pronoun, this genitive will appear in English as direct
object:

sich annehmen, to take interest (in)	sich enthalten, to abstain from
sich bedienen, to make use of	sich entschlagen, to get rid of
sich befleissigen, to apply one's self	sich erbarmen, to have mercy
sich bemächtigen, to take possession	sich erfreuen, to rejoice in, enjoy
sich besinnen, to recollect	sich rühmen, to boast
sich erinnern, to remember	sich schämen, to be ashamed

and a few others. Examples: **Sie hat sich des mutterlosen Kindes
angenommen,** she looked after the motherless child; **er rühmte sich
seiner hohen Geburt,** he boasted of his high birth. **Er schämt sich
seines rohen Betragens,** he is ashamed of his bad behavior. **Herr!
erbarme dich unser;** Lord, have mercy upon us! **Ich kann mich
dessen nicht entsinnen,** I cannot remember that: **es lohnt** (or **ver-
lohnt**) **sich nicht der Mühe,** it is not worth the trouble.

ADVERBIAL GENITIVE

The adverbial genitive may express place, time or manner, as:

> linker Hand, on the left hand
> seines Weges gehen, to go one's way
> dieser Tage, during these (last) days
> abends, in the evening
> morgens, in the morning
> allen Ernstes, in all seriousness
> trocknen Fusses, dry-shod

DATIVE

1. The Dative is the case of the Indirect Object.
The Dative is used to denote the person for whose advantage or
disadvantage a thing is done, as:

Er hat mir ein Buch gekauft, he has bought me a book.

2. The Dative is very freely used in German to denote the person
who has some interest in an action or thing. This is called the ethical

dative or dative of interest, and must usually be left untranslated in English, thus:

Ich habe mir die Sache angesehen, I have considered the thing (for my own satisfaction).

Tue mir das nicht wieder, do not do that again (I tell you).

DATIVE AFTER VERBS

1. The Dative stands as the Indirect Object of transitive verbs, **as:** **Er gibt mir das Buch,** he gives me the book (the book to me).

2. It stands as the sole object after verbs which express a personal relation only, such as verbs of:

a. Approach or removal, etc., as:

begegnen, meet	gleichen, resemble
entgehen, escape	nachgehen, follow
entsprechen, correspond to	nachstehen, be inferior
fehlen, be wanting	nahen, approach
folgen, follow	zusehen, watch

b. Pleasure or displeasure, as:

behagen, please	drohen, threaten
danken, thank	fluchen, curse
gefallen, please	missfallen, displease
genügen, suffice	schmeicheln, flatter
grollen, be angry	stehen, suit, become

c. Advantage or disadvantage, as:

beistehen, assist	mangeln, be wanting
dienen, serve	nützen, be useful
helfen, help	schaden, harm

d. Command, resistance and their opposites, as:

befehlen, command	trotzen, defy
gebieten, order	weichen, yield
gehorchen, obey	widerstehen, oppose
verbieten, forbid	widerstreben, resist

e. After verbs expressing possession, trust, and various other personal relations, as:

antworten, answer	glauben, believe
beistimmen, agree with	scheinen, seem
erwidern, reply	trauen, trust
gehören, belong	zureden, encourage

Also with **sein** and **werden**, expressing a state of feeling (with **zu Mute** expressed or understood), as:

Wie ist Ihnen? How do you feel?

Many of the verbs under **d** and **e** take also a direct object in the form of an infinitive or a clause stating what has been answered, commanded, forbidden, etc., as: **er hat mir verboten zu gehen,** he has forbidden me to go; **ich antwortete ihm, dass ich kommen würde,** I replied that I would come; **mein Vater hat es mir befohlen,** my father ordered me (to do) it.

Observe also the idiom: **Wenn dem so ist,** if that is the case, in which **dem** is dative neuter.

Remarks

Most of these verbs have become transitive in English, on account of the loss of distinction between the dative and accusative; the construction in German should be carefully observed.

The Dative with reflexive verbs has been considered before.

DATIVE AFTER ADJECTIVES

The Dative stands after adjectives similar in meaning to the Verbs given in the foregoing section, such as:

a. Approach, etc.:

ähnlich, similar	ungleich, unequal, unlike
fremd, strange	nahe (also with *bei*), near
gleich, equal, like	verwandt (also with *mit*), related

b. Pleasure, etc.:

angenehm, pleasant	lieb, dear
gnädig, gracious	willkommen, welcome

c. Advantage, etc.:

heilsam, wholesome	treu, faithful
schuldig, indebted	

d. Command, etc.:

folgsam ⎫ obedient	ungehorsam, disobedient
gehorsam ⎭	widrig, repuslive

e. Possession, etc.:

eigen, belonging	gemein (sam), common

Note.—Almost any adjective modified by *zu* or *genug* may take a dative, as:

Diese Handschuhe sind mir zu gross (gross genug). These gloves are too large (large enough) for me.

ACCUSATIVE

The Accusative is the case of the Direct Object, Time and Measure. All transitive verbs take the direct object in the accusative.

Remark

Many verbs that are transitive in English are intransitive in German, and vice versa.

DOUBLE ACCUSATIVE

The verb **lehren**, to teach, governs two accusatives, one of the person and the other of the thing; the verb **fragen**, to ask, takes the latter accusative only when it is a neuter pronoun, as:

Ich werde dich die deutsche Sprache lehren, I shall teach you the German language.

Ich wollte dich gerne etwas fragen, I should like to ask you something.

Verbs of calling, etc., have a second accusative as factitive predicate, as:

Ich nannte ihn einen Narren, I called him a fool.

Of verbs of considering, etc., some, such as: **betrachten, to regard; ansehen,** to look upon; **darstellen,** to represent, take a factitive accusative with **als,** as:

Ich sehe den Regen als eine Wohltat an, I regard the rain as a benefit.

Note that **betrachten** and **halten**, both meaning to regard, require different prepositions: **ich habe ihn immer als meinen Freund betrachtet,** I always considered him as my friend; but **ich halte ihn für einen ehrlichen Mann,** I regard him as an honest man.

ACCUSATIVE AFTER INTRANSITIVE VERBS

1. Intransitive Verbs may sometimes be followed by an accusative of a meaning akin to their own, called the cognate accusative, as:

Ich habe einen schönen Traum geträumt, I have dreamed a beautiful dream.

2. Intransitive Verbs may take an accusative of that which is effected or produced by the action they express, as:

Petrus weinte bittere Tränen, Peter wept bitter tears.

3. Intransitive Verbs may take an accusative followed by **an** adjective, etc., as factitive predicate, as:

Ich habe mich satt gegessen, I have eaten enough.
Das Kind weinte sich in den Schlaf, the child has cried itself to sleep.

ADVERBS

The adverbs are divided into three principal classes: Adverbs of place, of time, and of manner or degree.

ADVERBS OF PLACE

hier, here
da, dort, there
weit, fern, far
nahe, near
hinten, behind
vorn, before
oben, above
unten, below
irgendwo, anywhere, somewhere

nirgendwo, nowhere
überall, everywhere
zurück, back, backward
vorwärts, forward
seitwärts, sideways
rückwärts, backward
links, on the left (to)
rechts, on the right, etc. (to)

ADVERBS OF TIME

heute, to-day
morgen, to-morrow
übermorgen, the day after to-morrow
gestern, yesterday
vorgestern, the day before yesterday
jetzt, now
ehemals, formerly
damals, then, at that time
oft, often

nie, never
zuweilen, sometimes
immer, always
zuvor, before
schon, already
früh, early
spät, late
gleich, sogleich, directly, etc.

ADVERBS OF MANNER OR DEGREE

wie, how
so, thus
gern, willingly
sogar, even
fast, almost
ja, indeed, yes

beinahe, almost
zwar, indeed
gewiss, certainly
vielleicht, perhaps
doch, still, nevertheless

Almost all adjectives are used as adverbs without changing their form, as:

Er schreibt gut.	He writes well.
Er arbeitet schlecht.	He works badly.
Er lernt fleissig.	He learns diligently.

The two adverbs, **her,** hither, **hin,** thither, are often combined with other adverbs or prepositions; **her** denotes mostly a movement toward the speaker, **hin** a movement away from him.

herab, hinab, down	hierher, this way, hither
herauf, hinauf, up	dahin, there, thence, thither
herein, hinein, in	dorthin, dorther, thence, from there
heraus, hinaus, out	woher, whence, from where
herunter, hinunter, down	wohin, where (to)

Note carefully a very special and idiomatic use of **doch,** which ordinarily means "nevertheless," "anyhow": **ich tue es doch nicht,** I won't do it anyway (*i.e.,* despite your urging, etc.). But it takes the place of **ja** or **jawohl** to correct a preceding wrong assumption: **Sie kennen meinen Vetter wohl nicht? Doch, wir sind alte Freunde!** I suppose (**wohl**) you don't know my cousin? Oh, yes I do, we are old friends. **Sie waren noch nie in Europa? Doch, ich war schon dreimal da.**

COMPARISON OF ADVERBS

Adjectives used adverbially can be compared. They form **their** degrees of comparison in the same manner as the adjectives:

spät, late	später, later	spätest, latest

The superlative of the adverb is generally preceded by **am, as: am schönsten.**

Er schreibt am schönsten.	He writes most beautifully.

Sometimes the superlative takes the termination **ens,** as:

frühestens, at the soonest	höchstens, at most

The following adverbs form their degrees of comparison irregularly:

bald, soon	eher, sooner	am ehesten, soonest
gern, willingly	lieber, more willingly	am liebsten, most willingly

To these must be added the irregularly compared adjectives (see under the Adjective: Irregular and Defective Comparisons) since these are used also as adverbs without change of form.

CONJUNCTIONS

Conjunctions which connect two co-ordinate clauses are called Co-ordinating Conjunctions, while conjunctions which are used to connect the subordinate with the principal clause, are called Subordinating Conjunctions.

CO-ORDINATING CONJUNCTIONS

For the beginner it will be sufficient to remember that

> aber, but
> allein, but, however
> sondern, but
> denn, for
> oder, or
> und, and

are the common or general connectives, and that they do not affect the word-order of the clause which they introduce.

Note that while **aber** and **sondern** are both translated by but, **aber** is the simple adversative but; whereas **sondern** means "but on the contrary" and is therefore used only after a negative: **nicht reich, sondern arm,** not rich but poor; **das ist kein Grund, sondern nur ein Vorwand,** that is no reason but only an excuse. But if the second proposition does not exclude the first, then, even after a negative, **aber** is used: **er ist nicht reich, aber er ist glücklich,** he is not rich, but he is happy.

SUBORDINATING CONJUNCTIONS

A Subordinating Conjunction introduces a dependent clause which modifies some word in the main clause in the relation of adverb, adjective or noun. All subordinating conjunctions require that the inflected verb stand at the end of the subordinate clause. **Als ich nach Hause kam, hörte ich die gute Nachricht,** when I got home I heard the good news.

But note carefully and memorize the important exception: **ich weiss, dass ich es nie hätte tun können,** I know that I could never have done it, *i.e.,* in a dependent sentence containing a **compound tense of a modal auxiliary in connection with an infinitive,** the particle of the modal auxiliary comes **last,** next to that the infinitive, and third from the end the inflected auxiliary.

als, when, as		obgleich, obschon } though,	
als ob, as if, as though		obwohl, wiewohl } although	
bevor, before		seit, seitdem, since	
bis, until		so, so, as	
da, as, since		sobald (als), as soon as	
damit, in order that		so oft (als), whenever	
dass, that, in order that		so . . . wie, as . . .as	
ehe, before		wann, when, whenever	
falls, in case		wenn, when, if	
indem, as, while		wenn auch } though,	
indessen, indes, while		wenngleich } although	
je . . . desto, the . . . the		weil, because	
nachdem, after		wie, how, when, as	
ob, whether, if		wo, where	
		wofern, in case	

ALPHABETICAL LIST

OF THE STRONG AND THE IRREGULAR VERBS

NOTE.—In the following table the principal parts of all the verbs of the Strong and Irregular Conjugations, namely the Present Infinitive, Past, and Past Participle, are given first. Compounds, whose simple verbs are no longer used by themselves, are also given.

PRES. INF.	PAST	PAST PART.	VARIOUS IRREGULARITIES
backen to bake	backte (buk) baked	gebacken baked	Pres. Ind. du bäckst, er bäckt. Past S. ich backte (büke)
befehlen to command	befahl commanded	befohlen commanded	Pres. Ind. du befiehlst, er befiehlt. Imperat. befiehl! Past S. ich beföhle
beginnen to begin	begann began	begonnen begun	Past S. ich begönne or begänne
beissen to bite	biss bit	gebissen bitten	Pres. Ind. du beisst, er beisst. Imper. beisse!
bergen to hide	barg hid	geborgen hidden	Pres. Ind. du birgst, er birgt. Imperat. birg!
bersten to burst	barst burst	geborsten burst	Pres. Ind. du birst, er birst. Imperat. birst!
bewegen to induce	bewog induced	bewogen induced	bewegen, to move, follows the Weak Conjugation
biegen to bend	bog bent	gebogen bent	

Pres. Inf.	Past	Past Part.	Various Irregularities
bieten to offer	bot offered	geboten offered	Past S. ich böte
binden to bind	band bound	gebunden bound	Past S. ich bände
bitten to ask	bat asked	gebeten asked	Past S. ich bäte
blasen to blow	blies blew	geblasen blown	Pres. Ind. du bläst, er bläst
bleiben to remain	blieb remained	geblieben remained	
braten to roast	briet roasted	gebraten roasted	Pres. Ind. du brätst, er brät
brechen to break	brach broke	gebrochen broken	Pres. Ind. du brichst, er bricht. Imperat. brich! Past S. ich bräche
brennen to burn	brannte burned	gebrannt burned	
dreschen to thrash	drosch thrashed	gedroschen thrashed	Pres. Ind. du drischst, er drischt. Imperat. drisch!
dringen to press	drang pressed	gedrungen pressed	
empfehlen to commend	empfahl commended	empfohlen commended	Pres. Ind. du empfiehlst, er empfiehlt. Imperat. empfiehl! Past S. ich empföhle
essen to eat	ass ate	gegessen eaten	Pres. Ind. du isst, er isst. Imperat. iss! Past S. ich ässe
fahren to drive	fuhr drove	gefahren driven	Pres. Ind. du fährst, er fährt. Past S. ich führe
fallen to fall	fiel fell	gefallen fallen	Pres. Ind. du fällst, er fällt
fangen to catch	fing caught	gefangen caught	Pres. Ind. du fängst, er fängt
fechten to fight	focht fought	gefochten fought	Pres. Ind. du fichtst, er ficht. Imperat. ficht!
finden to find	fand found	gefunden found	Past S. ich fände
flechten to twine	flocht twined	geflochten twined	Pres. Ind. du flichtst, er flicht. Imperat. flicht!

Pres. Inf.	Past	Past Part.	Various Irregularities
fliegen	flog	geflogen	Past S. ich flöge
to fly	flew	flown	
fliehen	floh	geflohen	Past S. ich flöhe
to flee	fled	fled	
fliessen	floss	geflossen	Past S. ich flösse
to flow	flowed	flowed	
fressen	frass	gefressen	Pres. Ind. du frisst, er frisst.
to devour	devoured	devoured	Imperat. friss! Past S. ich frässe
frieren	fror	gefroren	Past S. ich fröre
to freeze	froze	frozen	
gebären	gebar	geboren	Pres. Ind. du gebierst, er gebiert. Imperat. gebier! Past S. ich gebäre
to bear	bore	born	
geben	gab	gegeben	Pres. Ind. du gibst, er gibt. Imperat. gib! Past S. ich gäbe
to give	gave	given	
gedeihen	gedieh	gediehen	
to thrive	thrived	thrived	
gehen	ging	gegangen	
to go	went	gone	
gelingen	gelang	gelungen	Past S. gelänge
to succeed	succeeded	succeeded	
gelten	galt	gegolten	Pres. Ind. du giltst, er gilt. Imperat. gilt! Past S. ich gölte
to be worth	was worth	been worth	
genesen	genas	genesen	
to recover	recovered	recovered	
geniessen	genoss	genossen	Past S. ich genösse
to enjoy	enjoyed	enjoyed	
geschehen	geschah	geschehen	Pres. Ind. (es) geschieht. Past S. (es) geschähe
to happen	happened	happened	
gewinnen	gewann	gewonnen	Past S. ich gewönne or gewänne
to gain	gained	gained	
giessen	goss	gegossen	Past S. ich gösse
to pour	poured	poured	
gleichen	glich	geglichen	
to resemble	resembled	resembled	

Pres. Inf.	Past	Past Part.	Various Irregularities
gleiten	glitt	geglitten	
to glide	glided	glided	
graben	grub	gegraben	Pres. Ind. du gräbst, er gräbt
to dig	dug	dug	
greifen	griff	gegriffen	
to seize	seized	seized	
halten	hielt	gehalten	Pres. Ind. du hältst, er hält
to hold	held	held	
hangen	hing	gehangen	Pres. Ind. du hängst, er hängt
to hang	hung	hung	
hauen	hieb	gehauen	
to hew	hewed	hewed	
heben	hob	gehoben	Past S. ich höbe or ich hübe
to lift	lifted	lifted	
heissen	hiess	geheissen	
to call	called	called	
helfen	half	geholfen	Pres. Ind. du hilfst, er hilft.
to help	helped	helped	Imperat. hilf! Past S. ich hülfe or hälfe
klimmen	klomm	geklommen	
to climb	climbed	climbed	
klingen	klang	geklungen	Past S. ich klänge
to sound	sounded	sounded	
kneifen	kniff	gekniffen	
to pinch	pinched	pinched	
kommen	kam	gekommen	Pres. Ind. du kommst, er kommt. Past S. ich käme
to come	came	come	
kriechen	kroch	gekrochen	
to creep	crept	crept	
laden	lud	geladen	Pres. Ind. du lädst, er lädt
to load	loaded	loaded	
lassen	liess	gelassen	Pres. Ind. du lässt, er lässt.
to let	let	let	Imperat. lass!
laufen	lief	gelaufen	Pres. Ind. du läufst, er läuft
to run	ran	run	
leiden	litt	gelitten	
to suffer	suffered	suffered	
leihen	lieh	geliehen	
to lend	lent	lent	

Pres. Inf.	Past	Past Part.	Various Irregularities
lesen to read	las read	gelesen read	Pres. Ind. du liest, er liest. Imperat. lies! Past S. ich läse
liegen to lie	lag lay	gelegen lain	Past S. ich läge
löschen to extinguish	losch extinguished	geloschen extinguished	
lügen to lie	log lied	gelogen lied	Past S. ich löge
mahlen to grind	mahlte ground	gemahlen ground	Only the participle gemahlen belongs to the Strong Conjugation
meiden to avoid	mied avoided	gemieden avoided	
messen to measure	mass measured	gemessen measured	Pres. Ind. du misst, er misst. Imperat. miss!
misslingen to fail	misslang failed	misslungen failed	Past S. es misslänge
nehmen to take	nahm took	genommen taken	Pres. Ind. du nimmst, er nimmt. Imperat. nimm! Past S. ich nähme
pfeifen to whistle	pfiff whistled	gepfiffen whistled	
preisen to praise	pries praised	gepriesen praised	
quellen to gush	quoll gushed	gequollen gushed	Pres. Ind. du quillst, er quillt. Imperat. quill!
raten to advise	riet advised	geraten advised	Pres. Ind. du rätst, er rät
reiben to rub	rieb rubbed	gerieben rubbed	
reissen to tear	riss tore	gerissen torn	
reiten to ride	ritt rode	geritten ridden	
riechen to smell	roch smelled	gerochen smelled	Past S. ich röche
ringen to wrestle	rang wrestled	gerungen wrestled	

Pres. Inf.	Past	Past Part.	Various Irregularities
rinnen	rann	geronnen	
to run	ran (as of water)		
rufen	rief	gerufen	
to call	called	called	
saufen	soff	gesoffen	Pres. Ind. du säufst, er säuft.
to drink	drank	drunk	Past S. ich söffe
(to excess, or used of animals)			
saugen	sog	gesogen	
to suck	sucked	sucked	
schaffen	schuf	geschaffen	Past S. ich schüfe (Schaffen,
to create	created	created	meaning to work, is weak.)
schallen	scholl	geschollen	
to sound	sounded	sounded	
scheiden	schied	geschieden	
to part	parted	parted	
scheinen	schien	geschienen	
to seem	seemed	seemed	
schelten	schalt	gescholten	Pres. Ind. du schiltst, er schilt.
to scold	scolded	scolded	Imperat. schilt!
scheren	schor	geschoren	Pres. Ind. du schierst, er
to shear	sheared	shorn	schiert. Imperat. schier!
schieben	schob	geschoben	Past S. ich schöbe
to shove	shoved	shoved	
schiessen	schoss	geschossen	Past S. ich schösse
to shoot	shot	shot	
schlafen	schlief	geschlafen	Pres. Ind. du schläfst, er schläft
to sleep	slept	slept	
schlagen	schlug	geschlagen	Pres. Ind. du schlägst, er
to beat	beat	beaten	schlägt. Past S. ich schlüge
schleichen	schlich	geschlichen	
to sneak	sneaked	sneaked	
schleifen	schliff	geschliffen	
to sharpen	sharpened	sharpened	
schliessen	schloss	geschlossen	Pres. Ind. du schliesst. Past S.
to shut	shut	shut	ich schlösse
schlingen	schlang	geschlungen	
to sling	slung	slung	

Pres. Inf.	Past	Past Part.	Various Irregularities
schmeissen	schmiss	geschmissen	Pres. Ind. du schmeisst
to throw	threw	thrown	
schmelzen	schmolz	geschmolzen	Pres. Ind. du schmilzt, er
to melt	melted	melted	schmilzt. Imperat. schmilz!
schneiden	schnitt	geschnitten	
to cut	cut	cut	
schreiben	schrieb	geschrieben	
to write	wrote	written	
schreien	schrie	geschrien	
to cry	cried	cried	
schreiten	schritt	geschritten	
to stride	strode	strode	
schweigen	schwieg	geschwiegen	
to be silent	was silent	been silent	
schwellen	schwoll	geschwollen	Pres. Ind. du schwillst, er
to swell	swelled	swelled	schwillt. Imperat. schwill!
schwimmen	schwamm	geschwommen	
to swim	swam	swum	
schwinden	schwand	geschwunden	Past S. ich schwände
to vanish	vanished	vanished	
schwingen	schwang	geschwungen	
to swing	swung	swung	
schwören	schwor }{br}schwur	geschworen	
to swear	swore	sworn	
sehen	sah	gesehen	Pres. Ind. du siehst, er sieht.
to see	saw	seen	Imperat. sieh! Past. S ich sähe
sein	war	gewesen	Pres. Ind. ich bin. Pres. S. ich
to be.	was	been	sei. Imperat. sei! Past S. ich wäre
singen	sang	gesungen	Past S. ich sänge
to sing	sang	sung	
sinken	sank	gesunken	Past S. ich sänke
to sink	sank	sunk	
sinnen	sann	gesonnen	
to muse	mused	mused	
sitzen	sass	gesessen	Past S. ich sässe
to sit	sat	sat	

Pres. Inf.	Past	Past Part.	Various Irregularities
speien to spit	spie spit *or* spat	gespien spat	
spinnen to spin	spann spun	gesponnen spun	
sprechen to speak	sprach spoke	gesprochen spoken	Pres. Ind. du sprichst, **er** spricht. Imperat. sprich! **Past** S. ich spräche
spriessen to sprout	spross sprouted	gesprossen sprouted	
springen to spring	sprang sprang	gesprungen sprung	Past S. ich spränge
stechen to sting	stach stung	gestochen stung	Pres. Ind. du stichst, er sticht. Imperat. stich! Past S. ich stäche
stehen to stand	stand stood	gestanden stood	Past S. ich stände *or* stünde
stehlen to steal	stahl stole	gestohlen stolen	Pres. Ind. du stiehlst, er stiehlt. Imperat. stiehl!
steigen to ascend	stieg ascended	gestiegen ascended	
sterben to die	starb died	gestorben died	Pres. Ind. du stirbst, er stirbt. Imperat. stirb! Past S. ich stürbe
stieben to scatter	stob scattered	gestoben scattered	
stinken to stink	stank stank	gestunken stunk	
stossen to push	stiess pushed	gestossen pushed	Pres. Ind. du stösst, er stösst
streichen to stroke	strich stroked	gestrichen stroked	
streiten to strive	stritt strove	gestritten striven	
tun to do	tat did	getan done	Past S. ich täte
tragen to carry	trug carried	getragen carried	Pres. Ind. du trägst, er **trägt**. Past S. ich trüge

Pres. Inf.	Past	Past Part.	Various Irregularities
treffen to hit	traf hit	getroffen hit	Pres. Ind. du triffst, er trifft. Imperat. triff! Past S. ich träfe
treiben to drive	trieb drove	getrieben driven	
treten to tread	trat trod	getreten trodden	Pres. Ind. du trittst, er tritt. Imperat. tritt! Past S. ich träte
triefen to drip	troff dripped	getroffen dripped	Now usually weak
trinken to drink	trank drank	getrunken drunk	Past S. ich tränke
trügen to deceive	trog deceived	getrogen deceived	
verderben to perish	verdarb perished	verdorben perished	Pres. Ind. du verdirbst, er verdirbt. Imperat. verdirb!
verdriessen to vex	verdross vexed	verdrossen vexed	Past S. ich verdrösse
vergessen to forget	vergass forgot	vergessen forgotten	Pres. Ind. du vergisst, er ver- gisst. Imperat. vergiss! Past S. ich vergässe
verlieren to lose	verlor lost	verloren lost	Past S. ich verlöre
wachsen to grow	wuchs grew	gewachsen grown	Pres. Ind. du wächst, er wächst Past S. ich wüchse
wägen to weigh	wog weighed	gewogen weighed	Past S. ich wöge
waschen to wash	wusch washed	gewaschen washed	Pres. Ind. du wäschst, er wäscht. Past S. ich wüsche
weben to weave	wob wove	gewoben woven	Now more usually of the Weak Conjugation.
weichen to yield	wich yielded	gewichen yielded	
weisen to show	wies showed	gewiesen shown	
werben to sue	warb sued	geworben sued	Pres. Ind. du wirbst, er wirbt. Imperat. wirb!
werden to become	wurde, ward became	geworden become	Pres. Ind. du wirst, er wird. Past S. ich würde

PRES. INF.	PAST	PAST PART.	VARIOUS IRREGULARITIES
werfen	warf	geworfen	Pres. Ind. du wirfst, er wirft.
to throw	threw	thrown	Imperat. wirf!
wiegen	wog	gewogen	Past S. ich wöge
to weigh	weighed	weighed	
winden	wand	gewunden	
to wind	wound	wound	
wissen	wusste	gewusst	Pres. Ind. ich weiss, du weisst,
to know	knew	known	er weiss. Pres. S. ich wisse.
			Past S. ich wüsste
zeihen	zieh	geziehen	
to accuse	accused	accused	
ziehen	zog	gezogen	Past S. ich zöge
to draw	drew	drawn	
zwingen	zwang	gezwungen	
to compel	compelled	compelled	

GERMAN WORD-ORDER

I. IN A PRINCIPAL SENTENCE

1. If the verb in a principal clause stands in a **simple tense, the** words are placed in the same order as in English.

Er schreibt einen Brief, he writes a letter. **Er geht auf die Bank,** he goes to the bank.

Simple tenses are the Present and the Past.

It must be observed, however, that in German there is neither the **emphatic** form (I do write) nor the **progressive form** (I am writing). **Ich schreibe** could mean, I write, I do write, and I am writing; **ich schrieb,** I wrote, I did write, I was writing.

Er schrieb einen Brief, he was writing a letter. **Er ging auf die Bank,** he did go (he went) to the bank.

2. If the verb in a principal clause stands in **a compound tense,** the **past participle** or **infinitive** is separated from the auxiliary and placed at the end of the sentence.

Er hat einen Brief geschrieben, he has written a letter. **Er wird auf die Bank gehen,** he will go to the bank. **Er würde dies Haus kaufen,** he would buy this house.

Compound tenses are those formed with an auxiliary (**haben, sein, werden,** etc.), and the past participle or infinitive of any verb.

II. IN A SUBORDINATE CLAUSE

1. If the verb in a subordinate clause stands in a **simple tense** it is placed at the end of the clause.

Er sagt, dass er nicht wohl ist; he says he is not well. **Er kann diesen Brief jetzt nicht schreiben, weil er keine Zeit hat;** he can not write this letter now, because he has no time.

A subordinate clause begins either with a subordinating conjunction (**dass, weil, ob, nachdem, als,** etc.), or a relative pronoun (**welcher, welche, welches, der, die, das,** etc.).

Observe that **und,** and; **aber,** but; **sondern,** but; **oder,** or; **denn,** for, are **co-ordinating** conjunctions, and therefore do not force the verb to the end (see page 366).

2. If the verb in a subordinate clause stands in a **compound tense** both parts of the verb are placed at the end of the sentence, but in **reversed order** (*i.e.,* the auxiliaries are placed last).

Er sagt, dass er dieses Haus gekauft hat, he says he bought this house. **Er schrieb mir, dass er nach Berlin reisen würde;** he wrote me that he would go to Berlin. **Der Herr, von dem Sie diese Waren gekauft haben, ist augenblicklich nicht hier;** the gentleman from whom you bought these goods is not here at present.

3. The conjunction **dass** in an object-clause, after verbs of telling, thinking, feeling, etc, is often omitted, which leaves the word-order "normal," *i.e.,* that of a principal clause. Thus **ich hoffe, dass es ihm dort gefällt,** becomes **ich hoffe, es gefällt ihm dort,** I hope he will like it there.

Also note again the important exception stated on page 366.

INTERROGATIVE SENTENCES

As in German the auxiliary **to do** is not used in interrogative phrases, their construction offers no difficulties.

1. Thus when the verb is in a **simple tense,** the order is the same as in English.

Wer geht in die Schule? Who is going (goes) to school? **Schreibt er einen Brief?** Is he writing (writes he) a letter?

2. But if the verb stands in a **compound tense,** the past participle or infinitive is placed at the end of the clause.

Hat er diesen Brief geschrieben? Has he written this letter? (Did he write this letter?) **Wird er morgen in die Schule gehen?** Will he go to school to-morrow? **Warum hat er dieses Haus nicht gekauft?** Why did he not buy this house? (Why has he not bought this house?)

INVERTED AND EMPHATIC FORMS

1. If in a German sentence, any element other than **the subject** begins the clause, the subject is placed after the verb, even if the sentence is not a question.

Heute kann ich es nicht tun, to-day I cannot do it. **Zuerst muss ich diesen Brief schreiben,** first of all I must write this letter. **Nach Hause werde ich nicht gehen,** I shall not go home.

2. This form is mostly used for emphasis.

Endlich ist er hier, at last he is here. **Leider kann ich ihn heute nicht besuchen,** unfortunately I cannot call on him to-day.

3. When the dependent clause **precedes** the principal clause, **the** inverted form is also used, *i.e.*, the subject of the principal clause comes **after** the verb.

Wenn er das gesagt hat, muss es wahr sein; if he said so it must be true. **Wenn ich Geld hätte, würde ich dieses Haus kaufen;** if I had money I would buy this house. **Obgleich er nicht wohl war, kam er doch;** though he was not well, he nevertheless came.

From the above rules and examples of word-order it becomes clear that in a principal clause the **verb,** and this means the **auxiliary of tense** if the tense is compound, is a sort of "pivot" which insists on its place as the **second idea** (by no means always the second word) of the whole. Any element other than the subject, whether a single word, a phrase, or a clause, put before the verb, throws the subject **after** the verb, so that the verb still remains the **second idea.**

Er (1) war (2) gestern nicht zu Hause. Gestern (1) war (2) er nicht zu Hause. Noch vor einigen Tagen (1) war (2) er völlig gesund. Nachdem ich den Brief geschrieben hatte (1), ging (2) ich auf die Post.

ORDER OF PREDICATE MODIFIERS

1. In the predicate, the personal pronoun object (which includes the neuter **es**) takes first place after the verb (or verb + subject in the inverted order). If there are two such pronoun objects, the accusative comes before the dative: **ich habe es ihm gegeben.**

2. Next come noun objects, persons before things: **er hat seinem Vater einen Brief geschrieben; er hat ihm einen Brief geschrieben.** Note that government of pronoun or noun by a preposition places it later in the predicate: **er hat einen Brief an seinen Vater geschrieben, er hat ihn an mich geschrieben.**

3. Of the adverbial modifiers in the predicate, the order is usually (1) time, (2) place, (3) manner or cause: **ich habe das Buch gestern zu Hause fleissig gelesen;** but this arrangement may vary for reasons of emphasis.

4. **Nicht** usually stands before the word or phrase which it clearly negatives. In a short sentence with a compound tense it is usually found at the end just before the infinitive or past participle: **ich habe dieses Buch noch nicht gelesen,** I have not yet read this book.

VOCABULARY

Abend, *m.* -e, evening
aber, but, however
abfahren, to leave, depart
all, all
allein, alone
allerlei, all sorts of
alles, all, everything
als, when, than, as
also, therefore
alt, old
amüsieren, to amuse
ander, other
anfangen, to begin
ankommen, to arrive
anstatt, instead of
Antwort, *f.* -en, answer
Anzug, *m.* Anzüge, suit
arbeiten, to work
arm, poor
Arm, *m.* -e, arm
auch, also, too
auf, on, upon, to
Aufgabe, *f.* -n, lesson
aufheben, to raise, lift up
aufhören, to cease, stop
aufmachen, to open
aufstehen, to get up
Auge, *n.* -n, eye
aus, out of, from
aussehen, to look, appear
aussprechen, pronounce

bald, soon
bauen, build
Bauer, *m.* -n, farmer
Baum, *m.* Bäume, tree

bedeuten, to mean, signify
bedeutend, important
begegnen, to meet
beginnen, to begin
behalten, to keep, remember
bei, by, near, with, at
beide, both
Bein, *n.* -e, leg
bekommen, to get, receive
beliebt, popular
beobachten, to observe
bereiten, to prepare
Berg, *m.* -e, mountain
berühmt, famous
beschreiben, to describe
besonders, especially
bestehen, to exist
bestellen, to order
besuchen, to visit
betrachten, to look at
betrügen, to deceive
Bett, *n.* -en, bed
bezahlen, to pay
biegen, to bend
Bier, *n.* -e, beer
Bild, *n.* -er, picture
billig, cheap
binden, to bind, tie
bis, until, to, up to
bitten, to beg, to ask
blau, blue
bleiben, to stay, remain
Bleistift, *m,* -e, pencil
Blume, *f.* -n, flower
Boden, *m.* Böden, ground
Boot, *n.* -e, boat

Börse, *f.* -n, purse
brauchen, to need
braun, brown
breit, broad
Brief, *m.* -e, letter
bringen, bring
Brot, *n.* -e, bread
Brücke, *f.* -n, bridge
Bruder, *m.* Brüder, brother
Buch, *n.* Bücher, book

da, there, then, since
dabei, therewith
Dach, *n.* Dächer, roof
dafür, for it (them)
dagegen, against it
damit, with it, in order that
Dampfer, *m.* -, steamship
dankbar, thankful, grateful
danken, to thank
dann, then
dass, that
dauern, to last, continue
denn, for, then
deshalb, therefore
deutlich, clear, distinct
Deutsch, *n.* German
dieser, this, the latter
doch, still, yet, however
donnern, to thunder
Dorf, *n.* Dörfer, village
draussen, outside
dumm, stupid
dunkel, dark
durch, through, by

ehe, before
ehrlich, honest
einander, each other
einfach, simple

einige, some, a few
einladen, to invite
einmal, once
eintreten, to step in, enter
Einwohner, *m.* -, inhabitant
einzig, single, only
Eisen, *n.* -, iron
Eisenbahn, *f.* -en, railroad
Eltern, *pl.* parents
Ende, *n.* -n, end
endlich, finally
entdecken, discover
Erde, *f.* earth
erhalten, to receive
erinnern, to remind
Erkältung, *f.* -en, cold
erklären, to explain, **declare**
erlauben, to permit
erreichen, to reach
ersparen, to save
erst, first
erstaunt, astonished
erwähnen, to mention
erzählen, to relate, tell
Esel, *m.* -, donkey
essen, to eat
etwas, something
euer, your

fahren, to ride, travel
fallen, to fall
Familie, *f.* -n, family
Farbe, *f.* -n, color
fast, almost
faul, lazy
fechten, to fight
Fehler, *m.* -, mistake
feindlich, hostile
Feld, *n.* -er, field
Fenster, *n.* -, window

Ferien, *pl.* vacation
finden, to find
flach, flat, level
Fleisch, *n.* meat
fleissig, industrious
fliegen, to fly
fliessen, to flow
Fluss, *m.* Flüsse, river
folgen, to follow
fortfahren, to continue
Frage, *f.* -n, question
fragen, to ask
fremd, strange, alien
freuen, sich, to rejoice
Freund, *m.* -e, friend
frieren, to freeze
froh, glad, happy
früh, early
Frühling, *m.* -e, spring
Frühstück, *n.* -e, breakfast
führen, to lead
fürchten, to fear
Fuss, *m.* Füsse, foot

ganz, whole, complete
Garten, *m.* Gärten, garden
Gebäude, *n.* -, building
geben, to give
geboren, born
gebrauchen, to use
Gedicht, *n.* -e, poem
gefallen, to please
gegen, against, toward
gehen, to go
gehören, to belong
gelb, yellow
Geld, *n.* -er, money
gelingen, to succeed
geniessen, to enjoy
genug, enough

gerade, straight, just
gern, gladly
Geschäft, *n.* -e, business
geschehen, to happen
Geschichte, *f.* -n, story
gestern, yesterday
Gesundheit, *f.* health
gewinnen, to win, get, earn
gewiss, certain(ly)
gewöhnlich, usual(ly)
Glas, *n.* Gläser, glass
glauben, to believe, think
gleich, alike, at once
glücklich, lucky, happy
Gott, *m.* Götter, God
grau, gray
greifen, grasp, seize
Grenze, *f.* -n, boundary
gross, large
Grösse, *f.* greatness
grün, green
gut, good, well
Gut, *n.* Güter, farm

haben, to have
halb, half
Hälfte, *f.* -n, half
halten, to hold, stop
Hand, *f.* Hände, hand
hängen, hang
Haus, *n.* Häuser, house
heiss, hot
heissen, to be called
helfen, to help
hell, light, bright
Herbst, *m.* -e, autumn
hereinkommen, come in
Herz, *n.* -en, heart
heute, today
hier, here

Himmel, *m.* -, sky, heaven
hinausgehen, to go out
hineingehen, to go in
hoch, high
hoffen, hope
hören, hear
Hund, *m.* -e, dog
Hut, *m.* Hüte, hat

immer, always
Industrie, *f.* -n, industry
interessant, interesting
interessieren, to interest
inzwischen, in the meanwhile

Jahr, *n.* -e, years
Jahreszeit, *f.* -en, season
je, ever
jeder, each, every
jedermann, everybody
jemand, someone
jener, that, the former
jetzt, now
jung, young

kalt, cold
Kanal, *m.* Kanäle, canal
Kartoffel, *f.* -n, potato
Kathedrale, *f.* -n, cathedral
kaufen, to buy
kaum, hardly, scarcely
kein, not a, not any, no
Kellner, *m.* -, waiter
kennen, to know
Kind, *n.* -er, child
Kirche, *f.* -n, church
klar, clear
Klasse, *f.* -n, class
Klavier, *n.* -e, piano

Kleid, *n.* -er, dress
klein, small
klopfen, knock
klug, intelligent, wise
Knabe, *m.* -n, boy
kochen, to cook
kommen, to come
König, *m.* -e, king
können, to be able
Kopf, *m.* Köpfe, head
korrigieren, to correct
kosten, to cost
krank, sick, ill
Krieg, *m.* -e, war
Küche, *f.* -n, kitchen
kurz, short

lachen, to laugh
Laden, *m.* Läden, store
Lage, *f.* -n, location
Land, *n.* Länder, land, country
lang, long
langsam, slow
lassen, to leave, let
laufen, to run
leben, to live
legen, to lay
lehren, to teach
leicht, light, easy
Leid, *n.* -en, sorrow, grief
leiden, to suffer
lesen, to read
letzt, last
Leute, *pl.* people
lieb, dear
lieben, to love
Lied, *n.* -er, song
link, left
loben, to praise
lustig, gay, merry

machen, to make, do
Mädchen, *n.* -, girl
Mahlzeit, *f.* -en, meal
Mal, *n.* -e, time
mancher, many a, many, some
Mann, *m.* Männer, man, husband
Meer, *n.* -e, sea, ocean
mehr, more
mehrere, several
Meinung, *f.* -en, opinion
Minute, *f.* -n, minute
Mittag, *m.* -e, noon
Mitte, *f.* -n, middle, center
möglich, possible
Monat, *m.* -e, month
Morgen, *m.* -, morning
müde, tired
Musik, *f.* music
müssen, to have to, must
Mutter, *f.* Mütter, mother

nach, after, according to
Nachbar, *m.* -n, neighbor
nachdem, after
Nachmittag, *m.* -e, afternoon
nächst, nearest, next
Nacht, *f.* Nächte, night
nah, near
Nähe, *f.* vicinity
nähen, to sew
Name, *m.* -n, name
neben, beside
nehmen, to take
nennen, to name
neu, new
nicht, not
nie, never
niedrig, low
niemand, no one, nobody
noch, yet, still

Norden, *m.* north
nötig, necessary
nur, only
nützlich, useful

ob, whether
oben, above, upstairs
obgleich, although
oder, or
öffnen, to open
oft, often
ohne, without
Onkel, *m.* -, uncle
Osten, *m.* east
Ozean, *m.* -e, ocean
Ostern, *pl.* Easter

Paar, *n.* -e, pair, couple
Papier, *n.* -e, paper
Park, *m.* -e, park
Platz, *m.* Plätze, place, seat
plaudern, to chat, talk
plötzlich, suddenly

raten, to advise
rauchen, to smoke
Rechnung, *f.* -en, bill
recht, right
Rede, *f.* -n, speech, talk
Regen, *m.* -, rain
regnen, to rain
reich, rich
Reise, *f.* -n, trip
reisen, to travel
Richter, *m.* -, judge
richtig, right, correct
rot, red
Ruf, *m.* -e, reputation
rufen, to call

ruhig, calm, quiet
rund, round

Sache, *f.* -n, thing
sagen, to say, tell
Satz, *m.* Sätze, sentence
Schauspiel, *n.* -e, spectacle
scheinen, to shine, seem
schelten, to scold
schicken, to send
schlafen, to sleep
schlagen, to strike, beat
schlecht, bad, poor
schliessen, to shut, lock
schmutzig, dirty
Schnee, *m.* snow
schneiden, to cut
schneien, to snow
schnell, fast, quick, rapid
schon, already
schön, beautiful
schreiben, to write
Schuh, *m.* -e, shoe
Schule, *f.* -n, school
schwach, weak
schwarz, black
schweigen, to be silent
schwer, heavy
Schwester, *f.* -n, sister
schwimmen, to swim
See, *m.* -n, lake
sehen, to see
sehr, very, very much
sein, to be
seit, since
seitdem, since
selten, seldom
senden, to send
setzen, to set, place
singen, to sing

so, so, thus
sobald, as soon as
sofort, immediately
Sohn, *m.* Söhne, son
solcher, such
Soldat, *m.* -en, soldier
sollen, to be obliged
Sommer, *m.* -, summer
sondern, but (negative)
Sonne, *f.* -n, sun
Sorge, *m.* -n, care, worry
spät, late
spielen, to play
sprechen, to speak
springen, to spring, jump
Stadt, *f.* Städte, city
stark, strong
steigen, to climb, rise
stellen, to place, put
sterben, to die
Stimme, *f.* -n, voice
stolz, proud
Strasse, *f.* -n, street
streiten, to quarrel
Stück, *n.* -e, piece
Student, *m.* -en, student
studieren, to study
Stuhl, *m.* Stühle, chair
Stunde, *f.* -n, hour
suchen, to seek, look for
südlich, southern

Tafel, *f.* -n, blackboard
Tag, *m.* -e, day
Tante, *f.* -n, aunt
tanzen, to dance
Tasse, *f.* -n, cup
Teil, *m.* -e, part
teuer, expensive, dear
Tier, *n.* -e, animal

Tisch, *m.* -e, table
Tochter, *f.* Töchter, daughter
Tod, *m.* -e, death
tragen, to carry, wear
treffen, to meet, hit
treiben, to drive, carry on
trennen, to separate
trinken, to drink
trotz, in spite of
tun, to do
Tür, *f.* -en, door

über, over, above
überall, everywhere
übersetzen, to translate
Übung, *f.* -en, practice
Uhr, *f.* -en, watch, clock
ungefähr, about, approximately
unten, below, downstairs

Vater, *m.* Väter, father
verdienen, to earn, deserve
vergessen, to forget
vergleichen, to compare
verkaufen, to sell
verlieren, to lose
verschieden, different
versprechen, to promise
verstehen, to understand
versuchen, to try, attempt
verzeihen, to forgive, pardon
viel, much
vielleicht, perhaps
Viertel, *n.* -, fourth, quarter
Vogel, *m.* Vögel, bird
Volk, *n.* Völker, people
von, from, of, off
vor, before, in front of
vorkommen, to occur

Vormittag, *m.* -e, forenoon
vorschlagen, to propose

wachsen, to grow
während, while, during
wahr, true
Wahrheit, *f.* -en, truth
Wald, *m.* Wälder, forest, woods
Wand, *f.* Wände, wall
wann, when
warm, warm
warten, to wait
warum, why
was, what
Wasser, *n.* -, water
wecken, to awaken
Weg, *m.* -e, road
wegen, on account of
weil, because
Wein, *m.* -e, wine
Weise, *f.* -n, way, manner
weiss, white
weit, wide, far
Welt, *f.* -en, world
wenig, little
wenigstens, at least
wenn, when, if
werden, to become, get
Werk, *n.* -e, work
Wetter, *n.* -, weather
wie, how, as, like
wieder, again
wiederholen, to repeat
wiedersehen, to see again
wieviel, how much, how many
Wind, *m.* -e, wind
wirklich, real(ly)
wissen, to know
wo, where
Woche, *f.* -n, week

wohl, well, probably
wohnen, to dwell
wollen, to wish, will
womit, with what, with which
Wort, *n.* Wörter, word
wünschen, wish

zählen, to count
zahllos, countless
zeigen, to show, to point out
Zeit, *f.* -en, time
Zeitung, *f.* -en, newspaper

zerbrechen, to break up
ziehen, to pull, draw
ziemlich, quite, rather
Zimmer, *n.* -, room
zu, to, too
zubringen, to pass, to spend
zuerst, first, at first
zufrieden, satisfied
zumachen, to close, to shut
zurückbringen, to bring back
zusammen, together
zuweilen, occasionally

INDEX